Solomon's Knot

所罗门之结

所罗门之结起源于古罗马，并在多个历史时期和文化中出现，今天仍可以在香港轮船的绳套上找到它。实际上，它是两环交织形成的连接，而不是真正的结。所罗门之结在不同文化中有着不同的含义，其中包括了信任和永恒。

所罗门之结

法律能为战胜贫困做什么?

(美)罗伯特·库特 (德)汉斯-伯恩特·谢弗 / 著

张巍 许可 / 译

Solomon's Knot
How Law Can End the Poverty of Nations

北京大学出版社
PEKING UNIVERSITY PRESS

目　录

译　序	1
中文版序	7
前　言	11
致　谢	15

第一章　谈的就是经济　001

人们渴望更多的财富，理解法律怎样能带给他们更多财富是一个恰当的研究主题。我们将解释良法如何激励创新、增加国民财富，而非解释人们应该如何使用财富。因而，要设计规范经济活动的法律，就应当以财富最大化——而非提升品位、增进幸福——作为主要目标。

第二章　世界经济的前景 　014

讨论促进经济发展的最佳法律制度之前，先让我们比较一下各国的不同发展轨迹，这些兴衰起伏的模式能为我们理解经济发展的法律基础提供背景知识。

第三章　发展的要害：双边信任困境 　030

将新点子与资本相结合是经济创新的直接动因。在商业活动中将两者合二为一，需要财产法、合同法和商法。当法律、司法系统和官僚体系有所改进，更多的点子就得以与更多的资本结合起来，经济发展的速度也会更快。

第四章　创造还是攫取 　042

人们追求财富可以靠创造，也可以靠攫取。如果人们主要靠攫取来获得财富,他们就会将精力投入到攫取他人的创造成果和保护自身取得的财产上来。他们会通过自求富裕而令国家陷入贫困。

第五章　创新的产权原理　　　　　　　　　　　　　　056

当创新者能够保留住其创造的大部分财富之时,贪婪就会战胜畏惧,于是,企业家在为自身追求财富的同时,也带动国家走向富裕。

第六章　财产法:我造故我有　　　　　　　　　　　　074

如果违法占地者的产权得到保障,他们就会改良不动产;如果经理人拥有企业,他们就会促进企业发展;如果创新者能够取得发明专利,他们就会专心创新。对于不动产、组织和发明而言,财产法为投资、借贷、买卖提供了基础。

第七章　合同法:一诺千金　　　　　　　　　　　　　097

创造财富者需要与不同的人协调行动。法律应当帮助人们作出言行一致的保证。如果这一原理得以实践,人们就能彼此信赖,合作共事——即便涉及金钱利益。

第八章　金融与银行法:尊重信贷　　　　　　　　　　121

要创新,就要让金钱与点子像所罗门之结一样结合起来。金钱从储蓄者流向投资者,大多要经过金融中介。不同的金融机构解决创新中的双边信任困境的方法各不相同,不过,但凡借款人要向贷款人借钱,就必须履行还款的承诺。

第九章　公司法:为秘密融资　　　　　　　　　　　　149

公司是结合资本和点子的最佳组织形式。在合适的环境下,公司能保有商业秘密并运用投资者的资金发展创新。一项成功的创新会在某一阶段产生出超常利润。这些企业利润可回报创新者,并推动经济增长。

第十章　破产法:坚持还是放弃　　　　　　　　　　　171

最美的青春终将逝去,大多数活力无限的公司也会死亡。当公司死亡之时,有效的破产法应当如何重组它的财产?为了加速创新,资本必须从失败者那里迅速再循环到成功者那里。

第十一章　腐败:毁基之蠹　　193

贿赂是削弱经济的毁基之蠹。为了防止腐败,法律和政策应加剧行贿者和受贿者之间天生的猜疑,一个特别的方法就是对一方提供了让另一方定罪的信息的行为加以奖励。

第十二章　事故责任法:贫困是危险的　　220

在贫困国家,生命更容易遭遇危险。赔偿责任法在贫困国家对于阻吓事故发生的作用相对较小:其一,非正规部门的加害者无法支付判决所确定的赔偿;其二,贫困的事故受害人无法向律师付费去起诉他们的加害人。为缓解这一问题,贫困国家应该更多依赖监管,更少依赖赔偿责任法来控制事故的发生。

第十三章　学术混客与过时经济学家　　236

错误的发展理论会削弱经济,有时还会害死民众。晚近的历史表明,市场自由化只能在具备有效私法和商事法的国家中引发增长。国家在经济发展中的首要作用是为市场建立法律根基。在具有法律根基的地方,自由化将促进创新。

第十四章　多数如何战胜少数　　259

受益于经济增长的多数人一般能战胜受损的少数人。有三个原则可以为激活对推动增长型改革的支持和平息对它的反对提供指南。

第十五章　结论:将自由付诸法制　　276

让国家摆脱贫困,没有别的事物比可持续的经济发展更为关键。而经济持续增长的第一动因就是经济自由的"法制化"。如果大多数人能认识到经济以每年10%的速度增长,财富经1个世纪就将增加近1 400倍,那么他们制定增长所需法律的愿望必将不可抗拒。

翻译术语英中文对照索引　　282

译 序

法律对经济发展的影响是近代以来社会科学研究的一个重要课题，其源头至少可以追溯到马克斯·韦伯（Max Weber）。早期有关于此的关注点主要集中在法律的理性问题，包括法典的逻辑化、法律适用的普遍化以及司法机构的科层化等方面。然而，这一传统面临一个重要的经验性挑战，就是所谓的"英格兰难题"。无论在法典的逻辑化还是在司法的体系化方面，英国的普通法体系都逊于欧陆的大陆法体系。因此，在韦伯看来，后者的理性化程度要远胜于前者。尽管如此，众所周知，真正开启人类经济大发展序幕的近代工业革命却诞生于英伦，而非欧陆。于是，法律与发展的传统理论需要新的突破。

这一突破出现在20世纪70年代，经济史学家道格拉斯·诺斯（Douglas North）为法律与发展研究注入了新的活力。从此，这一领域的研究重点由法律体系的理性化转向了法律制度对产权的保护，其核心观点是：能够提供安全的产权和可靠的合同执行的法律制度是激励投资，并最终刺激经济发展的根本条件。这一观点有时也被称为"权利假说"（rights hypothesis）。在此观点的引领下，自20世纪90年代以来，法律与发展领域的学术热点日益集中到法律制度对金融活动的影响上。关注金融问题的学者们将金融视为法律影响经济发展的一个重要而具体的切入点。简言之，这些学者认为：法律制度为金融安全与金融创新提供了基础，而金融安全与金融创新降低了融资成本，进而促进对创造性活动的投资，并最终推动经济的增长。除了诺斯开创的"权利假说"之外，以科斯（Coase）和威廉姆森（Williamson）为代表的新制度经济学研究者也为深入研究"法律—金融—发展"的关系提供了坚实的微观分析工具。而自20世纪末以来，对此三角关系最具影响力的研究者首推拉波塔（La Porta）、洛佩兹-西拉内斯（Lopez-de-silanes）、施莱弗（Shleifer）与维什尼（Vishny），学界将此四人英文姓氏的首字母连接起来，合称为LLSV。他们对两大法系各国法律——尤其是公司法和证券法——的比较研究显示，法律可能对金融市场的发展具有决定性作用。这不仅成为法律与发展领域的重要课题，也激起了比较法学界的广泛议论。

本书的研究也是在上述诺斯开启的学术脉络下展开的。不过，与既往的法律与发展文献不同，本书特别关注了法律制度为创业和创新活动提供的条件。换言之，它关注的是对创新这一类特殊商业活动的投资，并以之作为法律与经济发展的关键节点。作者指出了商业化的创新活动面临的一个核心问题，即"双边信任困境"问题——创新者要信任投资者不会窃取新点子，投资者也要信任创新者不会窃取其投入的资金。进而，作者详细阐述了法律在克服这一困境中所能发挥的积极作用。

本书的这一独特视角不仅继承了法律与发展研究最近几十年来的学术传统，更融合了20世纪经济学发展的两项重要成果——创新理论与信息经济学理论。创新理论是由奥地利著名经济学家熊彼特（Schumpeter）开创的，他提出创新者进行的"创造性摧毁"（creative destruction）是经济发展的直接动力。熊彼特的这一创见在20世纪90年代得到进一步发展，美国经济学家鲍莫尔（Baumol）以及施莱弗和墨菲（Murphy）等人从理论和经验两个方面考察了制度对不同种类——创造性（productive）、无创造性（unproductive）和破坏性（destructive）——的创新活动的激励作用，从而进一步论证了包括法律在内的社会制度对经济发展的决定性影响。如今，许多发展经济学家都同意：创造性的创新活动是经济可持续发展的泉源，而制度则是推动创造性创新的根本条件。[1] 另一方面，信息经济学理论向我们揭示了融资过程中存在的严重信息不对称，尤其是所谓的逆向选择（adverse selection）与道德风险（moral hazard）问题。2001年诺贝尔经济学奖的三位得主——阿克洛夫（Akerlof）、斯宾塞（Spence）和斯蒂格利茨（Stiglitz）——在这方面贡献卓著。对于创新活动而言，新颖性是其本质特征，而正由于这种新颖性，资本供求双方面临的信息不对称尤为突出。本书向我们展示了在克服信息不对称，令创造性创新活动成为可能，进而实现经济的可持续发展中，从财产、合同到公司、银行、破产的一系列法律制度所具有的关键性意义。

中国经济以往三十多年的高速发展令其成为发展经济学领域最受关注的案例。究竟法律在中国的经济发展中发挥了什么样的作用呢？对此，研究者们的见解各不相同。有的认为中国的发展轨迹本质上与权利假说理论并无不同，正是包括法律在内的制度的变革才促成了中国经济的大发展，本书的作者也倾向于这一观点。当然，也有研究者认为中国的发展是权利理论与中国特殊政治条件结合的产物，甚至有少数学者认为中国的发展经验实际上脱离了西方的经济学理论。无论我们对中国既往的经验如何认识，如今大部分研究者似乎都赞同——中国经济改革正面临重要的转型，而转型后无疑应该朝着可持续增长、创新经济的目标发展。在这样的时刻，相信这本以研究创新经济的法律基础为根本课题的著作能为我们提供一个有益的视角。我们也为能有机会将此著作介绍给国内的同仁而倍感荣幸。

本书的两位作者是法经济学领域的先驱，其在法学与经济学两方面

---

[1] 有关这一观点最近的一项综合性研究成果是麻省理工学院经济学教授 Daron Acemoglu 与哈佛大学政治学教授 James A. Robinson 合著的 *Why Nations Fail: The Origins of Power, Prosperity, and Poverty*（New York: Crown Business, 2012）。

的精深研究和敏锐洞见力令本书成为法律与经济发展研究的宝贵成果。库特教授与尤伦（Ulen）教授合著的经典法经济学教科书《法和经济学》（Law and Economics）迄今已出六版，被翻译为包括中文在内的各种文字，在世界各国广泛传播。而谢弗教授与奥特（Ott）教授合著的《民法的经济分析》（The Economic Analysis of Civil Law）也成为对大陆法进行经济分析的先驱性著作，并被介绍到中国。因此，相信中国的读者对两位作者都不会感到陌生。

我们两位译者都曾有幸就教于库特教授，亲炙其强烈的学术魅力。张巍当初在东瀛小楼里阅读日译（第三版）的《法和经济学》时，全然没有想到若干年后会有幸真的成为库特教授的学生。在伯克利提及此景，师生都不禁莞尔。在负笈伯克利加大的五年间，张巍得到了库特教授的悉心指点与多方关怀，得入法经济学和法律与发展学科研究的大门。也是在库特教授的引见下，张巍又有幸认识了本书的另一位作者谢弗教授，并成为两位作者的研究助手。尽管见面次数不多，谢弗教授的博学儒雅、诚恳谦逊令张巍难以忘怀。思及昔日在伯克利的小餐馆中聆听两位教授讨论本书构思写作的情景，今日能将它移译奉献于中国读者面前，实在令人庆幸而激动。许可在2013年夏末来到伯克利加大。库特教授在他那间可以俯瞰旧金山湾区壮美景色的办公室内，一边向许可指点窗外风物，一边将本书与中国改革的关联娓娓道来。在之后的两个学期，不论是讲授"创新与增长的法经济学"课程还是讲授"法经济学导论"课程，如何建立一个法律与发展经济学的规范架构都是库特教授关注的重点。许可则从他引人入胜的讲述和与之富有启发性的讨论中获益良多，并唤起日后继续探索中国发展之路的热忱，而这必然是一项长久而艰巨的工作。

张巍翻译了本书的前言及第一至八章，许可翻译了第九至十五章，并由张巍负责全书译文的校对。受两位作者的委托，我们不揣浅薄写下此译序，旨在简要梳理法律与发展研究的大致脉络，以便读者能在相关的知识体系下了解本书的定位与贡献。尽管两位译者分工合作，力求精准，然而，因学养有限，文辞难免舛误，对此，译者将承担全部责任，并恳请读者不吝指正。

最后，蒙库特教授和谢弗教授惠允，由我们将其大作翻译成中文，不胜感激。也十分感谢北京大学出版社陆建华先生、陈蔼婧女士为联系、出版本书中文版付出的辛劳与努力。我们衷心希望，本书能为我国的经济发展与法治建设提供些许参考。

张巍　许可

2014 年 6 月 16 日

中文版序

过去三十年间，中国经济发展超越其他任何一个国家：出口位居世界第一，国民收入位居世界第二，商业活动令城乡面貌改天换地。中国的繁荣具有包容性，人民的福利广泛增长，这与其他一些高速增长却不惠及穷人的国家不同。中国实际工资的增长率与国民收入的增长率大致相当，绝对贫困人数迅速下降（中国人口约占世界的14%，而贫困人口则不到世界总数的5%），人口预期寿命延长，人民的健康与教育水平也显著提高。

让一部分人先富起来，带动和帮助落后的地区，最后达到共同富裕。邓小平用这句话在中国经济发展史上镌刻下自己的政治智慧。中国的经济转型与东亚其他地区相似，都采用了不搞均等主义的发展模式。中国人能够接受变革是因为每个人相对从前都过得更好，尽管相对其他人而言未必如此。用经济学的术语来说，人民接受了扩大不平等的帕累托改进。

中国是如何发展起来的呢？通过发展新企业。创设新企业要求有点子的创新者与有资金的投资者相互信任。创新者必须相信投资者不会窃取点子，投资者也必须相信创新者不会窃取资金。这就是经济发展中的"双边信任困境"。本书封面描绘了所罗门之结——一个将两股绳环紧密连接起来的结。其中一个绳环代表有新点子的创新者，另一个则代表有资金的投资者。所罗门之结可以在古罗马墙砖的贴边上找到，也可以在今天香港轮船的绳套上找到，它代表了作为持续发展条件的一个词——"信任"，尤其是创新者与投资者之间的信任。创新者必须相信创造财富者能够保有财富，投资者必须相信国家会保护他们的产权，商人们必须彼此相信对方会信守诺言，而公司的利益相关者——投资人、经理人、工人——也必须相信公司治理机制能够保护自身的利益。财产法、合同法和商事企业法为信任提供了基础。反过来，缺少法治，国家就可以掠夺私人企业，对它们进行重税盘剥，黑帮与恶棍就可以从财富创造者那里攫取财富，而公司内部人士也可以偷盗公司的资金与点子……信任消失，企业便陷于瘫痪。

创新能力将经济发展与法治以及社会开放联系起来，能够带来科学、艺术创新的自由法制环境同样能带来商业创新。要实现最充分的商业创新，不可或缺的法制条件就是培养科学与艺术创造力的自由。国家不可能用法律上的区别对待将商业自由与科学艺术的自由割裂开来。

以今日中国上海等城市的商业企业获得的自由和保护与它们在"文革"末期（1975年）面临的压抑与制约相比，投资者、债权人、出卖人、买受人和工人们如今获得的自由度和合法性远胜往昔。同理，150年前，韩国、日本和新加坡也都是比较贫困的，而如今却跻身世界最富裕国家之列。它们都是实行法治的开放性社会。其实，当今世界所有的富裕国家或地区——除少数石油出口国之外——无不是实行法治的开放性社会。

法治通常源自国家、介于国家与文化之间的过渡性制度以及社会规范。由于共产党、国家、过渡性制度和社会规范的变化，今日的中国比从前开放得多，也法治得多。汉斯-伯恩特·谢弗最近听德国前总理赫尔默特·施密特（Helmut Schmidt）谈及"中国与西方"。根据施密特的说法，中国近来取得的成功是史无前例的，因为历史上没有其他哪个古老文明能够重现历史辉煌——波斯、埃及、希腊、印加无不如此。在施密特与邓小平的初次会面中，他对邓小平说："你自称共产党员，但你遵循的却是孔夫子的那一套。"要知道这是在20世纪70年代，当时中国官方仍然排斥孔子。邓小平看上去有些吃惊，略微停顿后答道："那又如何？"邓小平这样的实用主义者通过现实的改革——尤其是对过渡性制度的改革——改善了中国的法制。

不过，中国尚未达到与大多数富裕国家相近的法治水准。法院还比较虚弱，官员腐败问题还比较严重。过渡性制度可以维持几十年的经济发展，但法治与社会开放看来是中等收入国家变得更加富裕所必不可少的条件。几乎没有哪个在不具备法治条件下实现经济起步的贫困国家，可以在不改善国家的法律制度从而减少对过渡性制度的依赖的情况下，达到北美、西欧和远东富裕国家的人均国民收入水平。没有独立的法院，政党难以充分保证商业自由与安全。

如所罗门之结那样，本书连接起两门学科：法学与经济学。它们原本是一体的。250年前，现代经济学的奠基人亚当·斯密（Adam Smith）曾在爱丁堡大学教授罗马法。100年前，经济发展理论的先驱熊彼特曾作为一名律师供职于开罗的国际法院。而在20世纪，这两门学科分道扬镳，经济发展的理论与制度相脱离——包括管理经济的国家法律与社会规范。法经济学运动与制度经济学的兴起重新将这两者结合起来，理解经济发展需要法学与经济学的融合而非分裂。

本书正是近来这一学术发展的成果。希望它能在中国的学生、学者，以及为国家经济发展绸缪的官员中找到读者与知音。我们对本书中文版的出版深感荣幸。我们要感谢的人很多。我们两个人都曾多次访问中国并在那里讲学。我们曾与许多同侪、学生交流对话，从中了解到诸多有关中国的知识。我们还要感谢几位来自中国的留学生和博士生，他们曾与我们探讨中国的经济与法律问题。我们更要特别感谢慨然应允出版本书中文版的北京大学出版社，以及本书的译者张巍和许可，是他们的努力与奉献才令本书的中文版得以呈献给读者。

罗伯特·库特　汉斯-伯恩特·谢弗

2014年3月15日

前　言

你是怎样成为中国女首富的？作为一个军人家庭里八个孩子中的老大，张茵于20世纪80年代开办了一家印刷厂。那时，她还是二十几岁的姑娘。随着中国步入市场经济时代，诸多新兴产业对印刷品的需求不断膨胀。张茵的印刷厂一度面临纸张短缺这一瓶颈——直到她获得了其一生最重要的发现：远洋货船满载货物离开中国港口，驶往美国，却几乎是空船而归。（美国从中国进口大宗货物以充斥沃尔玛等商店的货柜，而其销往中国的则是无形的服务，例如计算机软件、好莱坞电影以及银行服务。）张茵发现了一个全新的市场，随之立即调整业务以把握商机。她开始从美国购买废纸运回中国，其公司——玖龙纸业，业绩飙升。如今，观察家们已称其为中国女首富。

如果一个发展中国家能拥有众多像张茵这样的企业家，那么，市场与组织的创新就会如雨后春笋般涌现，进而推进生产力，提高工资与利润。市场与组织创新就是将点子与资本相结合，进行大胆的商业尝试，既可能面临巨大风险，也可能孕育巨大机遇。本书的核心观点是：(1) 对发展中国家而言，可持续发展源自企业家们主导的市场创新与组织创新；(2) 实施创新就要面临创新者与投资者之间的相互信任问题，他们一方拥有点子，另一方则拥有资本（"双边信任困境"）；(3)解决这一问题的最佳途径有赖于法律。

在莎士比亚的名剧《第十二夜》中，一对兄妹因为海难而分离，彼此都以为对方已不在人世。而剧终薇奥拉（Viola）与西巴斯辛（Sebastian）这对孪生兄妹的重逢终使疑团尽释、欣喜万分，虽然并非人人欢喜。同样，经济学原本是法学的近亲，而在20世纪，它们却在方法论上分道扬镳。当这两门学科彼此隔绝之际，一门学科的学者曾认为另一门学科在知识上已经死亡。然而，在20世纪的最后1/4的时间里，一场轰轰烈烈的学术运动重新让这两门学科携起手来。[1] 法学与经济学的重逢已令人疑团尽释、欣喜万分——虽然并非人人欢喜。值此两大学科重逢之时，正当分析国家陷于贫困的根源并探寻出路。

本书避免使用经济学的深奥术语，力图回避法律的复杂技术，因而，任何受过教育的普通读者都能理解其中的道理——只要其勤于思考而不惧数字。除却包容性之外，坚持使用通俗语言还有一大好处，那就是易于达成学科之间的贯通。法学专家对于所不熟悉的经济学理论，经济学专家对于所不熟悉的法学理论，各自均能从书中找到相应的简单易懂的解释。

鉴于法经济学的影响力，读者也许会认为这个融合的新学科会特别关注发展问题。其实并非如此。经济效率将发展与效率加以区别。增进效率要求重新分配资源，将其从低成效的运用转向高成效的运用——就如同将马匹与农具转移到更加富饶的土地上去耕作。较之发展理论，分配效率（allocative efficiency）理论更加成熟而精细，也得到更多经验证据的支持。方兴未艾的法经济学关注的是传统的经济学理论，而非发

---

[1] 科斯（Coase）或许可以被誉为开启现代法经济学的第一人。他首次向我们展示了经济学理论——而非经济学思想——不仅有助于分析反垄断法与税法之类的法律，还有助于分析财产法与合同法。参见 R. Coase, "The Problem of Social Cost," *Journal of Law and Economics* 3 (1960): 1-44. 此后，法经济学成为一门独立的学科，从1980年代起，美国顶尖法学院均已开设专门课程。如今，法经济学已拥有优秀的教材、专著与专业期刊。

展理论这一较为年轻的学科。[1] 创新乃可持续发展之源，而有关创新的经济学理论——尤其是关于创业精神的理论——却未臻成熟。在此方面，法学可以偿还其近来对经济学欠下的智识之债。我们希望本书能聊作偿还这笔债务的首期付款。

法经济学能在多大程度上增进我们对国家贫困的理解？没人预言过服务外包与软件产业会如此大幅度地促进印度的发展，不过，现在我们可以认识这一成功背后的原因。犹如自然界的进化一样，创新不可事先预料，却可以事后认识。正因我们无法完全预见创新，经济发展才被蒙上了一层神秘的面纱。法经济学可以解释法律将如何促进经济发展，但它们无法预言只有企业家们才能带来的创新。

---

[1] 以索罗（Solow, 1969）为代表的传统发展理论不研究制度，也完全不涉及创新的原因。因此，其对法与发展经济学并无助益。较新的、尚未完善的内生发展（endogenous growth）理论则为法与发展经济学提供了有用的分析工具。

致　谢

库特与谢弗跨越大洲与大洋的此项合作得益于四所机构的襄助：伯克利法经济学研究中心、汉堡法经济学中心、洪堡基金，以及哥伦比亚大学法学院合同法研究中心。洪堡基金给予库特的研究资助使其能到汉堡法经济学中心与谢弗晤面。哥伦比亚大学法学院合同法研究中心为库特提供了一学期的访学机会，以便其专心于本书的写作。我们也感谢考夫曼基金的罗伯特·利坦（Robert Litan）与卡尔·施拉姆（Karl Schramm）提供的支持。同时，我们还要感谢张巍、吴爱达（Ida Ng）、厄休拉·沃格勒（Ursula Vogeler）、法兰克·穆勒-蓝格（Frank Müller-Langer）、索恩克·黑斯勒（Sönke Häseler）及阿克塞尔·穆勒（Axel Moeller）在研究与编辑方面提供的帮助。

最好的盛宴应由每位来宾都贡献一道菜肴，许多宾客为我们的这道学术筵宴作出了贡献。布莱尔·迪恩·库特（Blair Dean Cooter）自始至终为我们的蹩脚文辞修改润色。我们感谢两场针对本书手稿的讨论会的与会者，这两场讨论会的组织者分别是乔治梅森大学马克特斯中心（Mercatus Center）的保罗·爱德华兹（Paul Edwards）

以及西北大学瑟尔中心（Searle Center）的亨利·布特勒（Henry Butler）（当时供职于西北大学，现任教于乔治梅森大学）。在我们临近完稿之时，布鲁金斯中心（Brookings Institute）的本·威特斯（Ben Wittes）提出了极富洞见的批评，从而令我们对初稿作出了根本性的改进。杰克·拉梅尔（Jack Rummel）对文稿的逐字编辑纠正了我们的诸多谬误与乖谬。

此书得自多年的研究与思考，因此，我们首先要感谢那些多年以来教导我们法律与经济学的导师们。库特感谢乔治·理查德森（George Richardson）将其引上微观经济学之路，感谢肯尼斯·阿罗（Kenneth Arrow）为其铺陈经济学理论之美，感谢理查德·马斯格雷夫（Richard Musgrave）激发其对法经济学这一新兴领域的兴趣，感谢阿尔伯特·赫希曼（Albert Hirschman）将其领入发展经济学之门，感谢梅尔文·艾森伯格（Melvin Eisenberg）教导其像法律人那样思考。库特还要感谢沃尔夫冈·费肯杰（Wolfgang Fikentscher）与罗伯特·托马斯（Robert K. Thomas）为研讨、思索本书的课题而付出的许多夜晚，以及彼得·哈克（Peter Hacker）与约翰·罗尔斯（John Rawls）指点其如何思考大事。

谢弗要感谢威利·克劳斯（Willy Kraus）将其带进发展经济学之门，感谢克劳斯·奥特（Claus Ott）多年来向其传授法律和法律思考的路径。他还要感谢与其探讨本书涉及的诸多法律问题的海因·克茨（Hein Kötz），二十余年来，他们曾在数百次的午餐中探讨众多研究课题。

我们还要感谢以下各位同仁对本书手稿提出的宝贵意见，他们是：苏珊·罗斯-阿克曼（Susan Rose-Ackerman）、约翰·阿穆尔（John Armour）、罗伯特·阿提耶（Robert Atiah）、普拉纳伯·巴尔坦（Pranab Bardhan）、约亨·比格斯（Jochen Bigus）、吉塞尔·贝伦斯（Gisèle Behrens）、亨利·布特勒、劳埃德·科恩（Lloyd Cohen）、保罗·爱德华兹、托马斯·埃格（Thomas Eger）、梅利特·福克斯

（Merritt Fox）、曼弗雷德·霍勒（Manfred Holler）、布鲁斯·约翰逊（D. Bruce Johnson）、艾德·基奇（Ed Kitch）、第默尔·库兰（Timur Kuran）、格列高里·拉布郎克（Gregory Lablanc）、罗伯特·莱顿、科蒂斯·米尔哈特（Curtis Milhaupt）、道格拉斯·诺斯（Douglas North）、曼瑟·奥尔森（Mancur Olson）、弗朗西索·帕里西（Franceso Parisi）、杰弗里·帕克（Geoffrey Parker）、斯维托扎尔·平乔维奇（Svetozar Pejovich）、卡塔琳娜·皮斯托（Katharina Pistor）、兰琪欧·普拉斯（Randzio Plath）、内德·菲尔普斯（Ned Phelps）、安加拉·拉贾（Angara Raja）、弗拉维亚·珊提诺尼·维拉（Flavia Santinoni Vera）、布鲁诺·迈耶霍夫·萨拉马（Bruno Meyerhof Salama）、海克·史怀哲（Heike Schweitzer）、埃里克·塔利（Eric Talley）、卡尔·史莱姆、迈克尔·特里比尔科克（Michael Trebilcock）、斯蒂芬·瓦尔格特（Stefan Voigt）以及格奥尔格·冯·汪恩海姆（Georg von Wangenheim）。

本书第一至第三章的主要观点曾以其早先的版本于 2005 年 1 月在佛罗里达州立大学法学院的梅森·拉德讲座（Mason Ladd Lecture）上发表。这些观点也曾以"创新、信息与贫困"为题发表于《佛罗里达州立大学法学评论》第 33 辑第 373 至 394 页，还以"摆脱贫困：法律与发展"为题发表于《西南大学美洲法律与贸易杂志》2006 年第 101 期第 181 至 187 页。

第一章 谈的就是经济

有一位国际象棋大师要求锦标赛的组织者们以一种特别的方式向其支付酬劳。他让他们在国际象棋棋盘的第1个白格里放上一分钱,在第2个白格里放上两分钱,第3个白格放上四分钱,以此类推,直到放完棋盘上的32个白格。结果最初的一分钱被复合倍增了31次,最后1个白格里居然有了二千一百多万元钱。经济的复合倍增速度超乎想象:每年2%的增长率,经过两个世纪的复合倍增,能让财富总量翻上七番,这一增长速度与美国过去100年间的经济增长率大致相当;10%的年增长率则能让财富总量翻上一万四千番,而这正是过去30年间中国经济增长的大致速度。

两个世纪之内,最富裕的国家在财富总量上将最贫穷的国家甩开的差距,犹如拔地而起的喜马拉雅山之于恒河平原的差距。贫富差距的扩大并非因为穷国变得更穷,而是因为最富裕的国家变得愈加富裕。当今世界绝大多数的穷国都比其过去要富裕些,但与同时代的富国相比,则贫富悬殊今更胜昔。有学者估算了56个国家在1820年的人均国民收入,发现其中最富的国家人均国民收入约为

1 800美元，最穷的国家则为400美元，比率为4.5∶1。[1]我们同样估算了2003年的人均国民收入，发现最富裕国家的人均国民收入约为25 000美元，而最穷国家则大约是500美元，两者比率达到50∶1。

富国发展得快，还是穷国发展得快，这个问题决定着世界各地的生活水平是趋同还是分化。假如穷国的发展速度超过富国，那么，贫富差距会以惊人的速度消弭。20世纪末亚洲大量人口的脱贫——尤其是1980年以后，中国和印度的高速发展——可谓一座历史的丰碑。反之，倘若富国发展得比穷国快，贫富差距同样会惊人地扩大。1970年至1990年间，撒哈拉以南非洲国家的人均国民收入下降了大约20%，此乃历史的一大败笔。如今，非洲经济虽然已经恢复增长，但其速度仍不足以赶超富国。

经济增长靠什么？靠甘冒风险的商事组织。[2] 17世纪，一位勇敢的英格兰船长建议一座港口小镇的投资者们为一趟远航亚洲的香料贸易之旅融资。[3]这次航行自然风险重重：天候难料，航路莫测；荷兰人截英国船，英国人截荷兰船，而海盗则对两国的航船通吃。不过，要是这位船长满载香料返回此处港口，这些香料必然价值不菲。船长必须说服投资者他可以做到。他需要一艘物资装备足够二到五年航行的大船。为了说服投资者，船长向他们透露了如何抵达亚洲及到达后的计划。船长必须将他的秘密告诉投资者，而投资者则必须将船与物资交给船长。

---

[1] Angus Maddison, *The World Economy: A Millennial Perspective* (Paris: Development Center of OECD). 其使用的数字以1990年的美元为基数。有关其发现的其他讨论，参见第二章。

[2] "也许根除贫困——有史以来人类第一次向此目标迈进——能够证明熊彼特的理论：经济发展掌握在甘冒风险的个人——企业家——之手，只要他们不受政府的干扰与重税盘剥；这样的企业家越多，我们每个人都会变得更富足。" Carl J. Schramm, "Economics and the Entrepreneur," *Claremont Review of Books* 8.2 (2008): 1-7, at 7.

[3] 这个故事得自R. Harris, "Law, Finance and the First Corporations," in James Heckman, Robert L. Nelson, Lee Cabatingan eds., *Global Perspectives on the Rule of Law* (London: Routledge, 2009).

这是一个"双边信任困境"（double trust dilemma）。为摆脱这一困境，这名船长与投资者们在17世创造出一种新型的企业，以便这次香料远航，这就是合股公司（joint stock company）。[4]公司的参与者——船长、投资者与水手——对预期到来的货物依法享有股份，根据贡献不同，有的人享有的股份比其他人多。通过这种法律安排，投资人从成功的航行中得到的回报将高于出卖船长秘密的获益。同样，船长从成功的航行中得到的回报也能高于出卖航船与货物所得。自利心会促使各方履行其对此次航行的承诺。

与其他诸多去亚洲远航的船只不同，这条船两年后安全返航了。镇上的人们见到帆船进港，投资者冲向码头看住货物。他们立即召开了股东会议，这被称为"股东全会"（general court）。会上决定了股东们如何分配货物，于是他们各自带走自己的香料，公司也随之解散。

与此相似，1985年硅谷的一名工程师想出了一个新的计算机技术。不过，这个构想只有通过研发方能申请专利，而研发所需的资金超出了工程师个人的承受能力。于是，他带着自己起草的一份商业计划去见一小群投资者。工程师担心投资者剽窃自己的构想，而投资者害怕工程师侵占他们的资金。障碍不仅仅在于双方各自对对方诚信的忧虑，还在于研发一项新技术本身就充满风险——研发可能失败，别人也可能抢先取得专利。但是，一旦创新成功，回报也随之而来。

工程师小心翼翼地向那一小群投资者解释他的构想，投资者同意与之共同组建公司，并任命其为首席执行官。他们根据出资分配股份，再由股东选出董事会，以便谨慎维护股东利益。在这样的法律架构之下，

---

[4] 合股公司有其前身。中世纪时，威尼斯共和国垄断了与亚历山大港（Alexandria）之间的贸易，并由此获得大量亚洲商品。威尼斯人改进了源自古罗马时代的一种法律机制（*fraterna compagnia*）。倘若某一船只失事，每个商人都分担一部分损失，而非让某个商人全部赔本。商业风险的分担是资本主义勃兴的重要条件，参见 H. W. Sinn, "Social Insurance, Incentives, and Risk-taking," *International Tax and Public Finance* 3 (1996): 259-280。在17世纪，英国人与荷兰人又大大改进了这种法律机制，允许不同当事人拥有不同数额的股份，并允许股份持有人出售其股份。可以出售的股份与此前的法律机制——如合伙——有显著区别，详见第七章。

自利心促使投资者为工程师保密，也使工程师如约使用投资者的出资。与其他众多新生企业不同，这家企业5年后获得成功，公司拥有了一项宝贵的专利。随后，工程师与投资者将公司高价出售给另一家大企业。

无论是17世纪的香料航行，还是20世纪的科技创业都要涉及秘密、先期资本投入，以及高风险与高回报。许多商事组织都具备这些特性，只不过不易从外得窥。为求快速发展，商事组织必须结合资本与新点子。本书封面上画的是一种古老的纹饰"所罗门之结"，它由两股相互交叉的结组成。水手们特别喜欢打这种结，因为它牢固而耐久。《圣经》里说所罗门王统御着两个犹太国家，就如同这两股结。同样，只有点子与资本结合在一起，才能开发创新，发展经济。

无论在哪个国家，经济发展都要借助创新企业，不过，创新的形式各不相同。硅谷的创新通常以技术为支撑，诸如新型计算机芯片，或者从前不为人知的电脑软件。技术创新往往有赖于研究型的大学和机构，而这些研究机构多集中在发达国家。相反，发展中国家的技术创新能力常常受制于研究机构的匮乏。技术往往借助国际贸易、投资及教育交流，由发达国家流向发展中国家。随着大规模战争的消弭，冷战的结束与关税、运输成本的降低，这种流动在20世纪中得以加速。

创新不仅在技术，还在于组织形式与市场结构。[5]开创耐克公司的菲利普·奈特（Philip Knight）最初是用家里烤华夫饼干的铁板给运动鞋底定型，再装在卡车上去卖的，那是在1972年。到2006年，耐克公司全球体育用品与服装的销售额达到150亿美元。显然，奈特有创新，但创新的究竟是什么呢？耐克公司的业务是开发与销售。它开发出新产

---

[5] 我们将创新分为技术创新、组织创新与市场创新。熊彼特将创新区分为新产品、新生产方式、新组织与新市场。技术创新既创造新产品，也提供新方法，因此，他的分类与我们的相似。不过，他还加上了第五类创新——新的原材料来源。我们删掉了这一类型，因为与点子不同，资源是有穷尽的。总的说来，我们有关创新的理论主要源自熊彼特，尤其是其有关企业家带来创造性破坏均衡的思想。参见 Joseph A. Schumpeter, *The Theory of Economic Development: An Inquiry into Profits, Capital, Credit, Interest, and the Business Cycle*, Rdevers Opie 英译自德文（Cambridge, MA: Harvard University Press, 1936）。

品，然后发包给其他企业去生产，再通过自己遍布各地的渠道去销售。耐克不生产任何产品，其在俄勒冈州比弗顿（Beaverton）的总部是一个"校园"，而非一家工厂。它自己不生产，而是发包给外国企业去生产产品，再由其自己来销售。这种崭新的组织形式已在美国遍地开花，越来越多的公司将生产"外包"，而致力于开发与销售。美国近年涌现的组织与市场创新还包括借记卡、敌意收购（hostile takeover）、创新者网络（networks of innovators），以及从日本借鉴而来的团队生产（team production）。

发展中国家的创新多表现为组织形式的改进以及发现新市场，特别是通过借鉴肇始于发达国家的组织与市场形式，再根据本地情况加以吸收转化。非洲消费者在购买食用油之前要闻味道、尝滋味来辨认油是否新鲜，这就需要把油装在打开的容器里来卖。然而，密闭容器有许多优点，包括低廉的运输与储藏成本。比姆基·德帕·沙（Bhimji Depar Shah）想出了如何用密闭容器卖油，却又不失去非洲消费者的信任。1991年，他在肯尼亚的锡卡（Thika）办了一家食用油公司，后来发展成为一个商业帝国。这家公司的主页上写道："全心珍视诚信，全力打造诚信，诚信带来力量。"挑选可靠的销售人员，并让诚信的员工遍布非洲各地，离不开组织形式的创新——正如菲利普·奈特在耐克公司所做的。

吸收转化不仅造就新的组织形式，还经常会带来新型合同关系。孟加拉国的纺织业主要依赖两类新型合同关系：保税仓库（bonded warehouse）与背靠背信用证（back-to-back letters of credit）。[6]保税仓库保障生产商在流通环节中免遭欺诈和盗窃，而信用证则保护购买人在商品出售时不受欺诈与盗窃。

在商业领域，吸收转化就是创新与冒险。实施转化者拥有一个对发

---

[6] William Easterly, *The Elusive Quest for Growth: Economists' Adventures and Misadventures in the Tropics* (Cambridge, MA: MIT Press, 2001).

展中国家而言尚属新颖的点子，而要在市场中证明其价值则需要甘冒风险的投资。这些投资往往被用以组建能够实现新点子的商事组织。于是，创新者必须相信投资者不会窃夺这个组织，而投资者则要信赖创新者不会剽窃他们的资金。一旦转化成功，就会引来竞争对手，他们会把点子传播开去，也会降低创新者的利益。因此，吸收转化者在发展中国家面临的许多困难就如同创造发明者在发达国家遇到的困难。

有些人认为：发展中国家即使不吸收转化，也可以通过刻板但却牢靠的模仿来实现经济发展。然而发展若果真如此简单，那么穷国早就变富了。不论在穷国还是富国，大多数商业冒险最终归于失败，投资者血本无归，只有一小部分人能成功，从而推进经济发展。要挑选出会在非洲成功的吸收转化，就如同要挑选出会在硅谷成功的创造发明（一样难）。

一个国家贫弱，原因在于其缺乏创新与发展。经济停滞可能源自军事入侵——如1939年的波兰，源自封闭隔绝——如1920年的新几内亚高原，源自内战纷争——如2000年的索马里，源自自然灾害——如撒哈拉沙漠吞噬农田，或者源自泡沫崩溃——如1929年和2008年的美国。然而，最近几十年间，许多国家享受着有利的发展环境——和平的局势、开放的经济，既无自然灾害，也无泡沫崩溃。在这些条件得到满足的情况下，法律就会对发展产生巨大影响：良法激发商业活力，推进经济发展，而恶法则抑制商业活力，阻碍经济发展。

发展中国家的持久发展要靠市场与组织创新，要创新就会引发有点子的创新者与有资本的融资人之间的信任问题。而这个问题的最佳解决途径就在于法律。没有法律，法制不健全或者法律执行不彻底会令经济摇摆不前。下面就是这方面的一些例子。[7]

非洲的钻石：中部非洲的钻石开采者在手持卡拉什尼科夫冲锋

---

[7] 这些都是作者在其所知实情启发之下编写的假想事例。

枪的十几岁的娃娃兵的护卫下，利用手工工具在河床上挖掘，然后以仅占世界市场价格若干分之一的售价将钻石出售给军方。这些钻石随后通过各种中介到达欧洲，最终由一名快递员带着钻石抵达安特卫普中央车站，再疾步如飞地把它们送进一家附近的珠宝店。珠宝商会在里面鉴定钻石并支付现金。前后不足一小时，这名快递员又搭上火车出城了。

近年来，中部非洲地区的钻石开采与运输几近处于无政府状态。这一地区的钻石产量稀少，价格也远低于市场价格。假如安全的产权制度能够替代无政府状态，那么，中部非洲国家就能以更加先进的技术来开采钻石，再通过正规贸易渠道出口，从而获取世界价格，利润也不至于落入那些犯下令人难以启齿的反人道罪行的无赖之手。

莫斯科的治安：1992年，有人在莫斯科开了一家日用小杂货店。一个月后，三个年轻人带着这家店主的银行账户资料找上门来。根据这些资料上的数据，年轻人计算出店主必须向他们缴纳以求"避免流氓恶棍上门生事"的保护费。倘若店主胆敢拒绝，来人就要砸烂这家店。店主顺从了他们，他的生意也平安无事。

和钻石窃贼不一样，在莫斯科兜售平安符的罪犯们并不想从他们的顾客那里夺走全部家当。收保护费本身就意味着要有可保护的东西。在上面的例子里，莫斯科的罪犯们是在强征"治安税"，给店主们还是留下了维持买卖的余地。但是，让有组织的犯罪者提供的治安，"代价"自然要比由一个有效的政府来提供贵得多。（更不要说还有碰上"保护人"竞争对手的危险。）在提供治安保障方面，莫斯科的罪犯们相比一个成功的政府，给企业增加了额外的负担。治安属于"自然垄断"（natural monopoly）产品，也就是说，政府供给能比私人供给更廉价、更可靠。私人供给治安强过无政府状态，却比不上有效的国家法律。

印尼的纺织品：1987年，有个商人在雅加达生产布料，再将布制成服装，施以手绘，最后将成品出口。整个生产过程都在单一的工厂内完成，一头进来的是棉花与丝绸，另一头出去的则是装饰完成的服装。工厂的管理人员多是工厂主的亲戚。尽管居住在雅加达以外的农户手绘的工钱要比城里工人的工资低，商人却不愿意把服装拿到农村去——他不信赖农民答应手绘加工的保证。

在这个例子里，印尼商人把生产一样商品所需的每一个人都凑到一起，组成一个工厂，再让自己的亲戚监督这些人。在缺乏强有力制度保障的国家里，人们往往要靠私人纽带——特别是亲戚朋友——来实现经济协作。然而，大多数人找不到这么多亲戚朋友来从事致富所需的、一定规模的商业活动。薄弱的合同法将贸易局限在小范围之内，商事组织规模也无法壮大。财产法与合同法降低了监督成本，将合作延伸到陌生人中间，从而生产得以推广，组织和市场规模得以扩大。

墨西哥的贷款：墨西哥城的一个穷人需要贷款购买冰箱来存放他在路边出售的食品。在借钱之前，贷款人需要担保，以免借款人不还钱。从欠债不还的借款人那里扣押这台冰箱要经历漫长而不可靠的司法程序。于是，贷款人转而要求借款人提供家人、朋友、生意伙伴的电话号码和地址。假如借款人迟延还款，贷款人就会让其家人、朋友促其还款，如有必要，还可以利用这些人的影响力来扣押冰箱。

在穷国里，无法通过法院回收欠款成为一大祸患。墨西哥的借款人常常通过拖延法律程序来牟利，因为法院对迟延执行判决仅课以很低的利息。但回收欠款的高昂成本却会使路边摊贩之类的小商人无处借钱。在上面这个例子里，所幸双方找到了一条绕开法院回收欠款的路径：依靠亲人和朋友。墨西哥一大富豪李嘉图·塞利纳斯（Ricardo Salinas）就是因为找到了从购买耐用消费品的穷人那里回收欠款的办法而致富的，而家用电器也因此走进更多人的家庭。

在具有社会主义传统的国家里，还有另一种金融弊病，被称为"软预算约束现象"（soft-budget constraint）：

中国的钢铁：2000年，中国政府通过股份制将北方的一家钢铁厂私有化，其股份被分为三类：33%的股份向公众出售，允许自由流通（"流通股"），47%的股份归国家，剩下20%的股份分配给内部人员，但不允许流通（"非流通股"）。可是，私有化之后，这家工厂继续亏钱。于是，有政治影响力的经理便向国有银行施压，要其购买该厂的债券而不问商业利益好坏，以此来填补亏空。

　　从中国到捷克，半私有化的企业靠着政府的软性贷款过活。以中国为例，在21世纪的头十年里，这些企业对资金的贪婪欲望挤压走了本该流向盈利企业的贷款，而后者才是中国经济发展的引擎。假如政府收紧"软预算约束"，那么，贷款市场就能更有效地为经济发展提供资金。

　　有些时候，各国都会放松对企业的预算约束，正如2008年美国应对金融危机时所为。美国政府保证向各金融机构提供7万亿美元的资金和信贷。这一融资项目的直接受益者就包括该项目的执行人——时任财政部长的亨利·保尔森（Henry Paulson）——从前的商业伙伴们。而保尔森本人从前更是靠瓦解防范金融危机的政府监管而大获其利。[8]尽管这些贷款令人生厌，但大多数美国经济学家还是表示支持——为避免重蹈1929年大萧条的覆辙，不得不为。

　　最后一个例子要对比贷款与股票市场。

　　厄瓜多尔的股票：有一户人家在瓜亚基尔湾（Gulf of Guayaquil）沿岸的红树滩里成功地经营着一家养虾场。1990年代，为谋求更快发展，这家企业需要更多的资金，而资金来源要么靠借钱，要么靠出售股票。假如他们出售股票，投资者在虾价上涨的时候就

---

〔8〕作为投资银行高盛的首席执行官，保尔森支持通过"自我监管"来遵循国际银行协议，也就是"新巴塞尔协议"（Basel II）。自我监管纵容投资银行迅速提高资本负债率（debt-to-equity ratio）"杠杆"（leverage）。其产生的结果就是投资风险过度，而这样做能在短期内为投行经理人带来高额奖金，但在长期却会让投行倒闭。不过，像高盛之类的投资银行不仅通过持有接受救市资金的公司的股票、债券而直接从救市政策中获利，还利用他们对政府高官的熟识，预测政府可能投入救市资金的公司并趁机对其投资，从而间接从该项政策中获利。

能分得红利,而在虾价下跌的时候什么钱也收不到。要是这家人借贷,那么,不管虾价涨跌,贷款人定期获得还款。由于厄瓜多尔股票市场的规模很小,而这家人又觉得借贷风险过高,因而他们选择放弃外部融资,忍受缓慢的发展。

为什么在厄瓜多尔这样的国家里股市规模如此之小?当你向一家不受你控制的公司投资时,你面临着公司内部人员侵占你投资的风险。以股票形式投资,问题尤为严重:股东有权分享利润,但公司经营者可以隐瞒利润。除非公司法与证券法能有效保护无控制权股东的利益,否则一个国家的股票市场就不会兴盛。与股票相比,贷款和债券减少了保护外部投资者不受内部人员盘剥的压力,因为它们赋予贷款人按固定方案回收贷款的权利。对法院及其他意图保护贷款人的执法机构而言,监督还款相对比较容易。因此,信贷市场即使在股票市场萎缩的地方也可以发展起来。不过,借钱比发股票带给企业家的风险更大。所以,虚弱的股票市场抑制投资,也会延缓创新的步伐——就像厄瓜多尔的养虾场向我们展现的那样。

正如上面这些例子展示的一样,本书要讲的就是不安定的产权、不能执行的合同、无法回收的贷款、金融欺诈以及其他法律问题将如何令商事组织窒息,从而让国家陷入贫困。我们为什么这样关心财富?财富是手段,而不是目的。幸福、善良、神圣、美、爱、智,或者自我实现,这些才是目的。[9]哲学家与牧师们告诫我们:将手段视为目的是本末倒置。我们的研究是否有使经济发展沦为物欲横流的危险,以致产生

---

[9] 在发展经济学界,这一观点的支持者是阿马蒂亚·森(Amartya Sen),从他的以下两段文字中可以看出这点。"把经济发展本身视为目的是没有意义的,发展必须更加关注丰富我们的生活,促进我们的自由。" *Development as Freedom* (New York: Knopf, 1999), 14. "发展面临的挑战……是如何提高生活质量。尤其在穷国里,要实现更高的生活质量通常有赖于更高的收入——但这远非全部。更高生活质量本身就包含着以下这些目的:更好的教育、更高的医疗与营养水平、更少的贫困、更清洁的环境、更多高质量的机会、更大的个人自由,以及更加丰富的文化生活。" World Bank, *World Development Report 1991* (New York: Oxford University Press, 1991).

爱上一只鞋子的恋物癖？而在经济发展的竞赛中获胜的国家，又会不会像吃比萨大赛的获胜者那样，得到的奖品仅仅是另一份比萨？

要认清财富，先思考它能做什么，以及不能做什么。财富可以用来购买商品和服务：汉堡包、青霉素、房子、书籍、戏票、瓦片、拖拉机、文字处理器、电影、保险。这些都是手段，它们可以实现人尽向往的目的——营养、健康、舒适、享受、教育、文化、旅游，也可以实现人人唾弃的目的——肥胖、无聊、浪费、奢靡、炫耀、霸权。像大多数经济学家一样，我们在这本书里更多关注的是创造财富，而非如何明智地利用财富。财富关系到每个人——几乎人人都愿意生在富有的比利时，而非贫穷的孟加拉国。人们为了增加个人财富而奋力争斗；政府靠追求国富来维持声誉，巩固权力。对经济发展的研究事关如何使人们获得更多他们追求的东西，至于人们应当追求什么，则属于伦理学研究的对象。

这一点也体现在经济学家用以衡量财富的指标上。市场上出售的每件商品都有价格，而市场价格反映了人们对商品的渴求程度——无论渴求的目的是好是坏。市场价格乘以一国生产的各类商品的数量，再把乘积相加，就能得出衡量国民收入的一种指标。也就是说，经济学家将各类不同质商品归纳为一项单一的国民收入指标，譬如国内生产总值（GDP）。将国民收入等同于一国的财富，这是自亚当·斯密以来的传统。[10]

经济学家也用同样的方法给创新估价。瓦片比茅草更能防雨，拖拉机耕地比犁耕来得快，文字处理器比打字机更易纠错，电影能比西洋镜带来更多娱乐，青霉素比磺胺类药物更易治愈感染，保险也比存金条更加安全。几乎人人都将这样的变化视为增进国家财富的进步，可是增进了多少财富呢？假如创新者造出更好的商品，那么，创新的市场价值就

---

[10] 严格说来，"收入"指的是流，而"财富"指的是源。因此，挣的收入比用掉的多，财富就会积累起来。

是人们愿意为这些新产品多花的钱。把这些增额相加，就能得出按市场价格测算的财富增值。

GDP 之类的经济指标对于衡量国家财富过于狭隘，因为市场价格无法衡量不在市场中买卖的物品的价值，如国家公园、安全的街道、清洁的河流、公共卫生以及典雅的建筑。同样，它也无法衡量不进入市场的"坏东西"，如商场里的混乱、拥挤、全球气候变暖、全球黯化、高血压、无聊电视剧、蹩脚建筑、垃圾满地或者地痞流氓。对财富或者国民收入更加全面的衡量要考虑那些尽管不在市场中流通，但假如其能买卖，人们会去花钱买的物品。比起 GDP 来，包含了未市场化的物品的、更加综合的财富指标能更准确地反映生活质量和人民福利。[11]

解释法律对经济发展的作用，需要能藉之比较不同法域经济表现的数据。对于狭隘的财富指标，如 GDP，可供比较的数据很多，但对于更加包容的生活质量指标，数据却很稀缺。本书引用的数据主要是易得却不理想的 GDP，而很少引用理想却不易得的生活质量数据。我们希望能够使用包含未市场化物品的包容性指标，不过，我们只能依据现有的数据条件来作研究。所幸无论使用什么指标，有关商事组织和经济发展的基本原理大体都一样，所以，即使出现更有包容性的指标，也不太可能改变本书的结论。

经济学也可以不考虑综合衡量财富，而直接考察财富背后的某项目的，例如幸福。更多财富带来更多幸福吗？写歌的人们好像有不同意见。巴莱特·斯特朗（Barrett Strong）唱道："金钱的确不能买到一切，它买不到的我用不着。"甲壳虫乐队则答道："金钱买不来爱

---

[11] 注意：政府提供许多未市场化的物品，而计算 GDP 时，以提供这些物品的成本（如公务员的工资）——而非其带给国民的利益——作为它们的价值指标。对一部分未市场化物品来说，成本—收益分析能更令人信服地衡量其价值。经济学家试图在人们不必为这些物品付钱的条件下，找出假如要他们付钱，他们会愿意付多少，以此来衡量未在市场流通的物品的价值。不过，这种方法可能导致衡量指标的大混乱，所以，国民经济核算中对成本—收益分析有所限制。

情。"[12]经济学家不是用歌曲，而是用统计来检验金钱与幸福之间关系的。他们用问卷了解人们自己感觉到的幸福程度："您对生活的总体满意度是高、中，还是低？"通过比较不同国家居民的回答，经济学家发现：平均而言，富国居民比穷国居民的幸福感略高一点，但并没高出很多。同样，在一国之内，钱多的人总体上比钱少的人感到更幸福一点。在个人层面上看，增加一个人的财富能立刻提高其自身的幸福感，但变富了的人的幸福感不久又会跌回到几乎与原先一样的程度。[13]

本书要解释良法如何激励创新，增加国民财富，而非解释人们应该如何使用财富，或者财富如何能够增进幸福。人们渴望更多的财富，理解法律能怎样带给他们更多财富，是一个恰当的研究主题。对于专利、金融合同之类特定的商法领域而言，把增加财富当做目标比把提升个人价值，增加幸福感当做目标更为恰当。设计规范经济活动的法律，应当以财富最大化——而非提升品位、增进幸福——作为主要目标。

1992年克林顿（Bill Clinton）在竞选总统时的一句名言可以概括我们这本书的思路："别傻了，谈的就是经济！"

---

[12] 取自 Barrett Strong 1959 年的畅销单曲 "Money (That's What I Want)"，以及甲壳虫乐队 1964 年的歌曲 "Money Can't Buy Me Love"。
[13] 参见 B. S. Frey, A. Stutter, What Can Economists Learn from Happiness Research?, *Journal of Economic Literature* 40 (2002): 402-435。

第二章　世界经济的前景

13　　讨论促进经济发展的最佳法律制度之前，先让我们比较一下各国的不同发展轨迹，这些兴衰起伏能为我们理解经济发展的法律基础提供背景知识。安格斯·麦迪逊（Angus Maddison）进行大胆尝试，测定了数千年以来各国的财富状况。[1]他的计算告诉我们：2000年前，埃及是世界上最富裕的国家，其人均国民收入比同时期的其他国家——罗马帝国、中国、印度——高出50%。公元1000年时，阿拔斯王朝（Abbasids）统治之下的伊朗和伊拉克成为世界首富国家，其人均国民收入超过其他亚欧国家约50%。到公元1500年，意大利又独居鳌头，它的人均国民收入比西欧其他国家高50%，更是那一时期亚洲国家的两倍、非洲国家的3倍。到1820年时，西欧与美国拥有了世界最高的人均国民收入，达到东欧、拉美和亚洲的两倍、非洲的3倍。

　　再来看离我们更近也更为可靠的数据，这段时间内，高速发展的国家将落后国家远远抛下，造就了史无前例的

---

[1] Angus Maddison, *Monitoring the World Economy, 1820—1992* (Paris: OECD, 1995); *The World Economy: A Millennial Perspective* (Paris: OECE, 2001); *World Economy: Historical Statistics* (Paris: OECD, 2003).

国际贫富差距。以现在的美元价值计算，1900年世界最富裕国家的人均国民收入约4 000美元，比最贫困国家高出6倍；而2003年最富裕国家的人均国民收入是24 000美元，超出最贫困国家40倍。

日益加速的经济发展不仅扩大了贫富差距，而且改变着贫富国家的构成。只要比较一下4个国家——韩国、墨西哥、土耳其与塞内加尔，就能看到短短50年时间国家的贫富排名能发生多么剧烈的改变。1950年时，这四国都是穷国，其中韩国的人均国民收入还略低于其他三国。而到了2003年，韩国的人均国民收入增长超过9倍，墨西哥与土耳其增长了3倍以上，但塞内加尔却略有下降。再到2008年，韩国的人均国民收入是四国中的老二——墨西哥——的两倍以上，更比最穷的塞内加尔高出十多倍。

还有其他许多国家的贫富排名发生了变化。例如，在1870年，阿根廷的人均国民收入比瑞典高33%，而到2004年，阿根廷的人均国民收入只有瑞典的43%。同一时期内，阿根廷的人均国民收入从美国的82%滑落到33%。[2]

当今世界最穷与最富国家之间的财富差距旷古未有，其原因在于某些国家迅速发展，而另一些国家则陷于停滞。穷国大多没有变得更穷，同时，一国的经济发展通常也不会导致其他国家经济衰退。如今，穷国中的一部分正迎头赶上，改变着本国的贫富排名，而另一部

---

〔2〕 1870年数据来自Felipe A. M de La Balze, *Remaking the Argentine Economy* (New York: Council on Foreign Relations Press, 1995)。2004年数据来自A. Heston, R. Summers, B. Aten, *Penn World Table Version 6.2* (Philadelphia: Center for International Comparisons of Production, Income and Prices, University of Pennsylvania, Sept. 2006)。

分则仍在挣扎。[3]

假如穷国的经济发展速度超过富国,贸易、旅游、对话就将使人类不断融合。经济发展的趋同令人类更为团结——正如欧洲的共同市场将几个世纪以来战乱纷争不已的欧洲各个民族团结起来。反之,倘若富国发展得比穷国快,那么,人们的生活方式将更趋分化,彼此也会更加难以理解对方——正如现代化都市中的富裕市民与落魄外来移民。经济发展的趋异会削弱人性的共识,从而令人类大家庭分裂。[4]经济复合倍增的惊人力量将决定人类是合而为一还是一分为二。

近些年来,那些原先贫穷的国家(地区)究竟是发展得更慢,被富国拉得更远了呢,还是它们发展得更快,从而追上富国了呢?图 2.1 展示了高收入及中与低收入国家(地区)1980 年至 2008 年间的人均国内生产总值(GDP)增长率。[5]图中的两条曲线有如舞场中的两位舞者,一同起伏进退。这表明所有国家(地区)都是世界经济的一分子,而其中一类国家(地区)的经济发展显然不会导致另一类国家(地区)的

---

[3] 下表列出了部分低增长与高增长国家(地区)的增长数据。

部分国家及地区 1993 年至 2003 年人均 GDP 累积增长率(%)*

低增长		高增长	
刚果共和国	−32.5	中国大陆	133.2
塞拉利昂	−21.6	爱尔兰	97.8
津巴布韦	−20.7	印度	55.4
乌克兰	−11.8	韩国	54.4
乌干达	−11.8	波兰	50.3
巴拉圭	−9.9	中国台湾	46.9
尼日尔	−4.2	马来西亚	46.6
阿根廷	−3.5	芬兰	41.6
科特迪瓦	−3.2	智利	38.9
厄瓜多尔	−2.6	博茨瓦纳	38.1
洪都拉斯	−1.3	匈牙利	36.4

* 根据 Alan Heston, Robert Summers, and Bettina Aten, *Penn World Table Version 6.2* (Center for International Comparisons of Production, Income and Prices, University of Pennsylvania, 2006) 计算。

[4] 在经济学的观点中,文化就是伴随财富分化而分化的均衡状态。
[5] 人均国内生产总值是最为常用的衡量人均收入的指标,但并非唯一指标。

衰退——若非如此，这两条曲线应该彼此逆向而行。在图中显示的前半段时期内，相对富裕的国家发展较快，因而导致生活水准的分化；而在后半段时期里，相对贫困的国家发展得更快，从而使生活水准更趋接近。从整体来看，没有明显的趋势表示这一时期穷国比富国发展得更快还是更慢，也没有迹象表明富国变得更富靠的是让穷国变得更穷。

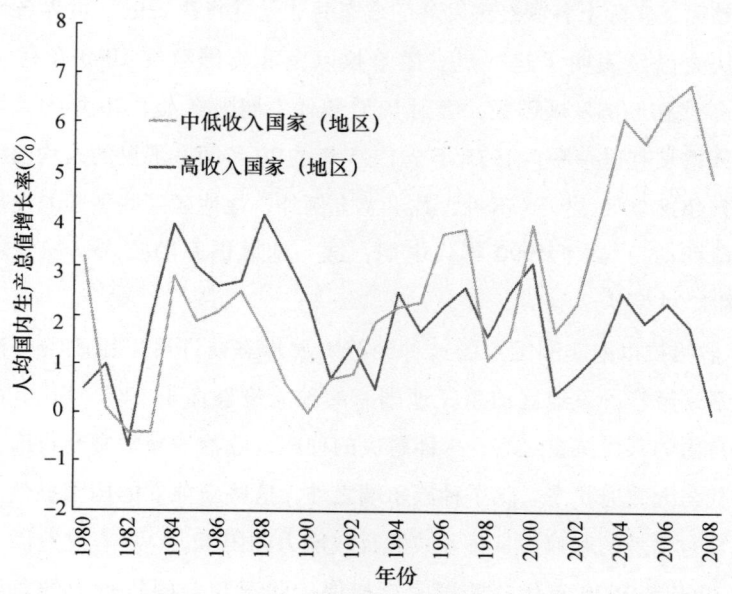

图 2.1　人均国内生产总值（GDP）增长率
根据世界银行 *World Development Indicator 2009* 计算。

以上的论述可以归纳为三点：

（1）历史上，国家（地区）的贫富排名变化不羁，有时在 50 年间就会有剧变。

（2）最富裕国家（地区）与最贫困国家（地区）之间的差距显著扩大，但多数穷国（地区）并未较从前更穷。

（3）各国（地区）的经济发展速度与其富裕程度没有关联。

如果我们每过几年就以随机抽签的方式来决定各国（地区）的经济增长率，那么，以上三点概括的形态也会呈现出来。随机抽出的增长率与富裕程度没有关联，正如第三点所言。自某一特定基点出发，幸运的国家（地区）连续抽中高增长率，不幸的国家（地区）连续抽中低增长率，于是，贫富差距就会扩大，正如第二点所言。而由于复合倍增的速度如此之快，国家（地区）的贫富排名也就会出现历史波动，正如第一点所言。

然而，实际上各国经济发展的形态并非是随机决定的，世界各地近期的历史已经表明了这一点。撒哈拉以南非洲国家在 1960 年代末至 1970 年代初经济发展迅猛，而到 1970 年代中期则陷入了 20 年的人均国民收入增长衰退——自 1975 年至 1995 年的 20 年间，那里的人均国民收入跌幅超过 20%。[6]（不过，凡事总有例外，该地区某些国家的发展逆此潮流而动。）到了 1990 年代中期，这一地区国家的收入又恢复增长（见图 2.2）。[7]

撒哈拉以南非洲国家的这种经济发展形态或许可以用政治与法律的因素来解释。该地区前殖民地国家的独立进程迄于 1960 年代。而当重获自由的喜悦沉寂之后，未能解决的种族、政治冲突常常会将国家拖入内战与无政府状态。除了种族争端之外，这些新独立的国家显然无法摆脱日益严重的腐败与日益衰减的行政能力的困扰。[8]所有这些因素都导致 1960 与 1970 年代这些国家产权保护状况与合同执行力的急剧恶化，直到 1990 年代，那里的情况才逐渐好转。

1989 年以后，以中央计划为组织原则的社会主义经济模式在东欧破产。面对这样的经济创伤，各国出现了两种不同反应。图 2.3 将东欧国

---

〔6〕 撒哈拉以南非洲国家的人均国内生产总值自 1974 年起开始衰退，衰退率大致是 20%。1974 年这一地区的人均国内生产总值是 600 美元〔以 2000 年的美元恒定值（constant price）为基准〕，到 1994 年跌至 470 美元，而从那时到 2003 年又缓慢恢复至 510 美元。参见世界银行，*World Development Indicator 2005*（Washington, DC：World Bank 2005）。

〔7〕 譬如，博茨瓦纳在 1993 年到 2003 年的 10 年间人均国民收入增长了 38%（根据 Heston, Summers, and Aten, *Penn World Table Version 6.2* 计算）。

〔8〕 这些都在 Chinua Achebe 的小说 *Things Fall Apart* 与 *No Longer at Ease* 中有绝佳的描述。

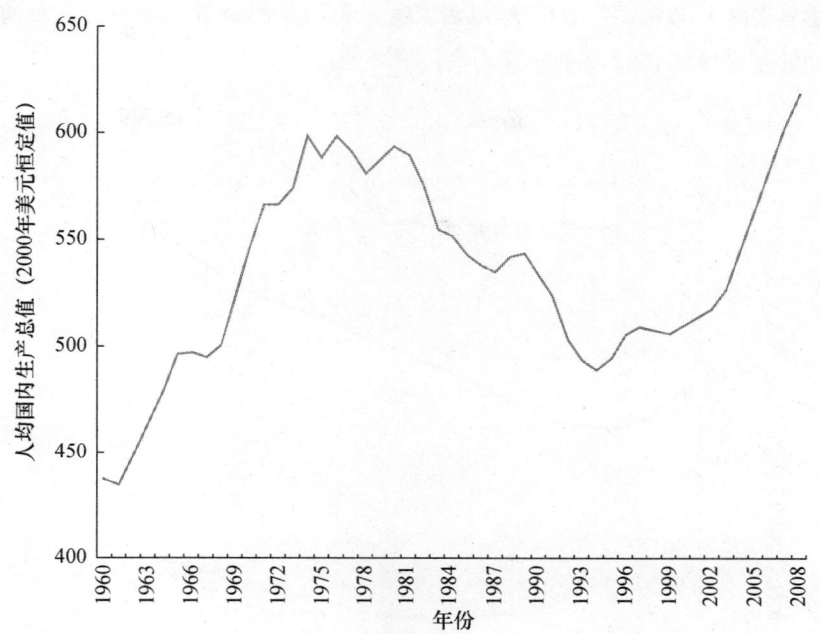

图 2.2 撒哈拉以南非洲国家人均国内生产总值
根据世界银行 *World Development Indicator 2009* 计算。

家分为两类:一类是在 2004 年加入欧洲联盟的八国,另一类是其余的十二国。[9] 在东欧剧变之后,从 1990 年到 1994 年这两类国家的人均国民收入都下降了。不过,加入欧盟的国家在 1990 年代中期开始经济复苏并保持稳定增长。到 1995 年,此类国家的国民收入已经恢复到其共产执政终结之前的水平,此后,在 1994 年到 2008 年间,这些国家的经济大约增长了 25%。而没有加入欧盟的 12 个国家则在 1990 年代后半期继续经济停滞,整体而言,它们的人均国民收入在 2008 年尚未恢复到 1990 年的水平。以俄罗斯为例,其人均国民收入在 1990 年至 1998 年间

---

[9] 1989 年后,一些前共产党国家——波兰、捷克共和国、斯洛伐克、斯洛文尼亚、匈牙利、拉脱维亚、爱沙尼亚及立陶宛——致力于谋求在 2004 年成为欧盟正式成员国。最近,保加利亚与罗马尼亚也完成类似的进程,加入欧盟。俄罗斯、白俄罗斯、格鲁吉亚、摩尔多瓦与乌克兰没有寻求加入欧盟。

明显下降了42%。[10] 2000年以后，这一类国家的经济开始恢复，目前又重新保持其1988年的水平。[11]

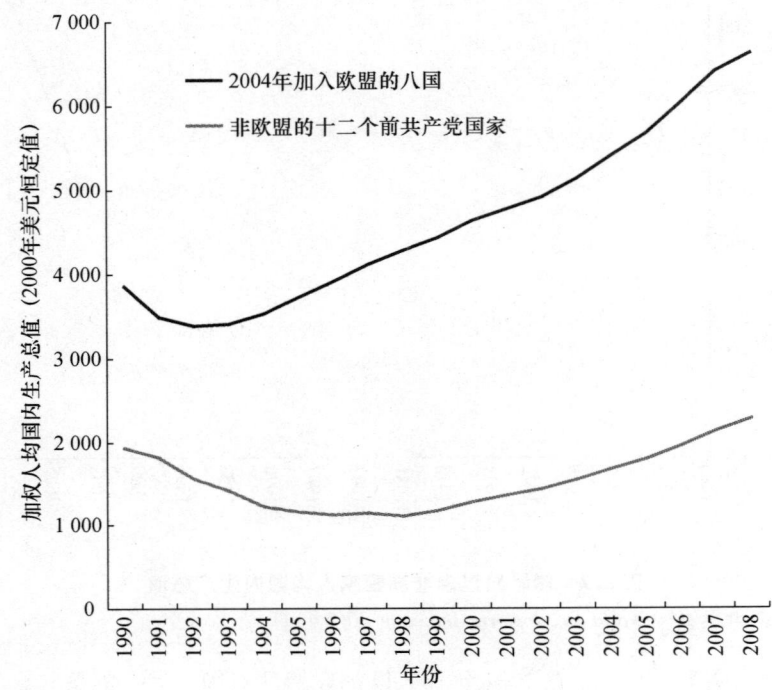

图2.3　东欧国家人均国内生产总值（人口加权平均值）
数据来源：世界银行 *World Development Indicator 2009*。

---

[10] 世界银行发展指数的这一估计试图包括非法的地下经济，这部分经济活动规模大，却不易测算。俄罗斯此后经济有所恢复，或许由于其合法经济活动的增加以及国际矿产价格的上涨。

[11] 图2.3展示的形态大体准确，但具体数字却需要谨慎解释。在社会主义体制下，生产者为满足国家设定的指标而虚报产量；而在资本主义体制下，生产者为求避税而瞒报产量。

法律的变化也许可以解释东欧国家的经济形态。[12] 在社会主义之下，国家计划取代了市场，国有企业削弱了私人产权，公法挤压了私法。即便如此，稳定的官僚体制给予官员们与产权多少有些类似的经济权力，而政治上的讨价还价则形成了类似于合同的债务。[13] 1989 年东欧国家共产党执政终结，扰乱了这些体制性安排，把这些国家导入市场经济的挣扎中，生产也随之下滑。其中 10 个国家承诺按照欧盟正式成员国的标准进行改革[14]，而欧盟也为这些国家制定出时间表，并向它们提供策略顾问，帮助克服政府腐败，建立独立的法院以执行民事法律。财产、合同及商事法律的进步为经济的活跃增长提供了助力。

与之相对，未加入欧盟的欧洲前共产党国家在减少腐败，建设司法独立，以及维护财产、合同权利方面进展甚微。[15] 不属于欧洲的苏联国家的情况也是如此。[16] 有些观察家将这种结果称为"黑帮资本主义"（gangster capitalism）。无论怎样看，这些国家的经济恢复迟缓，且进展不大。它们在 2000 年后开始恢复，其部分原因也在于国家行政与民事法律的改善——当然还有其他因素的作用。[17] 所有这些变化造就了图 2.3 所示的经济发展形态。

从 1965 年到 1980 年前后，拉丁美洲国家的人均国民收入增长强

---

[12] "东欧的怪象在于其资本存量大大超越其制度环境的发展水平。" A. Rapaczynski, "The Roles of the State and the Market in Establishing Property Rights," *Journal of Economic Perspectives* 10 (1996): 87-103, at 91.

[13] 比产权更为准确的用词是使用权。苏联官员拥有稳定、可预见的权力将特定资源用作特定用途，包括让社会主义的企业使用这些资源，但他们未必有权出卖资源。参见 A. Sajo, "Diffuse Rights in Search of an Agent: A Property Rights Analysis of the Firm in the Socialist Market Economy," *International Review of Law and Economics* 10 (1990): 41-60。在俄罗斯，企业之间的合同由"仲裁法院"（arbitration courts）来执行，参见 Kathryn Henley 对此所作的一系列经验研究，http://law.wisc.edu/profiles/pubs.php?iEmployeeID = 143。

[14] 波兰、捷克共和国、斯洛伐克、斯洛文尼亚、匈牙利、拉脱维亚、爱沙尼亚及立陶宛于 2004 年加入欧盟。最近，保加利亚与罗马尼亚也完成类似的进程，加入欧盟。

[15] 俄罗斯、白俄罗斯、格鲁吉亚、摩尔多瓦和乌克兰。

[16] 阿塞拜疆、哈萨克斯坦、吉尔吉斯斯坦、塔吉克斯坦、土库曼斯坦和乌兹别克斯坦。

[17] 对俄罗斯而言，世界原油价格的上涨可能是最为重要的因素，但这一因素对白俄罗斯、格鲁吉亚、摩尔多瓦和乌克兰没有影响。

劲，此后，其增长停滞甚至下滑，这与东欧国家类似，尽管程度没有那么激烈。到1990年代，拉美的人均国民收入重新增长，但其速度并不太快，参见图2.4。

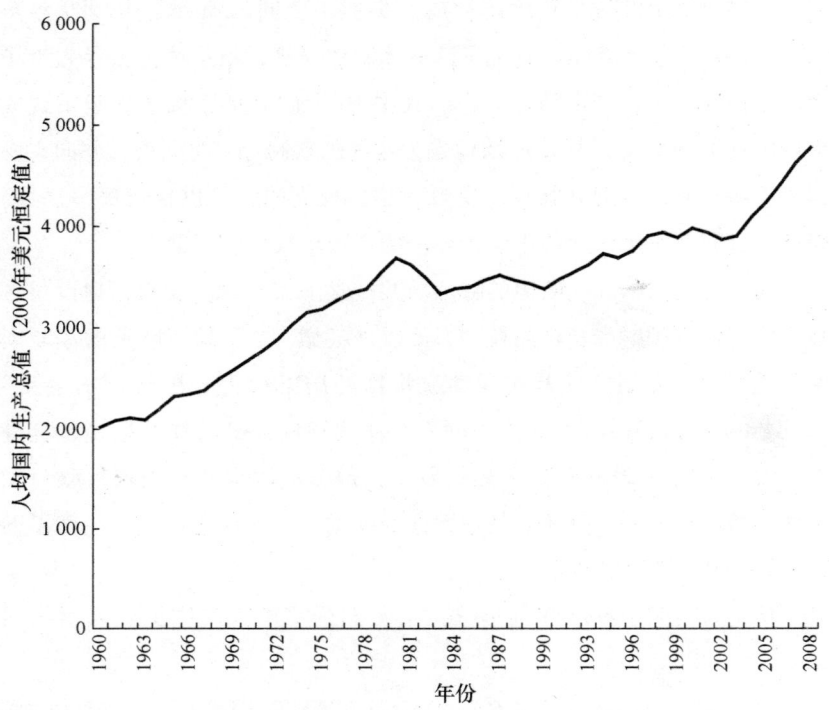

图2.4　拉丁美洲与加勒比国家人均国内生产总值
数据来源：世界银行 *World Development Indicator 2009*。

在1980年代下滑最厉害，而在1990年代增长又最强劲的国家是阿根廷。巴西与墨西哥在1980年代之前发展速度令人瞩目，但此后发展趋缓。智利在1985年后经济加速发展，迄今仍保持这样的高速度。（在世界各个地区都有类似智利的例外国家，它们的发展形态与地区整体形态相反，读者可参见图2.5）。

法律的变化也许可以解释拉美国家的这种发展形态。1970年代末1980年代初，几乎所有拉美国家都终结了对关键资源的国有（即私有化),减少了对私人企业的监管(即去监管化),并致力于消除国际贸易与金融障碍(即贸易自由化与金融资本自由流动化)。[18] 在国家对投资者与参与竞争者的保护依旧薄弱的情况下,拉美国家展开了市场的自由化。结果1980年代的自由化与私有化使得这些国家的经济表现逊色于它们在过去几十年中的表现——唯有智利是个例外。到了1990年代,拉美国家的金融与财产法律更趋稳定,经济发展也得以恢复。拉美的这一段经历类似于俄罗斯在薄弱的制度背景下向市场经济转型的状况,只不过其表现不如俄罗斯那样显著。

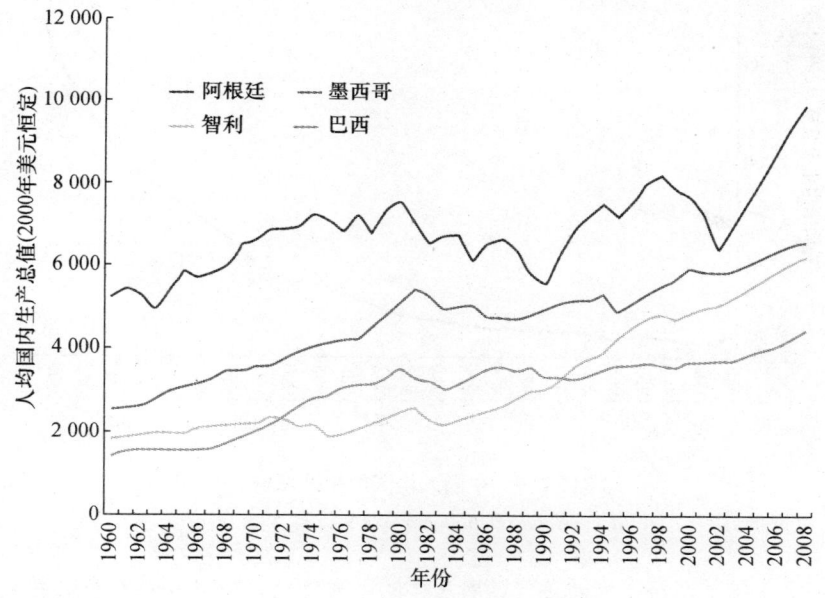

图2.5 拉美四国的人均国内生产总值

根据世界银行 *World Development Indicator 2009* 计算。

世界人口的大约20%居住在中国。直到1980年代中期,中国的人均国民收入不仅水平低,而且增长陷于停滞。然而,从1980年代中期

―――――――
〔18〕我们将在本书第十一章讨论"华盛顿共识"(Washington Consensus)及私有化。

开始,直到 2008 年,中国经济取得持续而令人瞩目的发展,正如图 2.6 所示。中国在过去 20 年间让如此众多的人口摆脱贫困,这一表现史无前例。中国持续保持大约 9% 的年增长率,从而使得其绝对贫困人口比例从 25% 大幅下降至 5%,同时,人口的预期寿命也从 64 岁增加到 70 岁以上。[19]

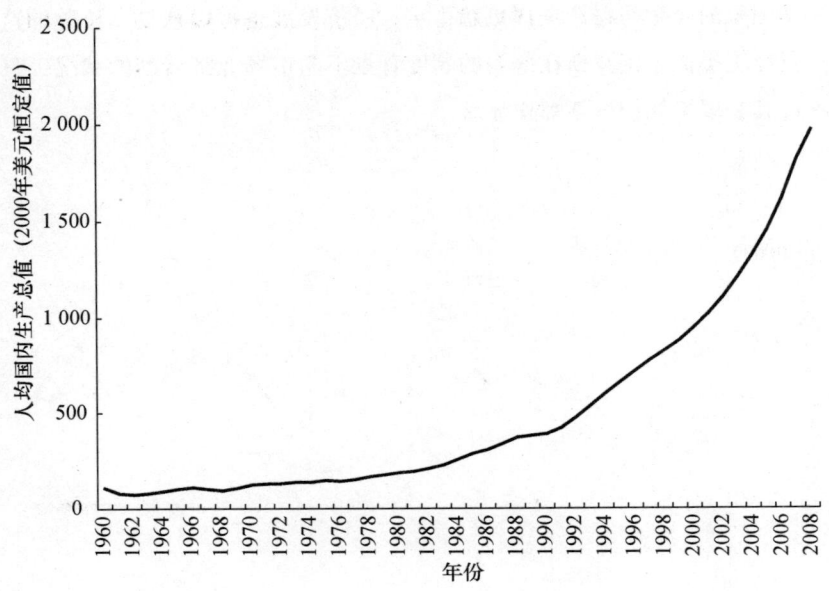

图 2.6　中国人均国内生产总值

根据世界银行 *World Development Indicator 2009* 计算。

中国的经济发展轨迹伴随着法律的巨大变化。1949 年共产革命胜利后,中国仿效苏联模式,以国家行政取代市场。政府官员取得了有些类似于产权的权力,而官员之间的针对经济的讨价还价则类似于合同。不过,1960 年代的文化大革命不仅打击了国家的官僚体制,也使原先剩余的一些私营经济部门被摧毁。产权的安全与合同的执行力彻底瓦解。此

---

[19] YingyiQian(钱颖一),"How Reform Worked in China," discussion paper, UC Berkeley, 2001, 1-63.

后，1980年代邓小平领导的改革解散了人民公社，使私营企业得以恢复。也是在1980年代，共产党、国家官僚体制以及商业组织网络都大力加强了对财产的保护和对合同的执行。1980年代，中国由国家直接主导的发展模式转向国家提供保护的发展模式，这一转变成果斐然。

中国的GDP超过了俄罗斯、意大利、法国、英国、德国和日本。虽然很多人难以想象中国在世界上的经济影响力会超越美国，但是，假如中国继续保持近来的发展势头，其国内收入就的确能超过美国。[20]世界的经济与商业正在变得多极化，而且这种变化的速度出乎人们——尤其是美国人——的意料。

人均国民收入大致能够衡量生活水平。由于中国的人口大约是美国的四到五倍，所以，即使当中国的整体国民收入达到美国同样水平的那一天，其人均国民收入仍然只是美国的20%到25%。假如中国能保持目前的发展速度——这一点尚不确定——则其经济影响力要比其人民生活水平更快赶上美国。

印度的人口少于中国，但其增长速度超过中国。直到1980年代，印度的人均国民收入增长缓慢，此后，其经济发展速度明显加快，正如图2.7所示。这一发展同样是震烁古今的成就——尽管比中国还稍逊一筹。1965年印度的人均国内生产总值高于中国，而到2008年则远低于中国。

世界人口的大约30%居住在中国和印度，这两个国家的经济表现对近几十年来世界的脱贫进程贡献巨大。

印度的发展形态看似中国的翻版，只是表现不如中国那样突出，而究其发展原因，也与中国类似。1947年印度从英国取得独立之后，国家

---

[20] 乔治敦大学（Georgetown University）的国际事务与信息Luce讲座教授C. J. Dahlman曾预言中国的国民收入将于2014年赶上美国。他作出这一预言是在2005年7月12日至13日在北京钓鱼台国宾馆举行的、由国家发展与改革委员会举办的中国改革峰会上。Dahlman的预测是基于将中国现有的发展趋势延伸，并允许其发展速度略有下降。这一预测的标准是基于购买力平价（purchasing power parity），而非国际汇率，此二者差别显著。

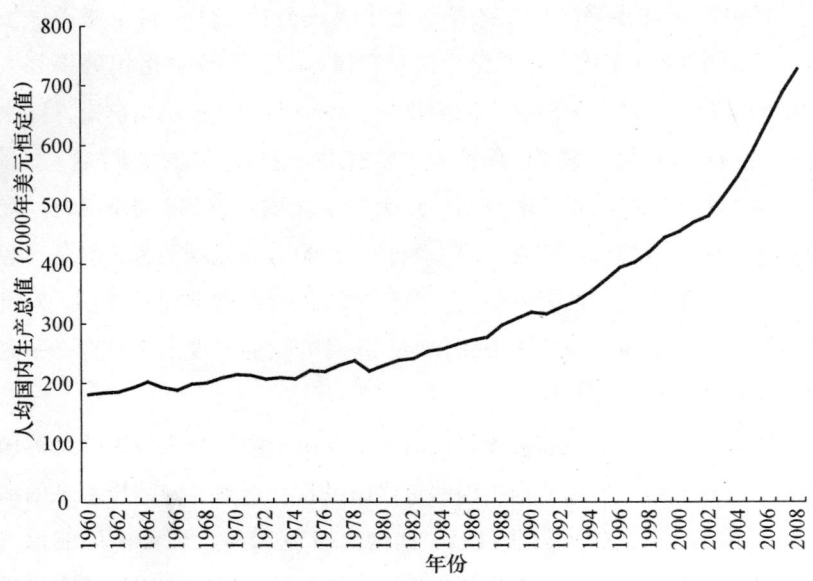

图 2.7　印度人均国内生产总值

根据世界银行 *World Development Indicator 2009* 计算。

计划逐步将市场排挤出去，而公法也逐步挤走了私法。到 1980 年，印度就像中国一样有着一个国家主导的经济体系，只不过它没有经历中国文化大革命的混乱。印度始终保持了民主制度与独立的司法体系，其书面上的财产法与合同法也品质良好。1980 年后，印度逐步解除了国家计划，并向私有化、去监管化与自由贸易的方向迈出一系列的小碎步。伴随国家放弃对经济的控制，财产私有与合同自由得以加强。印度的高速发展也已持续了二十多年。

阿拉伯国家的经济表现依据其是否拥有丰富的石油资源而呈现明显的两极化。阿拉伯产油国的人均国民收入在 1970 年代得到增长，在 1980 年代初出现下降，此后保持稳定直至 1990 年代末再次开始增长。这一形态与世界石油价格的波动完全一致。对阿拉伯产油国而言，国际油价的变化对其经济的影响远远超过其他因素——包括法律变化——的影响。

与之相反，经济不依赖石油生产的阿拉伯国家，其人均国民收入要比阿拉伯产油国低得多。不产油的阿拉伯国家的人均国民收入从 1970 年代中期起有所增长,其年绝对增长值几乎恒定不变。(绝对收入的恒定增长意味着增长百分比的下降,就像同样长高 5 厘米,对十几岁的少年而言,其成长率要小于学步的小孩的成长率。)[21]

图 2.8 同时描绘出了阿拉伯产油国与非产油国的经济发展轨迹。在此图中,我们遵循了一项学术惯例:以 1983 年为基准年,我们将这一年两类阿拉伯国家的发展状况都记作"100"——尽管就绝对值而言,产油国的这个"100"代表的人均国民收入要比非产油国高得多。其他各年度经济的发展变化状况均根据此基准年的基准值换算。如图 2.8 所示,阿拉伯产油国的人均国民收入的起伏与国际油价的变化相吻合,而在不产石油的阿拉伯国家,经济则平缓增长。

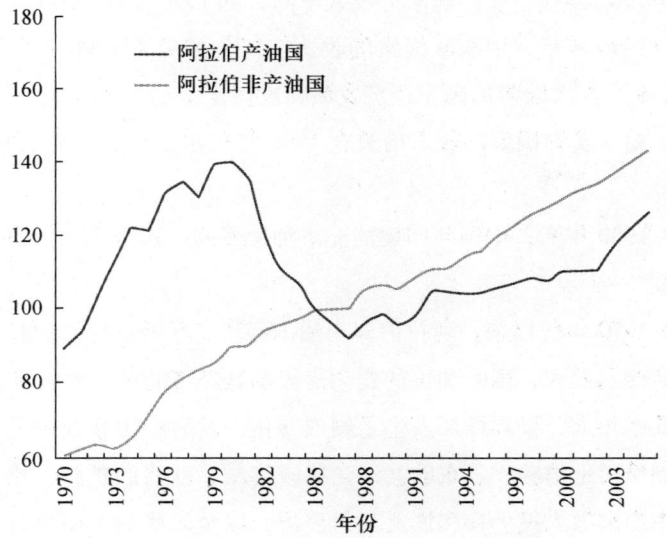

图 2.8　阿拉伯国家人均国民生产总值(GNP)指数
根据世界银行 *World Development Indicator 2009* 计算。

---

[21] George T. Abed, "Unfulfilled Promise, Why the Middle East and North Africa Region Has Lagged in Growth and Globalization," *Finance and Development* 40 (2003): 1.

在不产油的阿拉伯国家，法律的变化或许可以解释经济发展的变化。在1950和1960年代，阿尔及利亚等前殖民地国家和约旦等前属国取得独立，这一过程类似于撒哈拉以南的非洲国家。完全独立之后，这些国家采取了社会主义政策，增强了国家对经济的支配。于是，低效与腐败滋生，削弱了国内对产权的保护和对合同的执行，而这一切无疑都阻碍了经济的发展。2011年之前，这一地区没有出现法律制度的突变，这种特点或许也在该地区的总体经济数据上得到体现。而在2011年，该地区一些长期执政的独裁者被推翻，这既带来了新的希望，也带来了新的不安。这些变化未来将为我们提供有关法律对经济发展影响的新数据。

以下是对世界各地区以及两个人口大国的经济表现的概括总结：

（1）1980年代，非洲国家的收入下降，到1990年代恢复增长。

（2）1990年后，中东欧国家的收入下降，随后于1990年代中期开始恢复，8个加入欧盟的国家经济发展速度高于未加入欧盟的十二国。

（3）拉丁美洲国家的收入增长在1980年代出现停滞，到1990年代开始恢复。

（4）1980年后，中国与印度的经济加速发展，迄今仍保持史上罕见的高速度。

（5）1970年代以来，阿拉伯非产油国经历了平缓的经济增长，而对阿拉伯产油国而言，国际油价的变化是影响其经济的最主要因素。

近几十年来，世界格局发生了剧烈变化，发展中国家迎来了新纪元——非洲殖民地的独立、东欧共产党执政终结、欧盟的扩张、拉美的私有化、中国解散人民公社和恢复私营经济，以及印度放弃中央计划。所有这些事件都导致了产权保护、合同执行以及商法效力的震撼性变化。而变化的趋势则向世人表明：哪里法律有所进步，能为创新商事组织提供有效支撑，哪里的经济就突飞猛进；而哪里法律不能提供这样的支撑，哪里的经济发展就要落后。

这一章是以宇航员的视角来观察法律与经济发展。就像平流层里的氧气一样，在最为宏观的层面数据过于单薄，无法为法律与经济发展的关系提供严谨的证据。（我们法学院的某些同事们对依据不完善的数据来概括理论颇为不以为然，然而，他们对于完全不依据数据的理论概括倒是欣然接受。）不过，当我们缩小问题的讨论范围之后，就有可能获得统计证据的支持。[22] 以下各章将分别讨论许多小课题，最终汇聚它们将得出大结论。

---

[22] 统计证明的基本任务是估算联立方程（simultaneous equation）中多个变量的值。要确定因果关系，就要将 GDP 之类的宏观数据以及法治指数分解为小的成分，尤其是产权保护、合同执行与商法效力。有了这些小的研究单位之后，接下来就要检测事件的先后顺序，通过统计方法来验证原因的确发生于结果之前。譬如，我们可以比较中国各地人民公社解散的时间及其农业产量的增长。假如前者是后者的原因，那么，无论在哪一地区，前者就都应该先于后者出现。

第三章　发展的要害：双边信任困境

商事组织发展创新，经济才能增长，而发展创新又需要将新点子与资本结合起来。这两者的结合会面临一个困境，下面这封写给波士顿投资银行的信就反映出了这个困境。信是这样写的："我知道如何让你们银行赚一千万美元。如果你肯给我一百万，我就告诉你。"银行不愿意在确认信息的价值之前就花钱购买信息；创新者则害怕将信息透露给了银行，银行却不付钱。为创新提供融资的障碍在于：投资者在了解新点子的内容之前无法评估它的价值，而一旦得知了内容，投资者又没有理由再去为获得这个点子花钱。[1]

再举一个例子。伯克利数学家理查德·尼尔斯（Richard Niles）发明了一项书目管理软件叫 EndNote，许多教授都使用该软件。在其软件研发的初期，他既希望接到微软的电话，又害怕接到他们的电话。微软会要求他解释 EndNote 的原理，而一旦微软弄懂了其中的奥妙，他

---

[1] 经济学家将此现象称为"阿罗信息悖论"（Arrow's paradox of information）。信息经济学的一项核心洞见是：交易的一方经常比另一方掌握更多信息，却无法验证其知道的信息。因而，卖方可能知道某项商品是高质量的，但要向买方证明这一点却很困难。有关这种信息不对称的早期探索，参见 Kenneth J. Arrow, "The Value of and Demand for Information,"收录于 C. B. McGuire and R. Radner eds., *Decision and Organization*, Chapter 6 (New York: North-Holland, 1972).

们要么收购尼尔斯的公司，从而令其致富，要么自行开发类似的软件，从而令尼尔斯破产。尼尔斯最终等来了微软的一个电话，他接电话的时候人都在发抖，不过，微软只是想向他推销 Office 软件而已。后来，尼尔斯确实得到了回报，EndNote 最终被出版业巨头汤姆森公司（Thompson）买走。

要开发一个创新的点子，创新者必须相信投资者不会剽窃他的点子，而投资者又必须相信创新者不会窃取其资本。这就是创新的双边信任困境——这个新名词代表了一项尚未被充分认知的观点，尽管此观点背后依托的经济学文献十分丰富。[2] 缺乏信任阻碍创新，无论这种创新是开拓新的市场——如斯威士兰的保险市场，创造新的组织形式——如四川的一条新型流水线，还是开发新的技术——如硅谷更高速的计算机芯片。就如同择偶一般，创新者与投资者彼此小心翼翼地靠近，只因实在是利害攸关。

双边信任困境并非无可救治，我们仍有可能将双方像所罗门之结一样绑到一起。在古代，两个敌对的国王要维持和平，就会彼此交换重要人质。5 世纪的时候，汪达尔人（Vandals）的盖萨里克王（King Geiserich）将自己的儿子送给西哥特人（Visigoths）的狄奥多里克王（King Theoderich）作人质，而后者也把自己的女儿送给前者当人质。[3] 当双方都将合作看得比掌握的人质更加重要时，交换人质的效果最好，比如盖萨里克王与其杀掉狄奥多里克王的女儿，更加希望自己的儿子活着回来，而狄奥多里克王也同样如此。

现代商业交易中，当事人之间建立信任，有时就如同交换人质。阿

---

[2] 将自己的金钱置于经理人控制之下的投资者如何才能设计出一份合同，使得经理人的收益与投资者的收益同时最大化？这就是所谓的"代理人成本问题"（principal-agent problem）。当代的许多金融学研究都建立在早先探讨这一问题的文献之上。"双边信任困境"是"具有双边道德风险（moral hazard）的代理人成本问题"。涉及信息不对称的法律激励的一般性论述，参见 Edmund W. Kitch, "The Law and Economics of Rights in Valuable Information," *Journal of Legal Studies* 9（1980）: 683-723。

[3] 倘若和平得以维持，这一对男女本是要结婚的。只怨狄奥多里克王被控图谋推翻盖萨里克王，于是，狄奥多里克的女儿被砍断手脚送还给了老爹。

根廷的买家向德国的卖家购买机械工具，买方要担心卖方会侵吞货款而不发货，卖方要担心买方收下货物却不付钱。合同法与银行体系为解决这些问题提供了出路：买方将货款存进一家国际性的银行［"信用证"（letter of credit）］，银行见到卖方出示的证明其已将货物送达指定地点的文件后，再向其发放货款。这套机制之所以奏效，是因为阿根廷的买家认为这批机械工具比货款更值钱，而德国的卖家则认为货款的价值更大，而双方只能靠履行合同来各取所需。

就像盖萨里克王与狄奥多里克王交换人质，或者德国卖家与阿根廷买家的国际贸易一样，开发一个新点子对创新者与出资者双方都有风险。其实，出资者的资金与创新者的点子是保证他们合作的双向担保。只要双方都相信合作开发创新比任何其他使用这个点子和这笔钱的方法都更有利可图，这种双向担保就能奏效——无论创新的内容是开拓新市场，创造新组织，还是开发新技术。

在创新周期的三个不同阶段，创新者与出资者也有三种不同的建立信任的方式。首先，某人有了新点子也得到一笔开发资金，创新者可能设立一个新企业，也可能待在既有的企业中工作。在此第一阶段，仅有创新者身边小圈子里的少数几个人理解这项创新，此时，创新的经济价值尚未确立。通常，创新者必须游说投资者，令其相信创新的价值。第二个阶段，创新者已经对新点子进行了开发，足以向市场证明自己创新的价值，随着创新在经济上的成功，创新者的团队也获得了超常的利润，其拓展速度超过竞争对手。最后，竞争者观察到了创新者的成功，并试图仿效创新者的点子。竞争者的模仿使得创新者的利润下降，其发展速度也将放缓。（经济进化借助利润嗅觉令适应者被模仿，而生物进化则借助自然选择淘汰不适者。）

创新周期的这三个阶段对应了硅谷的三个融资阶段，每一阶段创新者与投资者都有不同的建立信任的方式。正如坊间流言，创业的启动资金靠的是三种人：家人、友人与傻人。家人与友人信任的是创新者，而非其新点子，这种信任使得前两种人即便不知道创新的市场价值也仍愿意投资。第一阶段属于关系性融资（relational finance）——靠人际关系驱动的融资。除此之外，还有少许傻人会投资，因为他们相信自己即使不理解创新是什么，也可以评估其价值。

对绝大多数的创新者而言，和富人的关系都少之又少，也无法向他们募集到完整开发其新点子所需的资金。因此，这样的创新者最终不得不转而依靠陌生人。第二阶段的资金来自"风险投资家"（venture capitalist），他们不是家人、友人或者傻人。与关系性融资不同，风险投资属于一种私人性融资（private finance），之所以是私人性的，原因在于这种投资来自一小群对评估未开发的创新富于经验的投资者。

有创造力的人们设立公司，却常常不善经营。假如公司的创立者被证明不是个好的经营者，风险投资家就必须用好的经营者来取代他。这种情况下，风险投资家可以将企业抓在手里，以便促进其营利。反之，假如创立者被证明是位有能力的经营者，风险投资家可能又会抓住公司，以图不和创立者分享利润。有时，风险投资者甚至希望赶走那些能干的经营者——只因为后者对企业的未来利润享有很大的份额。企业的创立者与风险投资家有充分的理由不信任对方。风险投资者的英文首字母缩写"V. C."也可以代表"贪婪投资者"（vulture capitalist）。

与此相反，硅谷的创新者有时会掠夺他人的投资。譬如，约翰·罗杰斯（John P. Rogers）说服了加州有名的投资人向其提供34 000万美元，用以设立一家名为Pay By Touch 的高科技创业公司。他声称该公司将运用"生物识别技术（例如指纹）变革美国人付费的方式"。2008年该公司破产，投资者在诉讼中指控罗杰斯每月烧掉800万美金，却没有生产出任何有价值的东西。[4]

创新者与风险投资者借助各种法律机制来克服相互不信任。企业的创立者常常承诺达到一定的业绩指标，以换取风险投资者的融资。如果

---

[4] Lance Williams, "How a 'Visionary' Raised—and Lost—a Fortune," *San Francisco* Chronicle, Dec. 7th, 2008, 载 http://www.sfgate.com/cgi-bin/article.cgi?f=/c/a/2008/12/7/MNIK147QU3.DTL。

创立者没有实现这些指标，就会失去投资，也会失去工作。具体而言，风险投资者握有企业的优先股（preferred share），而创立者则持有普通股（common share）。融资协议可能会写明：优先股股东有权在3年以后要求赎回其出资。这样的协议使得风险投资者能够确信创立者会尽其最大努力来实践承诺，同时也让创立者相信风险投资者会保守企业的秘密。

解决硅谷双边信任问题的另一项机制是公司治理（corporate governance）。公司的内部章程（bylaw）可能规定普通股股东（创立者）与优先股股东（风险投资者）可以指定相同数目的董事，外加一位得到双方认同的独立董事。一旦创立者与风险投资者意见分歧，这名独立董事就掌握着决定性的一票。因此，独立董事将决定风险投资者是否能够用新的管理团队来取代创立者。

到了第三阶段，一个成功的创业公司会向公众出售自己。这种出售可以直接通过首次公开发行股票（initial public offering）进行，也可以间接由上市公司将其并购。在美国，一个企业要公开发行股票，就必须遵守证券交易委员会（Securities Exchange Commission）的信息披露规则。经纪人向潜在投资者传播这些由企业披露的信息，这时，就会有更多人能够充分理解这家企业的创新所在，进而决定是否为其进一步的发展投资。由于股票市场上的投资者是一个庞大的群体，因此我们将这第三个阶段称为公众性融资（public finance）。[5]

当融资变得具有公众性时，创新者的秘密就少了，因而其掠夺投资者金钱的空间也变小了，于是，双边信任困境就不再突出。而随着双边信任困境的消失，公众融资便趋近于经济学家所说的"竞争性均衡"（competitive equilibrium）这一理想。在竞争性均衡之中，没有人掌握有价值的不公开信息，每个人的获利率都一样［即"通常投资回报率"

---

[5] 有关其近期的运用，参见 Bernard Black and Ronald Gilson, "Does Venture Capital Require an Active Stock Market?" *Journal of Applied Corporate Finance* 11（Winter 1999）: 36-48。

（ordinary rate of return）]。就像百分百的心满意足一样，完全竞争性均衡只可接近，却永远达不到。

每一个不同的融资阶段——关系性、私人性、公众性——需要不同的法律来解决双边信任困境。任何商事组织都离不开产权保护，以免企业财产遭到侵夺。没有有效的产权保障，人们就会担心自己的财富被他人窃取，因此，他们不会选择投资，而是选择囤积。资源也会从财富的创造者那里流向财富的保护人——流氓、黑帮、骗人的会计、庞兹骗局（Ponzi）的设计者、勾结恶势力的行政官员、贪污腐败的政客都在窃取财富。家族、部族和帮会都能保护产权，但一个有效的政府要比这些保护者可靠得多。国家对产权的保护是对未来进行投资的法律基础。

一切形式的商事组织都需要保护企业的产权不受外人侵夺，不过，关系性融资不必借助太多的国家法律救济，也能大体正常地运作起来。倘使法律能保障这些企业的产权不被外人侵夺，那么企业成员内部就可以不通过正式的合同，而通过对关系的信赖来协力工作。在第一阶段，许多新企业都大量依靠私人关系取得融资。有效的产权保护与强大的关系能让创业公司的成员们相信：他们当下投入的金钱与时间可以在未来为自己带来收获。

随着创业公司的发展壮大，它们也将步入第二阶段。到这一阶段后，进一步的发展就要依靠陌生人——而不再是亲朋好友——的融资。然而，陌生人之间的信任过于淡薄，不足以成为担当履约保证之责的非正式机制。陌生人要想通力合作，以完成一项关涉很大利益的事业，就需要借助能被有效执行的正式合同。就像保障产权一样，国家能比部族或者帮会更为有效地执行合同。在第二阶段，商事组织主要依靠由国家执行的正式合同来获取融资。可执行的合同使得投资者对企业资金的用途保留了相当的控制力。合同法是贷款、债券和外商直接投资（foreign direct investment）市场的支柱。[6]

所有国家都有一些公司——有一些国家的所有公司——从不会超越私人性融资的阶段。（我们下面会更为详细地讨论这一现象。）不过，硅谷的很多企业都会迈向第三阶段，即在公开市场上募集资金。商事组织可以直接向公众出售股票来融资（"首次公开发行股票"），或者通过将自己卖给向公众发行股票、债券的大公司来间接向公众募集资金〔"上市公司（public company）收购"〕。

购买股票或者债券的普通公众无法控制企业资金的用途，相反，他们的资金受到企业经理人和董事会的控制。而这些企业内部的人员有许多机会掠夺外部投资者的资金。譬如，内部人员可以运用会计上的机巧将利润转变为薪酬，从而侵夺走股东们的红利。假如公众投资者不喜欢某个企业的投资策略，他们的对策就是出售自己的证券（"退出"）。要保护上市公司的外部投资者免受内部人员的掠夺，就不光需要保护产权和执行合同。对公众性融资的额外保护基于证券法、公司法和破产法这些我们称之为"商法"的法律。

总之，要在创新者与投资者之间建立起信任就需要法律，特别是财产法、合同法与商事组织法。就如图 3.1 所示，关系性融资需要保护产权，私人性融资需要执行合同，而公众性融资需要商法来保护外部投资者。随着融资形式的发展，对法律的需求也将不断深化。法律的效力决定着企业能否由关系性融资转向私人性融资乃至公众性融资。（图 3.1 是一个简化但很有用的模型，不过，它尚未体现法律部门之间的互补性，关于这种互补性，我们将于下文讨论。）

生物学家们有时说："个体发育过程是浓缩了的物种进化过程。"也就是说，单个有机体从诞生到成熟的过程在某种程度上复制了整个物

---

[6] 除却合同法之外，私人性融资的繁荣也带来了债务回收法、债券法和银行法等特别的法律部门。

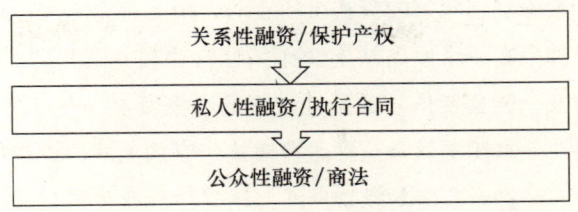

图 3.1　三种融资形式的法律基础

种的进化过程。[7]同样，硅谷创新企业的三个融资阶段也复制着各国资本市场进化的三个历史阶段。世界最早的工业革命——英国工业革命——就经历了这三个阶段。18 世纪初期，投资者大多依赖个人财产和亲朋好友的借款（关系性融资）；随着工业化的深入，新兴行业能更为容易地获得由富有的投资者和银行提供的贷款；以向公众出售股票和债券为工业企业融资的方式随后出现。工业企业取得的公众性融资最初集中于运河、码头、铁路等基础设施建设领域，在这些领域，国家与私人企业利益交织。当法律变得更为可靠之后，公众性融资开始向从事制造业的企业蔓延。[8]图 3.2 描绘的正是这三种不同阶段的金融形式的演变过程。

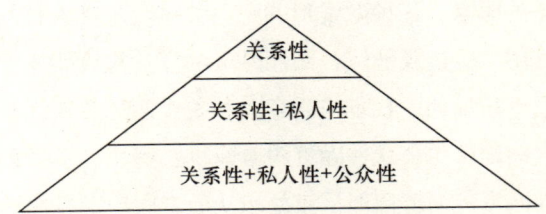

图 3.2　金融的发展阶段

---

[7]　每种动物的生命都从携带着遗传指令的单个细胞开始，这些指令决定着细胞如何生长为复杂的有机体。对拥有共同进化祖先的不同种类的动物而言，个体的生长轨迹体现出化石记录下来的、更早的进化阶段的形态。尽管个体生长形态不能完全复制物种的进化过程，然而，对这些生长形态的对比却能为了解控制个体与物种发展的基因提供有用线索。有关从鱼类中发现人类胚胎起源，参见 Neil Shubin, *Your Inner Fish: A Journey into the 3.5-Billion-Year History of the Human Body* (New York: Pantheon Book, 2008)。

[8]　参见 P. M. Deane, *The First Industrial Revolution* (Cambridge: Cambridge University Press, 1965) 中第 166—167 页的总结；有关对 18 世纪主要发明的融资，参见该书第 165 页。

现今,最不发达国家的资本市场疲弱,因此,企业家主要向亲人和朋友借钱。如果在一个原先缺乏法律的社会中建立起可靠的产权制度,就有可能激发一轮主要依靠关系性融资的经济发展——1980年代开始,中国的新兴产业采用的就是这种融资模式。有的民族——以中国人和犹太人为代表——拥有广袤的家族网络,足以将商业关系延伸到异乎寻常的领域。不过,亲族之间的信任关系终究赶不上现代商业的发展规模,因此,靠关系性融资的企业做不大,也受到地域限制。没有一个现代国家是完全凭借关系性融资而变富的。

一个经济体要拓展其产业规模,就必须以私人性融资——特别是银行贷款——来补充关系性融资。在银行占据主导地位的国家,一小群富有的内部精英分子经常根据其私人信息向商事组织发放贷款。故而,在某些发展中国家,银行贷款扮演着与硅谷的风险投资基金类似的角色。

随着一个国家日益富裕,公众性融资——向公众出售股票与债券——和私人性融资之间的角逐也日益激烈。股票、债券成为银行及富人的竞争者,承担起为经济发展提供资金的重任。

随着金融渠道的拓展,新的融资方式成为旧有方式的补充而非替代。在最富裕的国家,三种融资形式——关系性、私人性与公众性——都具有重要作用。各国及地区公众性融资的发达程度很不相同——即便在富裕的国家也是如此。日本与北意大利主要通过关系性和私人性融资实现富裕,这些地区的公众性融资相对较少;美国、英国的成熟产业则主要靠公众性融资;而德国似乎正处于从前者向后者过渡的阶段。〔9〕

拓展融资的源泉需要的是能真正发挥作用、控制行为的法律,而非抒发高尚理想的、鼓舞式的法律。怎样才能使法律发挥作用?当然不只是把它写在纸上。就书面的法律而言,贫困国家与富裕国家通常差不了多少。印度与尼日利亚的财产法、合同法形式上都和英国的普通法类似,而秘鲁正式的财产法、合同法则跟西班牙法类似。不过,把法律写

---

〔9〕 有关各国的具体金融样态,参见本书第八章。

下来并不足以令其发挥作用：印度、尼日利亚和秘鲁的正式法律都不及英国或者西班牙的起作用。

法律的效力来自社会和国家。许多法律都规定了以制裁作为后盾的义务，这些义务和其背后的制裁同样有效力。通常，当潜在的加害人预见法律制裁之时，他们就会遵守法律。[10]制裁可以来自社会，譬如遭亲族遗弃或者名誉扫地的威胁；也可以来自国家，譬如合同一方威胁将违约的另一方告上法庭。

如果没有国家的执行力，光靠社会的制裁是否足以使法律发挥作用呢？为了探寻答案，1914年，布罗尼斯拉夫·马林诺斯基（Bronislaw Malinowski）走出了其在伦敦的办公室，来到特罗布里恩群岛（Trobriand Islands）观察那里的人们如何解决纠纷。他发现：在一个人伤害了另一个人之后，特罗布里恩的岛民会运用社会压力迫使加害人的家族向被害人的家族做出赔偿。[11]类似的事实令人类学家们相信法律的历史要比国家久远得多。

正如1914年时的特罗布里恩群岛那样，社会制裁在现代社会里依然重要。它成本低廉而具有灵活性，因此，商业不端行为的受害人往往会首先寻求社会制裁。例如，如果某个商人违反了合同，受害人可能会停止与加害人的交易（拒绝交易），违背自身对加害人的承诺（报复性违约），散播加害人的恶名（名誉制裁），或者请求其他商人不要与加害人交易（联合抵制）。

非政府组织可以增进社会制裁的效率。世界上绝大多数的原钻都在曼哈顿和安特卫普等的少数几个交易所里交易，这些交易是无需书面合

---

[10] 要威慑理性人不干坏事，预期的制裁就应当等于或者大于此人干坏事能获得的收益。预期制裁等于制裁概率和制裁规模之积。价值100美元的制裁假如有50%的概率被实施，就会让一个理性人——假定其具有中性的风险偏好（risk neutral）——不去干能为其带来不超过50美元好处的坏事。震慑一般只需要具备实施制裁的威胁，而很少需要真正实施制裁。

[11] B. Malinowski, *Crime and Custom in Savage Society* (New York: Harcourt Brace, 1926).

同的；钻石交易所有自己的商人法庭来解决纠纷，而无需国家的制裁。剥夺交易资格将断绝钻石交易商的生计，也是对其终极性的惩罚。[12] 因特网增强了名誉制裁的效果，因为它使得获取信息更加方便——特别是通过买家对卖家的网上评价。因特网上名誉制裁的效力足以使陌生人愿意在网上购买古董而不必先行检验。因特网现象预示着未来人们也许会更多——而非更少——地依赖名誉制裁。

社会制裁的效果取决于利害的大小：它足以防止在反复进行的低价值交易中出现的不端行为，而对一次性的高价值交易则不起作用。对大生意而言，除非在关系紧密的家族内部，否则社会制裁不足以确立信任。在大生意里，人们需要合同能得到国家的支撑，就如外交官希望得到军队对外交政策的支撑。在买车或者卖房的场合，具备一般道德水准的人们可能变得无情，而专业的汽车销售商和不动产中介都以不讲道德著称。商业活动往往类似于买房——一笔高价值的交易。因此，没有法官和执法官僚对行事不端者的威胁，许多商业活动就从来不可能发生。

违约的受害人可以威胁对加害人提起民事诉讼，要求获得补偿性损害赔偿（compensatory damages）。一项可信的威胁往往就能解决争端——有如领头狮子的一声吼叫。而这种威胁要具有可信度，原告由法院获得的赔偿金额就要高于其诉讼成本。所以，保持低廉的诉讼成本能够增加诉讼威胁的可信度。假如法院能有效率地解决寻常的商业纠纷，那么，当事人通常就会按照有利于能在法庭上获胜的那一方的条件和解。反之，无效率的或者腐败的法庭将降低起诉威胁的可信度，从而阻碍依法应当获胜的那一方当事人取得有利的庭外和解条件。

除了社会制裁和法院的制裁以外，还有国家官僚体系中的公务员实施的行政制裁，诸如吊销许可证，实行监管措施，调查违规行为或课以罚款。集权国家尤为依赖行政制裁来保护其公民。许多观察者相信：社

---

[12] Lisa Bernstein, "Opting Out of the Legal System: Extralegal Contractual Relations in the Diamond Industry," *Journal of Legal Studies* 21 (1992): 115-157.

会制裁和国家制裁能够震慑许多不端行为。现今中国对产权的保护和合同的执行较之从前有了巨大的进步。不过，大部分观察家仍旧认为中国官僚体系在产权保护与合同执行方面的表现还远不如其富裕的邻邦——如日本、新加坡——的法院。

无论在发达国家还是在发展中国家，新兴的商业活动都始于隐秘、冒险和高额利润期待，而此三样都会伴随这种商业活动的成熟而失去其重要性。由欧洲通往亚洲的航海线路最终被记录到了地图上并且获得了安全保障，而欧亚间的贸易也变得司空见惯，即便欧洲的中产阶级也有能力购买亚洲的香料。在硅谷，竞争者们想方设法绕开专利的障碍搜寻秘密，从而将今天的技术突破转化为明日的商品。然而，一个具有创新力的经济体从不会陷入一个没有秘密、风险和超常利润的永久稳定状态。将新点子与资本相结合是经济创新的直接动因，也正是本章的主题。这里，我们谈的不是那些经济发展的远因，诸如人口构成、地理环境、教育程度、要素调动、健康状况、宗教信仰、世界价格、利率水平、通货膨胀、监管条件和关税高低。在商业活动中将点子与资本合二为一需要财产法、合同法和商法。企业要在法制薄弱的环境中繁荣发展，就必须驾驭各种社会关系，自行执行私人间的合同。而当法律、司法系统和国家官僚体系改进之后，融资方式就会由关系性扩展为私人性，再由私人性扩展为公众性，于是，更多的点子得以与更多的资本结合起来，经济发展的速度也会更快。

第四章　创造还是攫取

珊瑚礁上，一种动物（珊瑚虫）用一层硬壳将自己包裹起来，这层硬壳保护着居住在其肉体之中，并为其制造食物和能量的诸多单细胞植物（虫黄藻）。同样，社会财富的创造者也需要得到国家的保护，以免受到攫取者的侵害。要是财产得不到保护，人们就会将财富囤积起来，而不是为未来进行投资。所有国家都有财富的创造者与攫取者，只不过在不同地区与不同时间，这两者所占比重有所不同。今天，多数富国之所以变富的原因是：在这些国家里，无论国家制定的法律还是社会自身的规范都引导国民努力创造财富。[1] 相反，许多穷国之所以无法摆脱贫穷是因为它们的法律和社会规范诱使人们过多将精力集中在攫取别人的财富上。

要保持平衡，很大程度上有赖于法律。保护财富创造者所需的法律包括财产法、合同法、刑法、金融法、公司法、行政法、反垄断法、劳动法、税法以及侵权法。如果法律能让富有创造力的人们获得其创造的多数财富，那

---

[1] A. O. Hirschman 认为 18 世纪的知识分子拓展并提升了资本主义的理想，从而使得贸易能够平息激烈的贵族荣誉诉求，让国家免于战火。用本章的语言来说，就是高尚的创造或许能减少攫取。参见 *The Passions and the Interests*（Princeton：Princeton University Press, 1977）。

么，国家就能将这些人的能量导向致富本身，从而致富国家。反之，假如法律允许强者从财富创造者手中攫取财富，那么，国家就在引导人们通过坑害国家来竭力让自己发财。

创造财富与攫取财富有什么区别？在极端的例子里，这两者区别明显。1220年之前，丝绸之路上布哈拉（Bukhara）地方的工匠与商人们为他们的城市创造了财富与繁荣。不过，此后这座城市向强悍的成吉思汗派遣军敞开了大门。入侵者不讲仁慈，凶残地掠夺那里的财富，奴役那里的人口，整座城市沦为废墟。当今世界的经济体系中，从他人处攫取财富者干得要比成吉思汗隐秘得多。这些人包括骗子、独裁者、卡特尔、操纵股市者、腐败的工会干部、索贿的政客、黑帮成员以及各式各样的垄断者。我们将区分三类攫取他人财富的方式：盗窃与受贿（犯罪方式）、补贴与监管（政治方式）以及卡特尔与垄断（市场支配方式）。

盗窃与受贿

对许多贫困国家而言，矿产资源是最容易变现的财产。1989年俄罗斯经历政体剧变之后，与黑帮勾结的资本家们掠夺了国家的矿产资源，将其转卖外国。根据《福布斯》杂志的统计，2003年世界最富有的300人中，有16名俄罗斯人榜上有名，而其中11人是靠着石油发财的。[2] 1995年，赤道几内亚发现石油之后，其统治者特奥多罗·奥比昂（Teodoro Obiang）及其政府在华盛顿里格斯（Riggs）银行的私人账户中存入了7亿美元。（这一事实随着银行监管机构对该银行隐匿洗钱的行为进行罚款而浮出水面。）《福布斯》杂志每年都会对全球最富的十位

---

[2] 霍多尔科夫斯基（Mikhail Khodorkovsky）——最富有的黑帮资本家——2003年被逮捕，2005年被判入狱9年（原注误为2005年被逮捕——编者注），俄罗斯政府随之夺走了他的公司。霍多尔科夫斯基的反对者相信他在1990年代的国有资产私有化过程中犯有罪行。不过，霍多尔科夫斯基的支持者则相信俄罗斯总统普京（Vladimir Putin）因霍多尔科夫斯基支持反对政府的政治势力而对其施以报复。

"国王、女王和独裁者"进行猜测,而多数入选者都是富油国的统治者。[3] 同样,蒙博托·塞塞·塞科(Mobutu Sese Seko)——1960 年至 1997 年间的刚果总统——从自己的国家洗劫了数十亿美元,并将这笔钱存进了瑞士银行的户头。

有些政府官员不是攫取国家的财富,而是从平民百姓那里搜刮。绝大多数的宪法都要求政府在征收私人财产时给予补偿,但有些政客却凌驾于宪法之上。当权力侵凌法律之时,政客们便放手掠夺私人——尤其是敌人——的财富而不给予补偿。2000 年,津巴布韦总统穆加贝(Mugabe)怂恿他的政治盟友掠夺白人居民的农场——给大多数人造成了灾难性的经济后果。[4]

许多腐败官员并没有盗取石油或者土地,而是向有求于他者索取小额的金钱。这些官员索取贿赂,继而颁发执照,履行职责,放过违规或逃税行为,提供政府文件,批准规划变更或者举行听证。这种"腐败税"——各种琐碎的贿赂带给企业的负担——就像车胎上的漏洞减缓车速一样,减缓着经济发展的速度。

补贴与监管

我们前面讨论了以非法方式攫取他人财富,特别是盗窃与受贿。除此之外,人们还可以不违法,相反地利用法律向他人攫取财富。政客们让国家为各种活动提供补贴。总有国家会补贴电话、银行、铁路、电

---

[3] 但并非全部都是这样的人:2006 年上榜的包括英国女王与菲德尔·卡斯特罗(Fidel Castro)。

[4] 津巴布韦宪法禁止国家不给予补偿而征收土地,穆加贝因而修改了宪法。修改后的宪法将补偿白人农场主的责任转嫁给从前的殖民者——英国。最终,没有人补偿白人农场主,他们大多数遭到抢劫与驱逐,有些甚至被谋杀。有关这些事件的通俗回忆录记载,参见 Peter Godwin, *When a Crocodile Eats the Sun: A Memoir of Africa* (New York: Little, Brown, 2007)。有关补偿的事实,参见 E. Pan, *Africa: Mugabe's Zimbabwe* (New York: Council on Foreign Relations, 2005),载 http://www.cfr.org/publication/7723/africa.html。

力、炼钢、农业、航空、风能、煤炭、南方行业、北方行业、核心行业、出口行业、环保行业、少数民族企业、多数民族企业，如此种种，不一而足。在不同国家，补贴的流向常常相反：在贝隆（Peron）统治下的阿根廷或者斯大林治下的苏联，农民补贴城市工人；而在美国、欧盟和日本则是城市工人补贴农民。

税收优惠（tax preference）的成因与结果都与补贴相似。职业说客们在税法里塞进各种特别的条款，让税法成为一部谜经，为的就是那群有影响力的人。总有国家为这样一些来源的收入减税：牲畜、石油、少数民族企业、多数民族企业、小企业、因特网销售、教会、太阳能电池以及自有居住的房屋。批评者将这些特别税收条款称为"漏洞"，而支持者们则称之为"激励"，因为它们促进了各种国家的目标，例如石油出口、可持续能源、粮食自给自足、国家安全、小企业发展、可持续农业以及居者有其屋。[5]

补贴在预算中是列明的，纳税人容易看得见，而税收优惠则降低了向受优待群体转移支付的能见度。如果要进一步降低能见度，政客们还可以利用监管来限制竞争。要想从限制竞争的行业中致富，那么你就去搞一张在国际机场运营出租车的独家执照，或者通过秘密竞标向市政府出售道路标志牌，或者垄断一国所有的移动电话信号波段，再或者待在一个竖起关税壁垒且只有两家汽车厂的国家里生产汽车。总有国家禁止无药剂业执照者销售阿司匹林，禁止验光师和律师刊登价格广告，要求银行向有政治背景者提供低于市场利率的贷款，禁止在一英里以内开设两家干洗店，或者规定农民只能向一家国有出口商销售咖啡豆并且价格必须低于全球价格。

执照、规章、许可、限制、条例、命令、例外、特许，以及政府合

---

[5] 同样的理由也被用来支持关税。有关那些在发展中国家组装的产品，其进口零部件的成本比进口成品还要高的例子，参见 Henry J. Bruton, "A Reconsideration of Import Substitution," *Journal of Economic Literature* 36 (1998): 903-936。又见本书第十三章的论述。

同，这一切都成了躲避竞争的保护伞。通过这些机制，行政执法人员和政客们决定着工厂开在哪里，什么样的商品可以生产，产品向谁销售，以及要雇用什么人。这些机制让政客的朋友们得以逃避竞争，反过来，这些朋友又通过捐款、贿赂和选票支持来回报政客们。政治权力能够限制竞争，并且为各种有政治背景的团体创造市场支配力（market power）——企业家、工会、富有阶级、工人阶级、多数民族、少数民族、男性、女性、验光师、药剂师、国防供应商、教会学校、公立学校，不一而足。而这些政府行为的受益者们则会抬出公平、就业、经济增长、国家安全、机会平等、社会正义、公共卫生、消费者保护、污染防止等大道理作为支持这种行为的理由。

究其根本，补贴、税收优惠和监管更多是不合理的财富转移，还是合法的政府行为呢？你的回答反映了你的政治观念。要系统评估补贴、税收优惠或者监管措施，需要一项有关国家与市场的一般理论。对立意识形态的冲突就像北冰洋上相互碰撞的冰块。为避免选边站队，在以下各章里我们仅限于分析补贴、税收优惠和监管对创新和经济发展的作用。

卡特尔与垄断

只要对手企业的管理者们相互交谈，消费者就要倒霉。交谈导致贸易限制——商人们议定价格，瓜分市场，如同19世纪欧洲列强瓜分非洲。为对付这一问题，20世纪中多数国家都制定法律，禁止企业议定价格或者瓜分市场。假如这些法律得到不偏不倚的执行，它们就能造福公众，但是，执法往往被政治化。对许多经济领域而言，要限制政治化，最简单和最可靠的反垄断政策就是自由贸易。垄断世界市场要比垄断国内市场难得多，因为世界市场比国内市场要大得多。

尽管反垄断法禁止私有企业组织卡特尔，政府却常常这样做。某一行业的企业有时能公关这一行业的监管者，于是，监管者为这些企业运营起一个卡特尔。例如，从波士顿飞往华盛顿的航线跨越几个州，1980年其成本是旧金山到圣地亚哥航线的两倍——两条航线的长度相似，只是后者全部在加利福尼亚州境内。联邦政府监管州际航空而不监管加州州内航空，这一事实解释了价格差异的形成。在波士顿到华盛顿的跨州航线上，联邦法律允许相互竞争的航空公司要求其监管者提高合法机票的票价，而要是飞行旧金山到圣地亚哥航线的航空公司的老总们同样说出这些话，他们就会违反反垄断法，还可能要入狱。

我们讨论了人们相互攫取财富的三种方式：非法的盗窃与受贿，合法的政府补贴与监管，以及可能合法也可能非法的垄断与卡特尔。有些攫取财富的例子很明显，而另一些则被现代经济的复杂形式包裹起来。在一个复杂经济体中，劳动分工模糊了多数人创造财富的确切数量。企业家、工业家、农民、工人、店主、科学家、软件工程师、教师，他们得到的究竟比创造的多还是少？厘清他们的贡献正是经济学理论的一项基本使命，而一些基础的经济学理论则界定了问题并提供可能的答案。

工人被剥削了吗？

位于孟买的一家工厂用埃及的棉花和德国的染料生产布匹，然后将布卖给加尔各答的另一家工厂。这家加尔各答工厂里的缝纫女工待在一间厂房里，利用这匹布和一台缝纫机，根据一个图样，耗费电能生产出夹克衫。她一周产出 10 件夹克，工厂付她 600 卢比，根据目前的汇率大约折合 10 美元。尽管 10 美元在美国的超市里无法买到足够的生活必需品，而 600 卢比在印度当地的超市里却能买到足以维持其生计的商品。[6] 这家工厂每周为购买布匹和支付电费要花费 300 美元，而将生产出的 10 件夹克衫卖给意大利的批发商则能获得 400 美元。于是，工厂

---

〔6〕 对于像本书读者这样的国际读者而言，以美元标注的价格比以当地货币标注的价格更具透明度。不过，要比较生活水平，就应当按照当地货币的购买力来比较工资水平。

主的净收入为 400 – 300 – 10 = 90 美元。

缝纫女工得到的 10 美元工资是否与其创造的财富大致相等，还是工厂主只向她支付了由其创造出的一部分财富，却将剩余财富据为己有了？两种经典的理论对这个问题的回答截然相反。第一种答案来自卡尔·马克思（Karl Marx）——他至今仍是许多发展中国家大学里的偶像（尽管他很少出现在这些大学的经济学系里）。根据马克思的劳动价值理论，工人创造一切，而资本家却将工人们的多数创造据为己有。[7]因此，缝纫女工每周的劳动价值更接近 100 美元而非其得到的 10 美元工资，这其中 90 美元的差额正是工厂主的利润，也正体现了缝纫女工受到的剥削。

现在，让我们从马克思转向微观经济学。微观经济学有关工资的经典理论是"边际主义"（marginalism）。缝纫女工为工厂提供劳动力，从而增加工厂的产出，工厂这种产出的增加正是缝纫女工劳动力的边际产出（marginal product）。劳动力市场的竞争致使缝纫女工的工资相当于其劳动力的边际产出——这位缝纫女工可以辞掉现在的工作而去另一家工厂工作，而这第二家工厂的产出将因为其劳动力的投入而获得增加。假如第二家工厂因此增加的产出超过原先那家工厂付给这名女工的工资，那么，第二家工厂就可以通过向女工支付更高的工资来引诱其转投自己门下，而工厂自身也能因此获利。换言之，第二家工厂的自身利益将促使其向女工发出工资更高的要约，而缝纫女工的自身利益则将促使其接受这项要约。这一竞争过程会抬高缝纫女工的工资，直至工资水平等于女工劳动力得到最佳应用时的边际产出。假如加尔各答的缝纫女工所处劳动力市场具有竞争性，那么，她得到的 10 美元工资应该大致等同于其边际产出。

---

[7] 这就是"致贫假说"（emiseration hypothesis）。除了工资下降之外，马克思还预言了利润下降和生产增加。假如工人和资本家都变穷了，那么增加的生产又要跑到哪里去呢？罗伯特·索洛（Robert Solow）注意到这一问题之后不无嘲讽地评论道：马克思的一个预言要包含的内容太过丰富了。

边际主义的逻辑同样适用于工厂主。他向缝纫女工提供了缝纫机、电能和工厂里的工作空间，而缝纫女工因此增加的产出就是工厂主资产的边际产出。资本市场的竞争使得工厂主获得的利润与其资产的边际产出相等。工厂主可以从夹克工厂里抽出资金来，转而投资于另一家别人所有的工厂。如果资金的第二种用途增加的产出比原先的利润更高，那么，以第二种方式利用资金的人就会向工厂主支付超过后者原有利润的资金使用费。于是，自利心会促使以第二种方式利用资金的人向工厂主发出这样的要约，而自利心同样会使工厂主接受这一要约。这种竞争过程抬高了资本家的利润，直至其获得相当于资本得到最佳利用时产生的边际产出。假如加尔各答的资本市场具有竞争性，那么，工厂主得到的90美元利润就大致相当于其资本的边际产出。

针对资本是否剥削劳工这个问题，马克思主义与边际主义观点相左。马克思主义者将产品的全部价值归结于用以生产产品的劳动力，也就是说，他们不认为用以生产产品的资本产生了任何的价值。根据马克思主义理论，工人受到的剥削等于产品售价与生产产品的工人得到的工资之间的差额。与之相反，边际主义认为竞争使得各项生产要素（factor of production，如资本、劳动力、土地等）的价格等同于其边际产出。如果工人的工资等于其边际产出，那么她并没有遭到剥削；如果资本家的边际产出等于其获得的利润，那么资本家也不是剥削者。

哪一种决定工资的理论更加准确呢？当代多数经济学家认为答案取决于劳动力市场的结构。如果雇主必须相互竞争以求雇得能干的工人，他们向工人支付的工资就无法低于工人创造出的财富的市场价值。[8]竞争令工资与边际产出大致相等。我们将在下文回顾一些数据，这些数据

---

〔8〕 这一结果是这样发生的：雇主向缝纫女工支付工资并出售其产品，如果产品价值超过工资，则雇主从女工的劳动力之中获得利润，而竞争将阻止雇主这样获得利润；假如女工的雇主向其支付的工资低于其产品的价值，别的雇主就可以用略高一些的工资吸引女工跳槽。雇主之间的竞争应当抬高女工的工资，直到其水平接近缝纫女工产品的边际价值，也就是每周10美元。

表明：在大城市或者人们能够自由迁徙、选择工作地点的国家里，边际产出理论基本正确，而多数工人得到的工资与其创造出的财富的市场价值大体相同。

反过来，要想把工资压低到边际产出之下，就必须借助卡特尔、农奴制、债务劳役（bonded labor）或其他类似制度来瓦解竞争。[9]前面我们说过卡特尔和垄断是从别人那里攫取财富的三种途径之一。要是没有竞争，雇主就可以剥削工人。在印度、巴基斯坦和尼泊尔有数百万的人被迫替一个雇主干活，以此偿还这名雇主借给他们的钱——这就是"债务劳役"这种被国际公约禁止的行径。[10]债务劳役集中在那些竞争薄弱的村庄里，不过，也会出现在大城市中（"贫民窟"），包括在某些纺织工人中间出现。如果法律能有效地运用破产机制让债务人免受债权人的追索，那么债务劳役就会消失。

马克思主义预言：工资不会伴随创新带来的工人生产力的增长而增长，因为剥削也将随之增长。与之相反，边际主义则预言工资将随着工人生产力的增长而增长，这是因为工人的边际产出提高了。事实是，无论在世界的哪一个地方，生产力的增长都伴随着工资增长。并且，在那些工资较高的国家，劳动力的产能也比较高。因此，历史性和比较性数据都更加符合边际主义理论，而非马克思主义理论。最终，对于工资与经济发展的最核心问题的解释，马克思的劳动力价值理论受到了更多的挑战，而边际主义取得了胜利：创新令工人的生产能力提高，也让工资得以提高。生产力和工资的增长是让工人脱贫的主要途径。

不过，若要从以上对边际主义的简单描述中作出引申和推论，读者应当保持谨慎。现代的劳动经济学理论包含许多对边际产出理论的偏

---

[9] 有关集中探讨垄断力量的马克思主义理论，参见 P. A. Baran and P. M. Sweezy, *Monopoly Capital*: *An Essay on the American Economic and Social Order* (New York: Monthly Review Press, 1966)。

[10] 参见联合国促进与保护人权委员会："The Enslavement of Dalit and Indigenous Communities in India, Nepal, and Pakistan through Bondage," 2001年2月。

离，例如卡特尔、监管、关税、工会、最低工资立法以及上市公司经理人报酬等课题。也包含在许多国家都成为政治热点的一个问题——歧视，诸如优待男性、高等种姓、主体民族、主流信仰者，等等。[11] 简化是复杂分析的序幕，而非其终结。

奥利弗·克伦威尔（Oliver Cromwell）——17世纪英国的革命者与独裁者——在其死后3年被掘墓枭首。对某些读者而言，重提马克思与边际主义者的争论有如掘墓曝尸——尤其是因为马克思主义在大多数大学的经济学系中都已不再讲授。不过，在经济学系之外，马克思主义仍然让许多发展中国家的左派和右派迸发出有关市场与国家、有产者与工人的、炽烈的政治意见对立。

企业家是否太过富裕？

对于"工人创造了多少，又保留了多少？"这个问题，边际主义提供了比马克思主义更加理想的答案。不过，无论边际主义还是马克思主义，都没能回答以下问题："创新者创造了多少，又保留了多少？"[12] 为回答这个问题，我们将创新的生命周期分解为如图4.1所示的不同阶段。在创新出现之前，某一行业处于竞争性均衡（competitive equilibrium）状态，该行业中企业的利润率是通常利润率。在创新的第一阶段，一家企业有了一个新点子，并投资进行开发。在开发阶段，资金只有流出而无流入——许多创新者都在尝试，而最终成功的只有少数几个人。美国的近期数据表明：40%的新企业得以存活，而60%的新企业则

---

〔11〕有关歧视作为一种市场缺陷的经济学理论综述，参见 Robert Cooter, *The Strategic Constitution*（Princeton：Princeton University Press, 2000）第十四章。
〔12〕在微观经济学上有一个"生产函数"（production function）用以表示增加额外劳动力或额外资本能确定得到的产出增加。通常，这个生产函数写作 $y = f(l, c)$。反过来，将资源投入创新所能带来的产出增加则无法完全预计。

在4年之内消失。[13]假如开发成功，创新者便进入第二阶段，将创新成果推向市场。一旦成果市场化，创新者就将获得超常利润，因为此时其产品没有竞争对手。到了第三阶段，新点子扩散开去，模仿者接踵而至，这些人的竞争使得创新者的利润下降。在第四个也是最后一个阶段，该行业又重归均衡状态，就像一支球队在他们的明星球员进球得分之后停止了喧嚣。创新者的利润重新回到通常投资回报状态——一切回复初始。

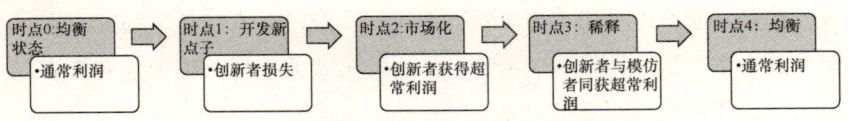

图 4.1　创新的生命周期

就整个周期的平均而言，成功的创新者的确获得了超常利润，超过没有创新的企业家获得的通常利润。不过，即便是最为成功的创新者，其得到的利润也远低于创新带给社会的经济价值。当创新者将创新产品销售给购买者的时候，购买者对该产品的估价应当超过其支付的价金——否则，他们就不会去买了。而创新对于购买者的价值与其支付的价金之差便形成了"剩余"（surplus）。[14]此外，随着创新的传播扩散，它的部分价值也转化成了模仿者的超常利润。所以，创新者、模仿者与消费者三方分享了创新的社会价值。

那么，创新者分享的份额是太高还是太低呢？恐怕很少会有人反对让小生产者保留其创新的大部分价值，譬如让"神奇稻米"适应当地环境的印度农民，发现咖啡销售市场的北京店家，或是将工艺品小店改造为纺织工厂的马来西亚人。

那对于富人又如何呢？银河里总有几颗星星最亮，企业家里也总有

---

[13] 美国1990年代创设的企业有44%在4年之后依然存续。参见A. E. Knap, "Survival and Longevity in the Business Employment Dynamics Data"（美国劳动部劳动统计局，2005年）。而Dun和Bradstreet给出的数据是37%，参见"Some of the Reasons Why Business Fain and How to Avoid Them," *Entrepreneur Weekly* 36, March10, 1996。

[14] 熟悉经济学理论的读者会知道：新产品给边际内的消费者带来剩余，而处于边际上的消费者则享受不到剩余。

几个人最富。2008年，世界上最富有的5个人依次是：沃伦·巴菲特（Warren Buffet）、卡洛斯·斯利姆（Carlos Slim）、比尔·盖茨（Bill Gates）、拉克希米·米塔尔（Lakshimi Mittal）和穆克什·安巴尼（Mukesh Ambani）。他们平均每人的财富大约为500亿美元。[15]假如你将这些钱投资于无风险的债券，那么，你必须每分钟花费大约3 800美元才能保证你的财富不再继续增长。[16]

除了巨额财富之外，这5个人还有一个共同点：他们都没有像殖民地时期的印度王公那样继承到大片农用土地，或者像沙特王子那样拥有漂浮在油海之上的沙漠，或者像非洲独裁者那样把税金转移到瑞士银行的户头里，再或者像美国的投资银行家那样从大规模政府救市行动中吸取纳税人的钱。相反，他们创立了能超常盈利的企业。[17]要成为超级富翁，你应当找到那些发展最快的公司并向其投资（巴菲特），向墨西哥提供移动通信服务（斯利姆），开发一套成为世界标准的电脑操作系统（盖茨），在世界上过时的工业基地重组钢铁制造业（米塔尔），或是发展印度的石油化工业（安巴尼）。

对所有这5个人来说，他们的绝大部分财富显然来自开发创新，从而使财富得到超乎想象的快速增长。也许他们也得益于自然垄断、政治庇佑和监管优惠等非创造性的优势。我们只能猜测他们的财富源自创造力资源与非创造性资源的组合。无论如何，他们的创造力让消费者、生产者和其自身获得了数以十亿计的利益。这正是创新与复合倍增的力量。

---

[15]《福布斯》杂志每年估计世界最富有者的财富并给他们排名。

[16] 一项500亿美元的基金，如果像大学基础基金那样保守地管理，其年获益率大约是4%，也就是20亿美元。要花光这笔钱，你必须每分钟用掉3 815美元。

[17] 5个人中有3个的出身比较贫穷，完全是白手起家获得的财富；另两个起初拥有一定的财富，而他们自身的努力极大地增加了这笔财富。《福布斯》2006年财富超过十亿美元的富豪榜上有746人，这些人中多数都是靠办企业发财的。

结　论

要清晰地思考经济，就需要对人类存疑。为了预测的准确，自18世纪的亚当·斯密以来，经济学家就假设多数人希望获得更多财富，并且会投入智慧与精力去获取财富。奥利弗·温德尔·霍姆斯（Oliver Wendell Holmes）——美国法律思想家、最高法院大法官——认为法律应当针对那些不受逼迫就不会服从的坏人们，而非那些自愿服从的好人们。法经济学者通常将斯密与霍姆斯结合起来，假设多数人会投入智慧与精力去追求更多财富，而法律的强制力必须引导和限制他们的这种追求。

人们为获得财富，可以依靠创造，也可以依靠攫取。如果人们主要靠攫取来获得财富，他们就会将精力投入到攫取他人的创造成果和保护自身取得的财产上来。他们会通过求富而令国家陷入贫困。于是，阻碍竞争的各种合法与非法行径令雇主得以剥削工人。相反，如果有竞争，那么，工人的工资就会随其生产力的提高而提高。

生产力的提高尤其依赖企业家的创新。假如企业家致富主要靠创新，他们就会将精力投入到促进自身与国家共同富裕的活动中来。而用法律保护他们的产权能造就更快速的经济发展，就像是在哺育小狗。反之，假如商人们主要通过贿赂、盗窃、补贴、税收优惠或者垄断行为来致富，那么，他们就在拖经济发展的后腿，仿佛小狗肠道里的寄生虫。

创新者保留了一部分由他们创造的社会财富，而法律则将影响这个部分的大小。少从企业家那里攫取一些是否会让财富增长，从而令国家获利？就像少抓一些凤尾鱼是否会让秘鲁沿岸海域的渔业资源增长？[18]或者多从企业家那里攫取一些，再将这些钱交给更加需要它们的人——就像克扣下肥硕的小狗的食物用以喂养干瘦的小狗，是否这样做才能有利国家？要得到这个问题的答案，请看下一章内容。

---

[18] 全世界所有的渔场的产量都突破了维持可持续生产必需的最高产量。有关这方面的理论与数据，参见 Tom Tietenberg, *Environmental and Natural Resource Economics*, 3d ed. (New York: Harper Collins, 1992)。

第五章　创新的产权原理

根据前一章的论述，一个经济体要发展，法律和政策必须引导人们通过创造来追求财富，而非从创造者那里攫取财富。对企业家来说，创新有风险，而成功则有收益。当创新者能够保留住其创造的大量财富之时，贪婪就会战胜畏惧，于是，企业家在为自身追求财富的同时，也带动了国家致富。所谓创新的产权原理就是这样一种观点，即财富的创造者应当保留由其创造的大量财富。

企业家是否享有了创新带来的多数收益？还是工人们从工资增长中得益？在成功的当代经济体中，复合倍增的速度超乎想象，几乎人人都从中受益。在生产力增长的国家，工资水平也与时俱进——尽管未必是持续不断、没有起伏的。历史的与国际的比较都表明：收入的增长并非由企业家向工人涓滴而下，而是如青尼罗河（Blue Nile）涌出塔纳湖（Lake Tana）一般欢腾而至。

平等究竟是激励创新，还是阻碍创新？平等被弱化有时能促成更快速的发展——就像1980年后，中国削弱了平均主义政策，允许企业家更多保留其创造的财富所带来的结果。反过来，平等被强化有时也会导致更快的发展。譬如，丹麦和韩国工人拥有的高水准教育与医疗条件为这些国家强劲的经济增长作出了贡献，而菲律宾工人得到的教育与医疗条件低下则部分解释了这个国家经济上的困境。经济增长的经验事实要求我们重新思考平等的价值。

创新者是否太过富裕？

创新者究竟应该保留多少由创新产生的价值？创新的产权原理为此提供了一个笼统的回答："大量价值。"这一回答显然过于笼统，无法为确定富有企业家负担的税率等重要的政策问题提供参考。要求得到更为确切的答案，需要对财富和福利进行更为详尽的分析。这方面的难题在于法律、政策有时既促进了创新，又加剧了不平等。不平等的加剧降低了福利，因为穷人比富人更加需要金钱。然而，更高速的发展最终能增进每个人——包括穷人——的福利。伴随复合倍增，穷人们获得的收益会迅速超过其一时遭受到的损失。

假定一项政策变化让某一行业的企业家能比以前多保留40%由创新带来的社会价值。既然企业家多得了40%，那么，其他人——包括工人和消费者——就将少得40%。这项政策变化在让企业家变富的同时，也加剧了不平等。然而，再假定创新者由于多得了收益而令这一行业的发展速度加快。具体而言，假定持续增长率由2%增至10%。不要忘记，2%的增长率经过一个世纪的复合倍增大约能让经济增长7倍，而10%的增长率经过一个世纪的复合倍增则能让经济增长大约1.4万倍。大多数人都会宁愿获得1.4万倍增长中的更小一部分，而不是7倍增长中的更大一部分。从这些数字来看，快速增长带来的福利收益应当超过由不平等加剧造成的福利损失。

总体而言，库特（Cooter）和埃德林（Edlin）2010年证明的"福利超越理论"（welfare overtaking theorem）表明：在合理的平等偏好条件下，持续增长率提高带来的福利收益将超过由平等被削弱造成的任何福利损失。这一理论意味着有关人民福利的法律与政策应当以可持续增长的最大化为目标。

超越理论适用于可持续的增长，而非瞬发性增长，这种昙花一现的增长犹如一名短跑选手试图挑战马拉松。可持续增长是可以自我发展的——它利用昨天的新点子来探寻今天的新点子。并且，关乎人类福利的发展涵盖了不具有商品性的事物，例如清洁的空气、安全的街道、标致的建筑以及田园风光。正如第一章所言，衡量发展的理想指标应该是一项有关消费与财富的综合性指标，而 GDP 之类狭隘的指标只是我们在缺乏数据时不得不用的替代性指标。现在，我们可以用福利超越理论来重新诠释创新的产权原理："创新者保留的财富数量应该符合以下要求，即它能使得以综合性消费指标衡量的、可持续的经济发展率达到最高水平。"这一原理暗示：法律政策追求的平等程度应当能够促进发展，而不应以牺牲发展为代价来求得更多的平等。

我们可以通过比较 1980 年代的中国和今日的中国，来佐证上述原理。1975 年前后结束的文化大革命使得一个原本贫困的国家陷入更为严重的贫困之中，而"文革"也大幅推进了国民收入的平等。大约从 1980 年起，中国开始允许人们通过创新来创造财富并保留大量财富。其结果是，中国实现了两位数的增长，令工资水平空前提高。发展也加剧了不平等——经济创造力的不同造成了收入的不平等。

经济学家用一个值域在 0 到 1 之间的数字指标〔基尼系数（Gini coefficient）〕来衡量一国之内收入的不平等。"0"表示不平等程度最低（或者平等度最高），而"1"则表示最不平等的状态。表 5.1 给出了部分国家的基尼系数以供比较。我们没有中国在 1960 年代和 1970 年代的基尼系数，不过，我们相信那时中国的收入不平等程度不高，因此基尼系数也不高。迟至 1991 年，也就是市场化改革开始十多年之后，中国的基尼系数仍然只有 0.28。到 2000 年，中国的基尼系数达到 0.46*，这表明其不平等程度急剧提高。1991 年，中国的不平等程度类

---

* 原著如此，国家统计局公布的中国基尼系数为 0.412。——编者注

似于北欧国家，而到 2000 年，其不平等的程度超过美国——西方世界中最不平等的国家，并接近拉美国家的水平。[1] 不过，多数中国问题的研究者都会同意：经济增长带来的收益超过了不平等加剧带来的负面影响。仅仅阔别几年，重回中国的访客都会对普通中国民众福利与财富的增加感到吃惊。

表 5.1　部分国家的收入平等程度

高度平等	指数*	中度平等	指数*	低度平等	指数*
日本	0.25	印度	0.33	尼日尔	0.51
瑞典	0.25	加拿大	0.33	尼日利亚	0.51
比利时	0.25	法国	0.33	阿根廷	0.52
丹麦	0.25	波兰	0.34	赞比亚	0.53
挪威	0.26	印尼	0.34	萨尔瓦多	0.53
芬兰	0.27	英国	0.36	墨西哥	0.55
匈牙利	0.27	意大利	0.36	巴拿马	0.56
德国	0.28	土耳其	0.4	智利	0.57
乌克兰	0.29	美国	0.41	哥伦比亚	0.58
埃塞俄比亚	0.3	伊朗	0.43	巴拉圭	0.58
俄罗斯	0.31	中国	0.45	南非	0.58
韩国	0.32	菲律宾	0.46	津巴布韦	0.57
				巴西	0.59
				中非	0.61
				纳米比亚	0.71

＊基尼系数

数据来源：世界银行，*World Development Indicator 2006*（Washington, DC：2006）。

同样的分析也适用于中东欧的前社会主义国家。1989 年之前，欧洲社会主义国家的平等程度超过同时代的任何国家。具体而言，这些国家

---

[1] OECD, *China in the Global Economy*; *Income Disparities in China: An OECD Perspective* (Paris: OECD, 2004).

的基尼系数大约为0.2,表明它们比表5.1中列举的国家——包括发达资本主义国家——都要平等。社会主义国家实现平等靠的是计划经济,而当它们恢复市场体制和经济自由之后,不平等在这些国家重新出现。经过1990年前后的东欧剧变,那里的基尼系数上升到0.3左右,也就是西方国家的水平。[2]

那么,东欧国家的经济发展的情况又如何呢?从1930年代到1960年代早期,苏联和华约国家都实现了高增长。马克·吐温(Mark Twain)曾说有关他死亡的报道都言之过早。同样,有关苏联经济优越性的宣言也言之过早。苏联的发展来自于从人民那里挤压出更多的劳动力和储蓄——例如将妇女与农民投入工业生产而不问其意愿如何,以及将支出从消费转向建造钢铁厂和体育馆。在那里,创造性就如同年轻人向往的西式牛仔裤一样稀缺。[3] 东欧国家经济增长的动力被证明是不可持续的,因为它靠的不是创新,而只是调动更多的资本与劳动力。最大化的经济发展需要由具有创造力的企业家来控制资本的流向,而非让政治家、公务员和官僚来控制。正如第二章的数据所示,那些加入欧盟的前社会主义国家在1995年以后,经济发展水平都有显著提高。

平等与发展

总的来说,创新的产权原理要求法律、政策仅在有利于发展的情况下才去寻求更多的平等。那么,更加快速的发展一般会增强还是削减平等的程度?而平等程度的升高通常又会增进还是减缓发展的速度?当今世界的多数国家都不像1980年的中国一样——更多的不平等并不能加

---

[2] World Development Indicators 2008 (Washington, DC: World Bank, 2008); B. Milanovic, "Explaining the Increase in Inequality during Transition," *Economics of Transition* 7.2 (1999): 299-341, esp. 319.

[3] P. Krugman, "The Myth of Asia's Miracle," *Foreign Affairs* 73.6 (Nov./Dec. 1994): 62-78.

速发展。总体而言，平等与发展在各国至少大体是并肩偕进的。表5.1将部分国家按照平等程度由低到中再到高的顺序进行排列。平等程度低的国家大多也是低收入的南部非洲和拉丁美洲国家。相反，平等程度高的国家则多是收入水平也高的欧洲与东亚国家。因此，表5.1反映了一国的平等程度与人均收入水平的大致——而非完全——正相关性。由于人均收入是以往的经济发展的结果，所以，一国的平等程度也与持续的人均收入增长具有大致的相关性。[4] 计量经济学研究印证了表5.1体现的这种相关性。[5]

既然平等程度常常与可持续的发展齐头并进，那么，究竟是发展带来了平等，还是平等造就了发展呢？在经济生活中，很多原因都会对它们的结果作出反应，就如同俊男追求倩女一般。平等与发展之间的相互反馈机制非常复杂。如前所述，某些社会主义国家推行的中央计划因为不奖励创新而令创新窒息。更为快速的发展显然需要更多的经济自由和更少的平等。现在，再让我们考虑相反的情形——平等促进发展的情况。这方面的一个例子是工人的教育程度。工人的教育程度越高，其生产力水平越高，工资水平也越高，这有利于促进平等。教育水平高的工人也愈加具有创新能力，而这又将促进发展。因此，教育条件的改善既

---

[4] 这方面的一个概览，参见 P. Honohan, "Financial Development, Growth, and Poverty: How Close Are the Links?" Development Research Group and Financial Sector Operations and Policy Department, World Bank Working Paper No. 3203, World Bank, Washington, DC, 2004。又见 S. Claessens and E. Perotti, "Finance and Inequality: Channels and Evidence," *Journal of Comparative Economics* 35 (2007): 748-773。

[5] 经验研究证明了发展与不平等之间的负相关性。有关跨国比较，参见 A. Alesina and D. Rodrik, "Distribution Politics and Economic Growth," *Quarterly Journal of Economics* 109 (1994): 465-490; Torsten Persson and Guido Tabellini, " Is Inequality Harmful for Growth?" *American Economic Review* (June 1994), 84.3: 600-621; R. Perotti, "Growth, Income Distribution, and Democracy: What the Data Say," *Journal of Economic Growth* 1 (1996): 149-187; 以及 Ricardo Hausmann and Michael Gavin, "Securing Stability and Growth in a Shock-Prone Region: The Policy Challenges for Latin America," 收录于 *Securing Stability and Growth in Latin America* (R. Hausmann and Helmut Reisen ed., Paris: OECD, 1996), 23-64。与上述研究相反，也有研究发现不平等对发展的正面影响，参见 K. J. Forbes, "A Reassessment of the Relationship between Inequality and Growth," *American Economic Review* 90.4 (2000): 869-887。

加速发展也增进平等。

中国的农业又为平等促进发展提供了另一个例证。在1950年代后期，中国政府强行将农民组织为公社，并将他们的大部分劳动力由农业转向乡村工业。农民们在1959年冬和1960年饱受饥饿。到了1980年代，中国共产党扭转了自己的政策，解散公社，恢复了家庭农业[6]，农业生产力由此飙升。在解散公社的时候，党的干部采取了大致平等的政策来分配各家的土地。而经济学对激励政策的分析认为：土地的平等分配推进了生产力的飙升。[7]

瓦解卡特尔的反垄断法是又一个同时促进发展与平等的例子。卡特尔抑制创新，以求延长享受垄断利润的期限，而垄断利润又将加剧不平等。例如，纽约证券交易所的会员历史上曾经收取高额交易费来为股票买家寻找价格匹配的卖家。创新令电脑能自动完成这种匹配，而纽约证交所那些暴富的控制会员就设法推迟采用电子匹配系统，以便延长享受垄断利润的时间。他们享受的这些利润是以牺牲每个股票买卖者为代价换来的，其中就包括普通工人的退休基金。

寡头政体是最具破坏性的卡特尔，在这种政体之下，少数几个富豪家族控制了全部国家权力。当由少数家族来控制国家之时，他们便可以藉此抑制经济上的竞争者，从而确保垄断利润。[8] 表5.2 对1996年部分亚洲国家中最富裕的15个家族拥有的公司资产作出了估计。在印尼、泰国和菲律宾，这15个最富裕的家族拥有一半以上的公司资产。与之相对，在日本和美国，最富裕的15个家族只拥有大约3%的公司

---

[6] 下一章对中国解散人民公社将有更多介绍。

[7] 鉴于资本市场的不发达，中国农民不得不以积存的收入用于农业投资。有些经济理论认为土地的平等分配比不平等分配，更能令最出色的农民获得更高的收入和进行更多的投资。有关在资本市场不发达的条件下，平等的产权初始分配是有效率的这种观点，参见 Yeon-Koo Che and Ian Gale, "Market versus Non-Market Assignment of Initial Ownership," Berkeley Law and Economics Workshop, 2007。

[8] "财富的不平等导致影响力的不平等，而后者又将颠覆制度的公平性，削弱产权，并最终降低发展水平。" Hilton Root, *Capital and Collusion: Political Logic of Global Economic Development* (Princeton: Princeton University Press, 2006), 33.

资产。

表 5.2 1996 年美国和部分亚洲国家（地区）15 个最富裕家族拥有公司资产的百分比

国家（地区）	资产百分比	国家（地区）	资产百分比
印尼	62%	新加坡	30%
菲律宾	55%	马来西亚	28%
泰国	53%	中国台湾	20%
韩国	38%	中国香港	34%
日本	3%	美国	3%

数据来源：S. Claessens, S. Djankov, and L. Lang, "The Separation of Ownership and Control in East Asian Corporations," *Journal of Financial Economics* 58（2000）：81-112。

大多数人都希望国家的法律能够有效地保护他们的财产、执行他们的合同。然而，如果少数人长年控制了国家政权，那么，这些人就变成了国家。对他们而言，金钱直接转化为权力，而权力又重新转化为金钱。他们不需要国家来保护财产，相反，他们可以自行制定法律和政策来限制别人与自己进行商业竞争，或者用暴力掠夺他人的财产。保护财产与合同的法律成为妨碍他们这种行为的绊脚石。这一连串的事实说明不平等会削弱法治，也部分解释了经济平等与法治指数之间的相关性。[9]

1990 年代的俄罗斯提供了这方面的一个例证：在共产党执政终结之

---

〔9〕 收入水平最不平等的 24 国（基尼系数高于 5）的法治指数（值域从 -2 到 2）的平均值是 -0.46；反之，样本中其他所有 100 个国家的平均值为 0.1。只有极少数几个国家同时具备法治与高度的收入不平等——博茨瓦纳、纳米比亚、南非和智利。有关法治指数的信息，参见 D. Kaufmann, A. Kraay, and M. Mastruzzi, "Governance Matters Ⅲ: Governance Indicators for 1996-2002," World Bank Policy Research Working Paper 3106, World Bank, Washington, DC, 2003。有关基尼系数的信息，参见 *Human Development Report*, 1983—2003 各年度数据（New York：UN Development Program, 2005）。有关法治在发展中作用的一个重要分析，参见 Michael J. Trebilcock and Ronald J. Daniels, *Rule of Law Reform and Development: Charting the Fragile Path of Progress*（Cheltenham, UK：Edward Elgar, 2008）。

后迅速将一万四千多家中型和大型企业私有化。经济专家们期望这些企业的新主人会要求政治家们制定有效的财产法来保护自己的财产安全。然而，这一切并未发生。相反，少数几个被称做"寡头"的大亨取得了对绝大多数企业的控制权。这些寡头们权势熏天，根本不需要法律来保护他们的产权，或者他们至少是这样认为的——直到普京成为总统，并利用国家机器来稳定经济，剥夺其政敌的财富。[10]

经济与政治的极度不平等往往导致国家抑制创新，以求保护既得利益。譬如，从历史上看，1700 年，80 个人居然拥有了冰岛大约 50% 的农地。为了保护自己的权力，压低工资水平，他们要求所有劳工和侍从都住在农场，工作在农场。尽管周围环绕着资源丰富的渔场，穷人们在歉收的年份却要挨饿，因为法律禁止他们离开农场去从事渔业。[11]

另一历史上的例子是加勒比的种植园主将工人束缚在自己的土地上——先是通过奴隶制度，后来又采用更为隐秘的做法。劳动力价格低廉，工人们没有受过教育。因此，加勒比地区的经济体在采用新技术方面反应迟缓。有些研究者认为整个南美洲都面临着相似的局面：不平等导致南美在历史上经济发展的速度不及北美。[12]与此相反，丹麦和韩国

---

[10] K. Hoff and Joseph Stiglitz, "After the Big Bang? Obstacles to the Emergence of the Rule of Law in Post-Communist Societies," NBER Working Paper No. 9282, National Bureau of Economic Research, Cambridge, MA 2002.

[11] 参见 T. Eggertssen, *Imperfect Institutions, Possibilities, and Limits to Reform* (Ann Arbor: University of Michigan Press, 2005), 第七章 "Why Iceland Starved," 尤其是第 99 页。

[12] 参见 D. Acemoglu and J. A. Robinson, "Persistence of Power, Elites, and Institutions," NBER Working Paper No. 12108, National Bureau of Economic Research, Cambridge, MA 2006; Stanley L. Engerman and Kenneth L. Sokoloff, "Factor Endowments, Institutions, and Differential Growth Paths among New World Economies," *in How Latin America Fell Behind*, Stephen Haber ed. (Stanford: Stanford University Press, 1997), 260-296. D. Acemoglu, S. Johnson, and J. A. Robinson, "The Colonial Origins of Comparative Development: An Empirical Investigation," *American Economic Review* 91.5 (2001), 1369-1401. 又见 F. Bourguignon and T. Verdier, "Oligarchy, Democracy, Inequality, and Growth," *Journal of Development Economics* 62 (2000): 285-313. 在这些作者的模型中，个人的政治权力构成其财富与教育程度的可变函数。

工人良好的健康状况和教育程度是这两个国家之所以近世以来经济高速发展的原因之一。

平等与发展的关系可以概括为以下三点：

（1）彻底的平等将削弱创新的动力，从而减缓发展速度；

（2）寡头、卡特尔和没有受过教育的工人将导致极度不平等和经济发展缓慢；

（3）市场竞争和受过教育的工人会带来适度的不平等，也会促进快速的发展。

这些关系表明：极度不平等和彻底平等都会延缓发展，而适度的不平等则能使发展的速度最大化。图 5.1 表示了这种关系。此外，福利超越理论暗示：使发展速度最大化的平等程度也会使一国的福利最大化。

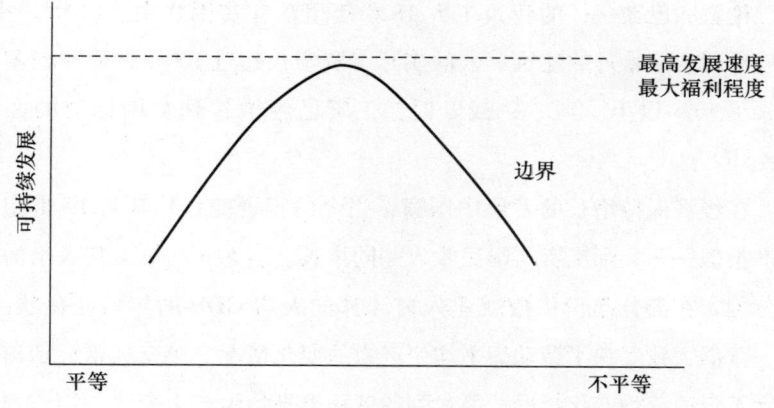

图 5.1　平等、发展与福利

工薪阶层从发展中获益了吗？

从历史上看，国民收入的增长是否与劳工阶层的工资增长具有关联性呢？由罗伯特·艾伦（Robert Allen）搜集的历史数据表明：在欧洲，经济增长提高了每个人的工资。艾伦搜集了自中世纪以来，欧洲不同工种（如泥瓦匠、农业工人、建筑工人等）的货币工资。他也搜集了主要生活品（如面包、衣物、住房等）的价格数据。然后，再将二者结合起来，计算出实际工资（即名义工资的购买力）。[13] 艾伦发现：尽管有些起伏波动，但欧洲各城市中的实际工资水平从1215年到1800年基本没有什么变化。1350年后，由于黑死病（Black Death）令欧洲人口减少了1/3，实际工资水平增长了一倍到两倍；而到1650年后，实际工资水平又重新下降。从整个时期来看，并没有明显的上升或者下降的趋势。这一情况在1815年后发生了改变，此时，实际工资伴随工人人均生产力一起升高；到1850年后，这种增长开始加速。[14]

艾伦将贫困定义为收入仅够购买维持生存必需的生活品，从而将贫困与工资水平联系起来。根据他的计算，欧洲的3个城市——阿姆斯特丹、伦敦和巴黎——的建筑工人1820年生活在贫困之中。19世纪中，伦敦和阿姆斯特丹的建筑工人的实际工资增长超过100%，而在巴黎则增长了50%以上。到"一战"时，工资已经增长到贫困标准的两到3倍。[15]

在经济保持增长的发展中国家，当今的工资变化趋势与19世纪的欧洲类似——实际工资与国民收入一同增长。表5.3的第二列表示的是部分国家在部分年份中按就业人口计算的人均GDP的年均变化状况。这一数据大致反映了劳动力平均生产力的变化情况。第三列则标示出了实际工资的年均变化情况。第二列的劳动力平均生产力变化与第三列的实际工资变化确实相关联。譬如，中国的实际工资水平年均增长10%，或者说在10年之内增长了170%；而印度的实际工资水平年均增长

---

[13] 准确而言，他首先以白银的克数计算每天的工资，然后再以一揽子消费品——其中食物占70%——的价格进行折算。他以1820年的这一揽子消费品作为定义贫困线的标准。19世纪和20世纪的数据自然更为准确，因此，我们对于更为近期的结果更加有信心。

[14] R. Allen, "The Great Divergence in European Wages," 载 www. economics. ox. ac. uk/Members/robertallen/WagesFiles/wagesnew2. pdf.

[15] 同前注。

2.5%，即在 10 年之内增长了 30%。(不过，我们应当注意到在此时期内的有些年份，尽管巴西的生产力增长了，但其实际工资水平却有所下降，这表明平均生产力并非决定实际工资水平的唯一因素。)[16]

表 5.3　各国的劳动力生产力与实际工资增长

国家（年份）	劳动力生产力（就业人口的单位 GDP）年均增长率[a]	实际月工资年均增长率[b]
中国（1995—2003）	9.15	10.36
爱沙尼亚（1995—2004）	4.99	4.66
匈牙利（2000—2005）	4.55	3.19
印度[c]（1994—2005）	4.78	2.68
爱尔兰（2000—2005）	3.97	2.47
韩国（1995—2005）	3.71	3.12
埃及（1995—2003）	3.33	3.4
波兰（2000—2005）	3.11	1.92
新加坡（1995—2005）	2.83	3.01
英国（1995—2004）	2.45	1.85
美国（1995—2004）	2.42	0.05
阿根廷（1995—2004）	0.95	-2.2
巴西（1995—2003）	0.94	-1.96
墨西哥（2000—2005）	0.06	0.98[d]
津巴布韦（1995—2001）	-5.93	-1.74

[a] 由作者根据 *World Development Indicators 2008* 自行计算。
[b] 由笔者根据国际劳工组织 *Key Indicators of Labor Markets*, 5th ed. (Geneva: ILO, 2007), KILM 15, Manufacturing Wage Indices, KILM 16, Occupational Wage and Earning Indices 计算，载 http://kilm.ilo.org/2007/register/。
[c] 印度数据来源于 C. P. Chandrachekar and J. Gosh, *Recent Employment Trends in India* (2008)，实际工资是男性工人按 1993—1994 年不变价格计算的工资。
[d] 小时工资。

---

[16] 例如，当经济周期处于衰退阶段，失业将增加，资本相对就业人口的比例升高，劳动力生产力会因而升高。就表 5.3 所示的 3 个拉美国家而言，缓慢的经济增长对工资水平造成的负面影响，似乎超过对其他收入来源的影响。

可 持 续 性

美国与其他西方资本主义国家已经保持人均 GDP 年增长 2% 到 3% 超过百年。[17] 经济发展究竟是可持续的，还是会因资源枯竭而最终停止？

某些物质资源是有限的，但这并不表示发展必将停止。要理解此中原因，就需要将稀缺的资源与永不枯竭的点子区分开来。思想的成果——诸如理论、原理、设计、发明、言论、作品——可以供许许多多的人同时利用。在一个人利用某个点子的时候，他丝毫不会妨碍别人对同一个点子的利用。经济学家将这种特性称为非冲突性（nonrivalry）。如果以长远的观点看，非冲突性意味着永不枯竭——我们这一代人利用一个点子，不会给我们子孙后代的利用造成任何影响。

与此相反，对资本、劳动力、土地、燃料等稀缺资源的利用具有冲突性——一个人利用了某一资源，别人就无法再对它加以利用。有些稀缺资源可以再生，譬如森林、河流和小麦。对这些资源的利用未必会导致其存量的永久性减少——因为存量有可能实现更新。而其他一些稀缺资源则会减少，例如石油和钢铁。只要我们尚未掌握如何补充这些资源存量的方法，人类的利用就会令它们的存量缩减。不过，资源的存量可以被持续消耗却不致完全枯竭。如果绝对消耗率不断下降，那么，消耗就是可持续的，在有限时间内，资源便不至于枯竭。因此，假如石油的储量在每一单位时间内始终下降 50%，那么，每一时期内下降的绝对值将不断减少，而其储量也不会降到零——除非是在数学的极限意义上时

---

[17] 这一部分根据 Robert Cooter 与 Erin Edlin 一部有关法律与经济发展的书稿写成，其中部分内容体现在 "Overtaking" 一章中，收录于 *The American Illness: Essays on the Rule of Law*, Frank Buckley ed.（Yale University Press, 2013），以及 "Maximizing Growth vs. Static Efficiency or Redistribution," *Berkeley Law and Economic Working Paper*（Spring 2011）。

间延伸至无穷。在可持续消耗的状态下,可枯竭资源的存量每年减少,但只有经过无限多的年头它才可能被消耗殆尽。[这是色诺芬悖论(Xenophon's paradoxes)的一个表现形式,即所谓"一尺之棰,日取其半,万世不竭"。]

消费的增长是可持续的,还是我们终将冻僵在黑暗之中?假如为生产更多消费品而消耗资源的速度保持恒定或者呈上升趋势,那么,消费的增长将加速资源的枯竭。而假如创新使得为生产更多消费品而消耗资源的速度下降,那么,消费的增长或许就是可持续的。创新也许可以让消费无止境地增长下去——不过,对此我们无法确定,因为创新的轨迹是不确定的。

许多学者认为我们当下世界消耗资源的速度是不可持续的。而要改变这一局面需要增强创新或者减少消费。创新能够节省稀缺资源,譬如新型汽车发动机降低了油耗,而电讯的发达则替代了纸质出版物。创新还能够以可再生资源替代不可再生资源,例如以水力发电代替火力发电。试图降低消费水平的政策会面临激烈的政治抵抗,因此,加快创新步伐的政策从长期而言也许是我们唯一的希望。目前,中国正在试图减缓资源消耗,提高环境质量。为此,中国需要的是节省资源和改善环境的创新,因为中国的消费者同样不会接受消费水平的下降。

公平与正义

前面我们已经提到:要令可持续发展的速度最大化,就要让创新者保留其创新带来的大量价值。这样做是否符合公平正义?对此,哲学家们出现了意见分歧。罗伯特·诺齐克(Robert Nozick)的一本名著认为:公平要求财富的创造者保留全部的财富。[18]根据诺齐克的观点,人们应当保留其创造的全部财富,因为这是他们的财富。从他们那里收走

---

[18] Robert Nozick, *Anarchy, State, and Utopia* (New York: Basic Books, 1974).

财富是不公平的，包括为了缓解贫困或提供公共品而征收的税赋。

反之，社会正义理论则常常将财富视为一个综合性社会体系的一部分，而这一体系应当保持整体的公平。在一个公平的体系之中，个人并非有权自动获得保留其创造的财富的权利；相反，每个人都应该公平获得整个社会创造的财富的一份。[19]而公平获得社会创造的财富的一份就要考虑个人的需要，而非仅仅其创造。具有更大需要的人可以公平地要求取得由他人创造的部分财富。

循着这个思路，约翰·罗尔斯（John Rawls）提出了20世纪后半期西方哲学界最具影响力的正义理论。[20]根据罗尔斯的理论，一个公正的社会应当将其最贫困成员享有的"基本社会资财"（primary social goods）最大化。这是一条最大化最小值的原理，即将最低收益最大化。如果将其应用于创新，这条最大化最小值的原理允许企业家在有利于社会最贫困成员的限度内，保留由其创造的财富。与此相对，我们讨论的创新的产权原理则允许企业家在促进综合评估的可持续消费增长率最大化的限度内，保留由其创造的财富。

这些理论相互之间存在多大的矛盾？换言之，运用法律、政策将最低福利最大化与将可持续发展速度最大化的结果是否类似，还是这两者相去甚远？这个问题的关键在于，最贫困国民的财富在多大程度上与国家的财富同步增长。工薪阶层广泛地从国民财富的增长中获益。随着工人生产力的提高，工资水平也会提高，贫困程度就会降低。中国领导人邓小平在1980年代有句名言："要共同富裕，必须让一部分人先

---

[19] L. B. Murphy and T. Nagel, *The Myth of Ownership: Taxes and Justice* (New York: Oxford University Press, 2002). 尽管我们不赞同所有权是一个谜的观点，我们仍要推荐这本书，因为这是一本将哲学与经济学结合起来的杰出著作。他们写道：

> 除了通过由国家制定和实施的法律，公民个人不拥有任何东西。因此，税收问题并非国家如何征收和分配其公民业已取得的财富的问题，而是国家应当允许什么样的所有权确定方式的问题。

[20] John Rawls, *A Theory of Justice* (Cambridge, MA: Harvard University Press, 1971).

富起来。"[21]只要人们觉得自己致富的日子也不远了——而不是像等着排队进隧道的司机那样，他们就会愿意让别人先富起来。[22]在可持续增长条件下，多数人都会有收入增长的机会。

但并非人人得益——工资增长不会给不工作的人带来直接的好处，例如儿童、家庭主妇、老年人、偏远地区自给自足的农民、残疾人、精神障碍者、流浪汉、罪犯、铁路桥洞下的露宿客，以及那些拾荒度日和靠躲在超市里装满地毯的推车后面避寒的无家可归者。[23]这些人不会从工资增长中直接获益，因为他们不挣工资。这其中有些人可能间接获益——譬如工人的孩子，而另一些则基本或者完全没有得到好处——譬如无家可归的乞丐。"剩余贫困"（residual poverty）指国家变富后依然保持贫困的人群。在中、低收入国家，大约有22%的人口生活在日均收入不足1美元的绝对贫困线之下。[24]这些人属于剩余贫困者，依然等待着脱贫。

尽管生产力的增长可以治愈国家的贫困，但要治愈剩余贫困问题，则有赖于有效率的再分配机制——家庭内部的互助（关系性再分配）、慈善捐赠（私人性再分配），或者国家的福利支出（公共性再分配）。[25]政府通过向那些不能工作或者只能从事最低收入工作的人们转移支付来减少

---

[21] 这一经过浓缩的邓小平语录引自 Robert Elegant, *Pacific Destiny: Inside Asia Today* (New York: Crown, 1990) 第309页。

[22] Albert Hirschman 在 "The Changing Tolerance for Income Inequality in the Course of Economic Development"（收录于 *Essays in Trespassing* (Cambridge: Cambridge University Press, 1981)）中提出了这种"隧道效应"。

[23] T. Smeeding, "Poor People in Rich Nations: The United States in Comparative Perspective," *Journal of Economic Perspectives* 20.1 (2006): 69-90.

[24] 参见表4.1 "Poverty Headcount: Percentage of Population Living from Less than 2 Dollars a Day, 2001," *World Development Indicators* (Washington DC: World Bank, 2005)。

[25] 社会正义理论关注的是国家的再分配作用，而不考虑家庭和慈善机构在缓解贫困痛苦方面扮演的重要角色。家庭内部的转移支付——包括遗赠——超过其他任何形式的转移支付。2006年沃伦·巴菲特向由比尔·盖茨设立的慈善机构捐赠了其85%的财产——约370亿美元。该慈善机构的宗旨是"为全球社会的健康与教育提供创新"。这一事件引发了如下的思想试验：假定你希望找到根治疟疾——世界主要致命病因之一——的方法，你既可以将巴菲特的370亿美元悉数征税并将它交给一个负责找寻根治方法的政府部门，或者，你也可以让沃伦·巴菲特捐赠其85%的财产，自己只保留15%，用以组织对根治方法的探索。那么，究竟是哪一条路更有可能获得成功？

剩余贫困。在一些国家里，高额的转移支付令剩余贫困者的个人收入远远超过他们的市场工资水平。因此，采取高转移支付政策的斯堪的纳维亚国家，其贫困率低于其他国民收入相当却采取低转移支付政策的国家——如美国和爱尔兰。[26]

更为快速的经济发展会增加国家的税收基础，从而为其向最贫困国民转移支付提供更大的资金来源。[27] 其实，复合倍增的经济发展会让所得税（income tax）的税基超乎想象地快速扩大。这一事实能缩小创新的产权原理和注重剩余贫困的公平理论之间的距离。举一个具体的数字例子来说，假定最贫困的 10% 人口获得的转移支付相当于国家征收到的所得税的 5%。若国民收入以 2% 的年增长率增长一个世纪，而转移支付的增长率与此保持同步，则向 10% 最贫困人口的转移支付金额将增长 7 倍。反之，若国民收入保持年 10% 的增长率一个世纪，并且转移支付率也同步增长，则最贫困的 10% 的人口获得的转移支付将增长 1.4 万倍以上。

发展使得工人借助工资的增长获益，而发展也会借助转移支付和社会福利措施让最贫困人口得到好处。特别是可持续增长条件下复合倍增的力量惊人，这要求哲学家们重新思考如何将社会正义理论应用于经济。任何妨碍经济快速增长的社会正义理论都应当被修正或者放弃。在具备支持转移支付和福利项目的制度条件下，公平也无法排除创新的产权原理。

---

[26] Smeeding, "Poor People in Rich Nations."
[27] 经济发展拥有代际影响，而罗尔斯的理论并不考虑代际间的正义问题。因此，很快就有思想家意识到创新会给他的最大化最小值理论带来问题。在有创新的条件下，后代人会具有当代人不具有的优势。假如当代人的福利不及后代人，那么最大化最小值的理论就会允许当代人使用足够的资本，以恰好抵消创新给后代人带来的优势，于是，代际间也是平等的，而社会也永远不会变得更加富裕。有关反思罗尔斯理论的各种观点，参见 E. S. Phelps, ed., *Economic Justice: Selected Readings* (Baltimore: Penguin Education, 1973).

结　论

　　经济发展通过提高工资增加了多数人的福利；它又通过扩大可用于转移支付和福利项目的税金收入来提升剩余贫困者的福利。可持续增长带来的福利影响将超越再分配的影响，因此，法律、政策都不应以牺牲发展为代价来谋求平等。相反，法律、政策应当实践创新的产权原理："创新者保留的财富数量应当使综和评估的可持续消费增长率最大化。"再分配常常会促进发展，特别是那些用以提高工人和贫困人口健康和教育水准的再分配，这样的再分配值得追求；而那些减缓发展的再分配措施则应当被放弃。本书以下章节多为论述创新的产权原理在特定法律部门的应用。

第六章　财产法：我造故我有

64　　巴西的地主不肯出租土地——因为害怕租客会不付租金又赖着不走。中国的电影制片人不愿花钱制作供家庭观看的影片——因为担心一帮研究生会免费将影片上传到因特网上。厄瓜多尔的投资人拒绝购买一家赚钱的养虾场的股票——因为忧虑经理人会卷走他们的投资。这三个事例有什么共同点呢？在每一个例子里，都有人因为惧怕财富遭到掠夺而放弃创造财富。巴西的地主需要得到保护，不受无赖租客的敲诈，才会愿意出租土地。中国电影制片人需要得到保护，不受学生盗版人的侵权，才会愿意拍摄能盈利的影片。厄瓜多尔的投资人需要得到保护，不受恶意经理人的欺诈，才会愿意投资有利润的企业。

　　能发挥作用的法律可以减轻这些恐惧——公司法能保护投资人，土地法能保护出租人，版权法能保护制片人。要实践创新的产权原理——财富的创造者应当保留大量的财富——这些法律都是必需的。本章将着重考察财产法——尤其是不动产（土地和建筑物）法、知识产权（专利和版权）法，以及组织性财产（公司和合伙）法——如何帮助人们保留住他们创造的财富。

土地改革、违法占地者与死资本

最近,秘鲁经济学家埃尔南多·德·索托(Hernando de Soto)估计埃及贫穷的工人阶层拥有的不动产占到埃及财富的92%。他估计相对较穷者在开罗拥有的不动产价值相当于埃及所有银行储蓄存款总额的6倍,746家在开罗证券交易所交易的公司价值的30倍,或者截至1996年外国在埃及投资总额的55倍。[1]尽管人们可以怀疑这些具体数字的准确性,但没有人会否认许多人拥有的土地和不动产是国家财富的一个重要组成部分,特别在穷国里。在发展中国家,不动产的规模和产权分布令活跃的不动产市场得以对企业家发挥独特的激励作用。

土地改革

任何被称为"改革"的东西听上去都很美,但是,在实践中土地改革可好可坏,而其结果往往依赖于通过何种机制改换所有人。在始于1958年的中国人民公社化运动中,中国政府强制将农民从小片土地上离开,从而组成大型的公社。废除私人所有权让政府得以无限制地控制土地,而政府则期待适合重型机械和团体生产的人民公社能够提高农业产量。那时,政府在"大跃进"的口号下将大量劳动力由乡村转移到城镇去实现快速工业化,农业产量非但没有提高,反而大幅下降了。

---

〔1〕参见 Henk Hogeboom van Buggenum, Reviewing Hernando de Soto, *The Mystery of Capital—Why Capitalism Triumphs in the West and Fails Everywhere Else*, Foundation Teilhard De Chardin, Netherlands, 2005,载 http://www.teilharddechardin.nl/book_soto.htm。

津巴布韦是又一个由于强制改变所有权而导致灾难的例子。在津巴布韦，欧洲移民后裔拥有肥沃的农地，这些土地养育着这个国家，为工人提供就业机会，并从烟草出口商那里赚取外汇。2000年，穆加贝总统宣称白人在20世纪初抢夺了黑人的土地，因此宣布实行一项剥夺白人土地再分配给黑人的计划。结果是穆加贝的忠实支持者夺走了土地，而多数白人则逃离了这个国家，农业生产一落千丈，粮食短缺加剧，恶性通货膨胀（hyperinflation）将贸易方式带回到以货易货的阶段，大规模失业则让原本已经贫困的人口陷入更为严重的贫困之中。[2]

由政客们强制推行的土地再分配经常导致生产力下降，这种下降有时是灾难性的——譬如前面两个例子，有时后果不那么严重。津巴布韦的历史揭示了生产力下降的两个普遍性原因。原先英国人征服了这一地区并将土地分给欧洲移民耕作。[3]后来，许多农场都经过了买卖，而出价最高者往往是最有能力从事农业生产，从而挣得最多收入的农民。市场持续地将土地从低产能的所有人向高产能的所有人移转。[4]与此相反，穆加贝总统从其政治对手那里夺取土地，转而分配给他的忠实支持者。忠诚与产能关联甚微，因此，很多产能落后的农民获得了土地。津巴布韦农业生产下滑的第一个原因在于购买土地的人被剥夺了土地，而政治上的忠诚者却得到了土地。

津巴布韦新的土地所有人非但总体上是产能较弱的农民，而且他们

---

〔2〕 有关经济崩溃的统计数据，参见 David Coltart, "A Decade of Suffering in Zimbabwe: Economic Collapse and Political Repression under Robert Mugabe," Center for Global Liberty and Prosperity, Cato Institute, Washington, DC, March 24, 2008.

〔3〕 参见 S. Berry, "Debating the Land Question in Africa," *Comparative Studies in Society and History* 44.4 (October 2002): 638-668. "具体的立法措施在各个殖民地不尽相同，但它们都传递着同样的信息。从塞内加尔到马拉维，英法当局都宣称'基于征服的权利'，所有'空置和无主的土地'都属于殖民当局。在草率进行调查之后——或者根本没有经过调查，常常有大片土地被裁定为'空置和无主'，进而被出售给了欧洲购买者。"

〔4〕 这是对市场交易将资源转移给对其估价最高者这一一般原理的一种应用。

得到的权利也不稳定。因为害怕别人会将土地夺走，他们不愿意种植新的作物，不愿兴修水利或者进行其他投资。总体而言，强制再分配会动摇产权的基础，而不稳定的所有权又会增加风险，进而抑制投资。津巴布韦农业生产一落千丈的两个原因就是让生产能力弱的农民取得土地，以及让这些地主感到产权不稳定。

虽然摧毁市场的土地改革导致农业生产下滑，但催生市场的土地改革通常能令农业生产上升。这方面最为戏剧性的例子同样来自中国。1976年毛泽东辞世后，以往的政策被逐步扭转，中国自1978年开始解散人民公社。土地重新从集体向家庭分配，而家庭则将拥有他们生产出来的农业产品。因此，1980年代中国的农业生产飙升。由于解散公社采用的是相对平均的分配方式，每户农民家庭都分得了一小块土地，所以，农民们广泛分享了农业生产增长带来的好处。[5]

除了中国，创造市场（"市场化"）也在其他时期和其他地方促进了农业生产。废除对土地买卖的封建束缚使得18世纪的西里西亚（Silesia）[6]

---

[5] Li Ping et al., "Land Reform and Tenure Security in China: History and Current Challenges," in *Legalising Land Rights*, ed. Janine M. Ubink, Ander J. Hoekema, and Willem J. Assies (Leiden, Netherlands: Leiden University Press, 2009), 409-434.

[6] 1756年至1763年间发生的七年战争（Seven Years' War）将普鲁士的许多行省化为焦土，特别是西里西亚。为了加速重建，西里西亚解禁了贵族抵押地的流通，并迅速形成一个活跃的债权市场。西里西亚的农业因此迅速得到恢复，而德国其他保留封建禁锢的地区则重建缓慢。法国的"重农主义"（Physiocracy）思想家为西里西亚的改革提供了思想基础。在18世纪，英国农业生产力的增长超越法国，重农主义者认为出现这种差异的原因在于英国拥有比法国更为发达的农业市场。他们将市场化的差异部分归结为法律差异——英国扫除了各种封建束缚，而国家管制则令法国的生产力低下。例如，传统的做法在地主与佃农之间按照固定比例分配收成［"分成制"（sharecropping）］。这一做法不允许新投入资本的主体在增产的收成中取得更大的份额。重农主义者开出的药方是：结束国家管制，废除封建束缚，以便形成农村土地、劳动力和农产品的自由市场。（除了市场之外偏好，重农主义者还相信某些怪诞的形而上学理论，认为经济发展源自农业而非工业。）

与19世纪的日本农业产量飙升。[7]到了20世纪，东亚与拉美的土地改革在瓦解封建土地义务与产权形式方面各有成败。[8]

在1945年至1989年间，波兰集体和国家农场占据了这个国家的大部分农地。而到1989年后，这一进程发生逆转——私有化取代了国有化。迄至1997—1998年，波兰已有85%的农地实现私有化。[9]尽管私有化大体取得了成功，不过，它也刺激了那些与土地存在历史牵连的人提出相互冲突的法律权利诉求。[10]

一国之中，种植大部分作物，建设大部分谷仓、房屋、公寓、商店和工厂的应该是私人，而非国家。而要让私人愿意投资，就必须让他们感到自己可以安全地拥有自己动手取得的成果。租赁权能够提供这种安全感——只要租期足够长而又可以方便地更新租约，即便国家依旧保留所有权也不要紧。[11]那些具有社会主义传统，因此无法将土地私有化的国家都在努力构建长期租赁以取代私有化。中国、俄罗斯和越南近几十

---

〔7〕日本1873年的《地租改正法》赋予习惯法上的地主稳定的土地权利，以向中央政府缴纳的货币税赋代替向封建领主缴纳的米粮税赋，并且允许土地的买卖、分割、合并、抵押和出租。农业的市场化带来了生产力的飞升，这又构成了19世纪"日本奇迹"的一部分。不幸的是，由于不在地主缴纳的税赋低于独立的农民，因此，土地所有权从后者向前者集中。参见 Y. Yamasaki and R. V. Andelson, *American Journal of Economics and Sociology* 59.5（2000）: 353-363，载 http://www.findarticles.com/p/articles/mi_m0254/is_5_59ai_70738933。

〔8〕Alain de Janvry, "The Role of Land Reform in Economic Development: Policies and Politics," *American Journal of Agricultural Economics* 63（1981）: 384-392. 有关20个国家土地改革的特征，参见表二。

〔9〕参见 Csaba Csaki and Zvi Lerman, "Structural Changes in the Farming Sectors in Central and Eastern Europe: Lessons from the EU Accession," Second World Bank/FAO Workshop, June 27-29, 1999（World Bank Technical Paper No. 465, World Bank, Washington, DC），表二。

〔10〕例如，思考下面这个寻常的事件进程：一户犹太家庭在波兰拥有财产，纳粹入侵后杀死了业主；纳粹战败后，非犹太人主张其产权；共产党政权随后将财产收归国有。到共产党执政结束后，犹太与非犹太业主的后裔为谁是正当的继承人发生纠纷。

〔11〕以5%的贴现率（discount rate）计算，现值（present value）100美元的资财，若在100年后支付，其价值还不到1美元。所以，一项为期百年的土地租赁权的现值几乎与拥有土地所有权的价值相等，因此，拥有为期百年的土地租赁权的人与土地所有人做出的投资决策几乎相同。不过，要维持这种相同性，租赁权就必须频繁更新，以便让每一个新近购买受租赁权的人都仍能拥有将近百年的权利。2007年，中国农民被允许转包、互换和转让其土地承包经营权，但不得用于非农建设，且期限不能超过30年。感谢张巍提供上述详细规定。

年来已经在使用权的基础上建立起农业市场，而避免实际进行土地私有化。这些国家的土地依然属于"人民"（也就是国家），但私人却拥有了土地上大多数的建筑物。

其他一些土地私有化的尝试则导致了混乱，而非催生出市场。巴布亚新几内亚的大部分——据当局所言大约 97% 的——土地归属于氏族与部落，他们拥有的是习惯法上的所有权，并不能将土地出售。自当地归属澳大利亚保护以来，以及在其于 1975 年取得完全独立之后，政府就致力于将不允许出售土地的习惯法所有权转变为英国普通法上允许买卖的私人所有权。地权转变在城镇取得一定的成功，而在农村则彻底失败。每个氏族和部落都要求取得其曾经控制过的最大面积的土地。于是，勘界测绘与地权登记要面对的困难近似于确定耶路撒冷的归属。[12] 到 1980 年代，这个国家充斥着诉讼与暴力，其源头都是习惯法上的所有人寻求赔偿或者恢复失去的土地。虽然在城镇边缘黑市红红火火，但政府创建土地市场的尝试却失败了。[13]

在巴布亚新几内亚，限制土地买卖背后隐藏着的是对保留某种生活方式的寄望。传统上，农村的土地按照一定的继承规则代代相传，因此，不存在出卖土地的余地。允许土地买卖就可能出现地主出卖土地的现象，从而打破继承的规则，扰乱传统的社会秩序。在氏族和血亲群体依然拥有土地之处，建立活跃的不动产市场往往意味着伴随农业生产的增长，氏族将濒临灭亡。因此，无论对于巴布亚新几内亚的氏族还是对于 18 世纪西里西亚的贵族而言，保留传统的社会秩序就要求延缓土地

---

[12] "成功的产权改革项目都承认既有产权环境的复杂性与独特性。"Karol Boudreaux and Paul Dragos Aligica, *Paths to Property: Approaches to Institutional Change in International Development* (London: Institute of Economic Affairs, 2007), 15.

[13] 值得注意的是：巴新有一类特别的土地法院，它们有可能使习惯法上的所有权现代化，一如英国普通法上中世纪的家族财产所有制转变为个人财产所有制。参见 R. Cooter, "Inventing Market Property: The Land Courts of Papua New Guinea," *Law and Society Review* 25 (1991): 759-801，又见 R. Cooter, *Issues in Customary Land Law: Port Moresby, Papua New Guinea* (Canberra, Australia: Institute of National Affairs, 1989).

的买卖。[14]

　　血亲群体有时通过阻碍土地买卖来保留自己的生活方式。在印度的部落地区，法律限制向同部落的其他成员出售土地。[15]限制土地买卖增加了地主继续按照既往的方式利用土地的可能性。此外，许多印度人——无论是否隶属于部落——都可以合法地将财产置于抵押融资的市场之外，只要他们声称这些财产属于"统一的印度教家族"。[16]借助这种法律策略，可以令传统的家族部分得以保留，同时也能为所有人节省税赋。

　　在第三章里我们说过，即便在最为现代化的经济体中，血缘亲属依然具有重要地位，因为关系性融资常常为商业创新的第一阶段提供最初的资金来源。法国的罗斯柴尔德（Rothschild）家族、意大利的阿涅利（Agnelli）家族、希腊的奥那西斯（Onassis）家族和印度的博拉（Birla）家族都发展出庞大而且利润丰厚的家族企业。然而，即便在最佳状况之下，家族成员间的协作仍然过于狭隘，难以让一个国家变富。企业必须在家族之外寻求投资人与经理人。总体看来，土地所有制发展的历史趋势是与氏族利益相悖，但有利于市场。在非洲的许多地区，一个更为强调个人化的所有权体系正在取代基于血亲群体的传统体系。一项针对加纳的统计研究表明：更为个人化的产权制度带来了更多的土地改良投资。显然，当人们不必与诸多血亲分享投资收益之时，他们会更加愿

---

　　[14] 同前注。
　　[15] T. N. Madan, *The Householder Tradition in Hindu Society*: *The Blackwell Companion to Hinduism*（New Delhi: Wiley-India, 2008）. R. Mearns, "Access to Land in Rural India, Policy Issues and Options," World Bank Policy Research Working Paper 2123, World Bank, Washington, DC, 1999. 印度的部落土地常常形成一片公地，难以出售转让却易受到非法侵夺。
　　[16] 在印度各地，已婚夫妇均可选择是否向政府申请，以令"统一的印度教家族法"适用于自己的财产。所谓统一的印度教家族，由丈夫一系的全部健在的血亲组成。选择适用这一法律能带来税收优惠，但是，要将不动产付诸担保则必须经统一的印度教家族的全体成员同意，因此抵押少之又少。

意对改良土地进行投资。[17]（显然，减少血亲分利也降低了储蓄。）[18]

总而言之，农地易主或通过市场交易，或通过行政命令。当政客们强行将土地再分配给自己的亲信追随者时，农业产量通常会降低；而当法制改革建立起活跃的土地市场之时，农业生产力往往会飙升——无论这种改革发生在社会主义社会、封建社会还是氏族社会。建立活跃的土地市场要求平息所有权纷争，以便人们通过购买获得土地，而不能激起纷争，从而令人们依靠诉讼与游说来取得土地。

违法占地者

1681年，英王查理二世将现在宾夕法尼亚州的土地给了威廉·宾（William Penn），以换取其每年向英王进贡两张海狸皮。可是，宾测绘和掌控这片土地的能力有限，结果大片土地迅速被违法占地者占据。整个19世纪，在组成今日美国的各个殖民地上，穷人从私人大地主和州政府那里非法侵占了大片土地。[19] 这些侵占者依靠的是恫吓、地主的疏

---

[17] 有趣的是，此一研究也发现了倒过来的情况——更多的土地投资导致更加个人化的产权。希望进行土地投资的个人显然会对政府施加影响，以便强化自身的所有权。参见 T. Besley, "Property Rights and Investment Incentives: Theory and Evidence from Ghana," *Journal of Political Economy* 103 (5) (1995): 903-937。关于此的更多证据，参见 Lee J. Alston, Gary D. Libercap, and Bernardo Mueller, *Titles, Conflict, and Land Use: The Development of Property Rights and Land Reform on the Brazilian Amazon Frontier* (Ann Arbor: University of Michigan Press, 1999)。

[18] 在亲属互助的情况下，个人便可减少用以防范不测的储蓄。血亲群体的这种行为有如保险，从而降低了建立资金缓冲的必要性。

[19] 1862年，国会允许建筑横贯大陆铁路的铁路公司每铺设1英里路轨便获得10平方英里的土地。违法占地者常常在取得产权之前先行建立家屋，由此形成一个法外的经济体。美国的法律最终为全部土地创设了安全的产权和有效的市场，不过，这一漫长的过程充满了频繁的冲突、时有的暴力、零星的反复和诸多的妥协。参见 D. de Sota, "Citadels of Dead Capital: What the Third World Must Learn from U. S. History," *Reason* (May 2001), 载 http://reason.com/archives/2001/05/01/citadels-of-dead-capital。有关美国、澳大利亚和巴西的违法占地者如何成为产权人的一个出色的比较研究，参见 Lee J. Alston, Edwyna Harris, and Bernardo Mueller, "De Facto and De Jure Property Rights: Settlement and Land Conflict on the Australian, Brazilian, and U. S. Frontiers," Working Paper presented at The Ratio Research Colloquium on Property Rights, the Conditions for Enterprise and Economic Growth, Stockholm, Sweden, 2011。

忽以及政府官员的懈怠。

同样，拉美和亚非的穷人们也违法占据了他人的土地，而对此加以管制的法律则姗姗来迟，或者根本不曾出现过。[20] 在穷人侵夺富人土地的地方，总会有煽情的口号将这种行为正当化，譬如"土地归于人民"，或者"耕者有其田"。正是出于这种观念，巴西的宪法要求土地实现其"社会功能"。[21]（与巴西宪法相反，生态主义者认为让土地保持自然状态也具有社会功能。）无地的农民可以申请国家代表他们剥夺"没有产出的土地"，或者也可以不必等待国家行动，而自行侵入这些土地。入侵者们只要察觉到蛛丝马迹，就会占据一个大牧场的一角，迅速建屋造园。此后的司法程序则复杂而不可预期：也许法院会立即发布驱逐令，也许要拖上几年才会下达驱逐令，也许国家会将土地产权归于入侵者而令其承诺给予原所有权人补偿。[22]

在巴西，这种法律的不确定性令农地出租人面临巨大风险。承租人一旦迁入承租地，就可能停止支付租金并声称这片土地没有完成其社会功能。这种可能性阻碍了巴西农地租赁市场的发展：巴西的农地出租率远低于其他国家，不到10%，而在美国、法国和荷兰则超过40%。[23]

对于贫困的巴西农民而言，不但租赁土地存在困难，而且购买土地

---

[20] 绝大多数占地者是穷人，不过，在拉丁美洲也有富人侵占土地的情况，例如在秘鲁南部的海滩和亚马逊的牧场上。

[21] F. Santinoni Vera, "The Social Function of Property Rights in Brazil," Latin American and Caribbean Law and Economics Association, Annual Meeting, Buenos Aires, May 19, 2006. Vera Nascimento, "Property Rights and Land Conflicts in Brazil: The Case of the Mongangua's Growers Association," Latin American and Caribbean Law and Economics Association, Interlegis, Brasilia, May 25, 2007.

[22] 我们感谢巴西的法经济学者 Luciano Benetti Timm 提供有关巴西侵夺土地、土地租赁和土地抵押的信息。

[23] 在比利时，这一比例超过70%。感谢 Bruno Salama 从以下文献中找到这些数据：巴西以外的数据，参见 J. J. Swinnen, "Private Enforcement Capital and Contract Enforcement in Transition Countries," *American Journal of Agricultural Economics* 83.3: 686-690. 有关巴西的数据，参见 Brazilian Institute of Geography and Statistics, "Census of 1996". 巴西的土地租赁市场覆盖 2.43% 的可耕种土地，占全部农村不动产的 7.13%。

也面临不必要的困难。宪法上对居住权的保障让有些法官不愿下令驱逐那些欠付抵押贷款的居屋购买人。既然法院有时会保护购买居屋者免受债权人的追诉，银行就不情愿向这些购房者发放贷款。[24]与别国相比，巴西不动产信贷占 GDP 的比例要小得多——仅占 1%。[25]

在巴西，侵夺土地已经形成一套独特的逻辑。一方面，薄弱的租赁和抵押贷款市场使得许多穷苦农民在侵占土地之外别无其他获得土地的方法[26]；而另一方面，侵夺土地本身又是削弱面向穷人的土地市场的主因。对土地的侵占摧毁了市场，从而令这种侵占本身变得必不可少。假如法院能及时驱逐侵占农村土地的人，假如法院要求欠债的人还钱，那么，土地的买卖与出租就会兴盛起来，市场就会很快胜过侵夺而成为土地再分配的机制，从而提高生活水平。

尽管政治意愿能让巴西的土地市场立竿见影，但这在巴布亚新几内亚却办不到。马当镇（Madang）近几十年来得以扩展，而其所在的地区正是那些被笼统称为"氏族"的居民们从前耕作、采集和打猎的地方。这些氏族至今仍然居住在那里，四周被马当镇包围起来，仿佛散落在湖泊中的小岛。而国家至今也仍然承认这些氏族根据习惯法名义上拥有马当镇的大量土地。习惯法上的所有权人不能向任何人出售土地，而且出租土地也必须遵循繁复异常的程序。尽管来自农村的移民已经让马当镇拥挤不堪，并且这些人都需要土地建立家园，但他们却无法合法地购买或者租赁习惯法上的土地。于是，人数上远远超过习惯法上的地主

---

[24] 具有稳定工资收入的职工——如国家公务员——能够取得抵押贷款，因为贷款人的主要担保来源是债务人的未来收入，而非用贷款购得的财产。

[25] J. Saddi, "Creditor-Debtor Law in Brazil," Latin American and Caribbean Law and Economics Association, Annual Conference, Interlegis, Brasilia, Brazil, June 2007.

[26] 分成制是另一种合法的选择。不过，巴西的劳动法院可能会把分成制重新定性为雇用合同，从而急剧提高物业所有人需要缴纳的税金和社会保险金。参见 Gabriel Buchmann, "Determinantes do Mau Funcionamento do Mercado de Arrendamento de Terras no Brasil," Applied Economics Research Institute, Catalogue No. 001.44 159 06 IPEA 159-06, Brasilia, Brazil: IPEA, 2007。此外，分成者支付金额的法律上限具有不确定性，当事人无法确定合同成立后政府官员是否会对其内容作出调整。对贫困的农民而言，剩下的出路就是出卖劳动力。不幸的是，在农业生产中，雇用合同的效果往往不如分成制。

的移民们便侵夺土地，建立起家园——就和巴西一样。在目前这种法律条件下，马当的发展依靠的正是侵占土地来提高土地生产力和应对人口结构的变化。[27]

违法占地者的安全感对他们的居住质量有决定性影响。如果他们非常缺乏安全感，不愿进行投资，就会住在铁皮和纸板搭成的棚户里。投资也会引起地主的注意，从而增加失去土地的可能性。对于被驱逐的惧怕，已经制造出世界上一些最为恶劣的居住环境。相反，如果违法占地者具有安全感，他们就会投入金钱与时间去改进居住环境。例如，在巴西圣保罗南区有一片属于水务局的土地，地下埋放着输水管道[28]，违法占地者在这片土地上违法建造了房屋。这些房屋多是三层楼房，砖瓦水泥建造，石膏糊墙，粉刷光鲜，还带艺术性的钢筋水泥护栏、装饰考究的阳台，屋顶装着卫星天线，底层还常常建有停车库。这些投资提高了违法占地者的安全系数，因为住在如此考究的房屋里的人比住在窝棚里的人更少可能遭到国家的驱逐。这些违法占地者不仅因为具有安全感而去投资，更是追求安全而去投资。[29]

与之相反，违法占地者的出现使得地主的土地价值大幅度下降。孟买的一位不动产经纪人告诉汉斯-伯恩特·谢弗：在靠近玉湖（Yuhu）海滩的市中心高层住宅的售价高达每1 000平方英尺（93平方米）170万美元——尽管这些高楼四周被贫民窟环绕。要建造高楼，开发商必须先取得土地权利，并拆迁当地贫困的占地者，这是很不容易完成的一项任务。土地权利不确定，而且分散在正式的地主和贫困的占地者手上。现代的公寓价格昂贵，正是因为取得地权的困难限制了这些公寓的

---

[27] Cooter, "Inventing Market Property."
[28] 感谢 Gesner Oliveira 博士以及 Companhia de Saneamento Básico do Estado de São Paulo S. A（SABESP）组织作者库特参加"综合公园"之旅。这个公园由 SABESP 建造在输水管道上经过清理的土地上。
[29] 即便拥有活跃的不动产市场，要为穷人提供住房依然困难。有关为穷人提供住房的分析，参见 K. Deininger, "Land Policies for Growth and Poverty Reduction," World Bank Policy Research Report N. 26384, Washington, DC, World Bank, 2003.

供给。

不光有穷人侵占富人土地，也常常有富人侵占穷人土地。譬如，在中国土地归于国有而小农们享有使用权，国家可以中止小农们的使用权，而将土地转让给大开发商建造工厂、办公楼和公寓楼。所谓发展、改造的口号被用来掩盖这种侵占。不过，在国际新闻媒体上，有时还是会见到有关抗议与暴力冲突的报道。补贴发展的最差方法就是允许大开发商从穷人那里侵夺土地。

活资本与死资本

第三章讲述了创新者需要借钱来开发新点子，而在借钱的时候，贷款人通常会要求借款人提供有价值的财产作为担保。假如借款人违约，贷款人可以扣押财产并将其变卖，以收回贷款。贷款人青睐于"流动性"强的财产作为担保，也就是市场上具有众多买家、易于出卖的财产。如果借款人可以提供这样的担保财产，贷款人就愿意以优惠的条件发放贷款，而这些贷款往往被用做企业投资。因此，具有流动性的财产是能为发展提供资金的"活资本"。

不动产是许多人——特别是中、低收入阶层——拥有的最值钱的财产，并且，贫困国家的债权人偏好以不动产作为担保物，因为土地与房屋不像银条、债券或者桶装啤酒那样容易隐匿。为获得抵押贷款（mortgage）——以不动产作为担保的贷款，债权人必须能够扣押违约借款人的财产并加以变卖，借此回收债务。[30] 所以，能否运用不动产为贷款提供担保，对创新的融资和经济发展有巨大影响。

---

[30] 债权人希望担保物的价值与剩余的债务一样高。"基本上，银行希望确保既有债务的金额与项目的剩余价值——包括担保物的价值——始终维持大致的平衡。"Oliver Hart, *Firms, Contracts, and Financial Structure* (New York: Oxford University Press, 1995), 8-9. 在一个具有流动性的不动产市场上，企业家既可以抵押自己的房屋取得贷款以投资于企业，也可以借钱购买房屋，从而节省下购房资金来投资于企业。

倘若对不动产的扣押和出卖方便易行，抵押贷款市场就具有流动性，不动产也就成为活的资本。然而，劣法与坏政策却让世界上的许多不动产丧失了流动性。在开罗，不计其数的小企业组成了当地的工商产业——世界各地都遍布着这样的城市：许多家庭拥有自己的小企业，但却无法利用自己的不动产获得融资，进而发展壮大。在贫困国家，这是一个普遍存在的问题。[31]

对于财产法制薄弱的国家，有三大障碍遏制着不动产的交易。首先，不动产的买受人必须确认出卖人是财产真正的所有权人，而登记制度的缺陷将增加不动产买卖中的错误和欺诈风险。[32]在越南，国家没有建立一套公寓、房屋的产权登记制度，有些产权人持有当地政府签发的产权确认文书，有些则没有任何官方证明文件。一项针对两个越南城市的统计研究表明：对于类似的不动产，那些声称具有证明文件的不动产出卖人能开出更高价格；这种价格升高的幅度大约等于拥有一部电话的价值，而低于具备厕所的价值。[33]有效率的产权登记制度将增加越南的不动产买卖数量。

除了登记制度的缺陷之外，薄弱的法制还会以第二种方式降低不动产的出售价值，而这一方式涉及不动产的利用。买受人不仅要确认出卖

---

[31] "息差"（spread）指抵押贷款的利率与蓝筹公司或者政府发行的债券的利率之差。当债权人得以方便地扣押并转卖违约债务人的不动产之时，债权人的地位安全，因此息差也较小。当扣押和转卖违约债务人的不动产困难而昂贵之时，债权人的地位不安全，息差也将扩大。如果将各国的息差作为纵轴，而将人均 GDP 作为横轴画一个图表，就能发现一条斜率明显下降的曲线，这意味着富裕国家的息差较低。

[32] 许多贫困国家没有不动产所有权的登记系统，或者因为无能或腐败而令不动产登记充满缺陷。秘鲁的土地登记是以所有权人的姓名而非不动产的座落组成的，因此，潜在买家难以认定是否有多个主体对同一财产主张权利。参见 R. Ravina, "Costos de transacción en la transferencia de bienes inmuebles," Latin American and Caribbean Law and Economics Association, Lima, Peru, 2004. 有关土地登记能增加土地价格和促进经济增长，参见 Frank F. K. Byamugisha, "How Land Registration Affects Financial Development and Economic Growth in Thailand," Policy Research Working Paper No. 2241, World Bank, East Asia and Pacific Region, Rural Development and Natural Resources Sector Unit, 1999.

[33] A. Kim, "North Versus South: Politics and Social Norms in the Evolution of Private Property Rights in Vietnam," Comparative Law and Economics Forum, Chicago, 2005.

人的身份，还要确定自己能对购买的不动产干些什么。在许多国家里，要取得建设许可证是一个漫长、昂贵而受制于官僚主义的过程，以至于产权人会向官员们行贿，以求他们对违法建设的行为视而不见。在开罗的很多街区，政府设定的建筑高度限制完全不切实际，产权人为了容纳新增的家庭成员，只能违反规定在房屋上增加楼层。由于在开罗几乎每个业主都会违反这项或是那项法规，于是，官员们只要威胁执行法规，就能向任何人索取贿赂。买受人无法确定，为了利用其购入的不动产，究竟需要支付多少贿赂。

第三，债权人承担着对违约的债务人提起诉讼的负担。在某些国家，回收债务的法律程序耗费巨大，或者耗时过长，因而依法回收债务变得不切实际。[34] 如此情况下，抵押贷款就无法实现，或者即便能够实现，也只能受制于苛刻的贷款条件。相反，假如债权人得以不经诉讼立即扣押违约债务人的财产，抵押贷款的供给就会急剧增加。[35] 即使在那些基本无法将家庭居住者驱逐出抵押不动产的国家，要将企业驱逐出去仍可能是比较容易的。因此，债权人愿意向用不动产抵押贷款的企业提供条件优惠的贷款。最近一项针对60个发展中国家的有担保贷款的研

---

[34] 当原告的诉讼成本超过其诉讼的价值，理性的原告就会不愿意提起诉讼。

[35] 例如，美国的多数州允许一种快速程序，称为"非司法扣押"（nonjudicial foreclosure）或"简易判决"（summary judgment）。它避免了审判程序，从而让债权人得以立即控制财产。

即便债权人能立即取得控制，仍可能要耗费很多金钱。

例如，假定债权人发放的贷款金额为10万美元，借款人偿还了1万美元便不再还钱。债权人得到了一项简易判决，扣押了财产并转卖获得5万美元。于是，债权人丧失了4万美元，这被称为"不足债务"（deficiency）。为收取这部分不足债务，债权人必须经过更加耗时的"司法扣押"（judicial foreclosure）程序，这一程序允许债权人取得"不足债务判决"（deficiency judgment）。在这个例子中，债权人可以再变卖债务人的其他财产，假设获得5万美元，债权人可以从中再取得4万美元——假定债务人有偿还的能力。不过，司法扣押也赋予债务人一项延迟债权人买卖财产的权利，以便债务人筹措资金买下该财产。债务人的这种权利被称为"衡平回赎权"（equity of redemption）。

第六章 财产法：我造故我有

究发现：企业提供的担保中有 70% 是不动产，而动产仅占 30%。[36]

创新与财产

在贫困国家，缺乏流动性的不动产在资本构成中占有重大比例，由此阻碍了对生长型企业的信贷与投资。有关财产的另一个问题涉及对创新的猖狂盗窃。人类曾经几乎丧失其最宝贵的戏剧遗产，因为莎士比亚为自己创作的每部戏剧只保留了几个抄本。[37]莎士比亚不希望发表这些作品，因为他不想让别人演出自己的戏剧。在缺乏有效的著作权法的时代，他的获利来自于戏剧演出的票房收入，而非出版剧本。反之，罗琳（J. K. Raowling）的《哈利·波特与死亡圣器》在出版首日就销售了830万册。[38]像罗琳这样的现代作者运用著作权法来保护原创作品的产权，有了有效的著作权法就不再需要保密。

就像作家利用著作权法一样，现代的科学家利用专利法来保护原创性发明的产权。著作权与专利是"知识产权"——保护土地和其他有体物一样可以被拥有的无体的智力成果。没有经过产权人的许可，任何人都不得使用他人的庭院、裤子或者专利，而要取得使用专利的许可需要支付对价——许可费、授权费、租赁费或出售价格。

不过，知识产权法并不涵盖某些重要的商业创新。一名企业家无法为发现国外的买家，重组销售团队或者质量控制的培训方法申请著作权或专利权。发现一种更优的商业组织方法或者新的产品市场的人无法拥

---

[36] 虽然研究发现土地只占企业资产价值的 22%，但其却占担保物的 70%。参见 Mehnaz Safavian, Heywood Fleisig, Jevgeniji Steinbucks, " Unlocking Dead Capital: How Reforming Collateral Laws Improves Access to Finance," Viewpoint 307, The World Bank, Washington, DC, 2006, 载 http://rru.worldbank.org/PublicPolicyJournal/Summary.aspx? id=307。

[37] 参见 Stephen Greenblatt, *Will in the World: How Shakespeare Became Shakespeare* (New York: W. W. Norton, 2004)。

[38] 参见 Motoko Rich, "Record First-Day Sales for Last 'Harry Potter' Book," *New York Times*, July 22, 2007, 载 http://www.nytimes.com/2007/07/22/books/22cnd-potter.html?_r=1&oref=slogin。

有这些创新。当创新无法被赋权之时，创新者就只能像莎士比亚保护自己的戏剧一样来保护创新——保密。[39]有关公司法的第八章将对公司的保密途径作出分析。现在，我们暂时不讨论商业秘密，而来考虑富国与穷国之间激烈的知识产权冲突。

如果让两名学生分享一个奶酪三明治，那么每人就只能得到一部分。与此相反，如果让两名学生分享一段音乐的电子录音，每个人都能得到一段完整的音乐。经济学家将三明治的消费者称为竞争者，而音乐录音的听众则不是竞争者。非竞争性是允许自由利用某一事物的原因之一。

然而，自由利用具有一大弊病。明确的信息易于储存和读取，例如阿司匹林的配方、甲壳虫的歌曲《想象》，或者微软的 PowerPoint 软件。如果不必向创造者支付版税，那么，销售者之间的竞争将使这些明确信息的价格降到与复制成本相当。于是，香港和巴西利亚商店里出售的美国软件价格比光盘的成本高不了多少，这让美国的商人和政治家们惊愕不已。假如人们可以任意复制，那么，聪明的商人就会等待别人创造，而自己只需仿效创造者就行了。仿效者省下了创造成本——包括研发成本，从而获得竞争优势，这样一来，创新就会一落千丈。中国和巴西的政府是应当努力制止知识产权的盗版，还是应该对此视若不见？对创新的自由复制扩大了使用，却延缓了创新；反之，专利和著作权（在一定程度上）扩大了创新，却限制了使用。[40]

在平衡使用与创新的动力方面，不同国家具有不同的偏好。知识产品的创造者大量集中在教育水准高、实验设施先进、一流大学多的国

---

[39] 在美国，专利被延伸到某些类型的商业组织创新，这被称为"商业方法专利"。有关通过将知识产权延伸到企业创新者以增加在先优势（first-mover advantage）的建议，参见 J. F. Duffy and M. Abramawitz, "Intellectual Property for Market Innovation," Berkeley Law and Economics Seminar, Berkeley, CA, 2006.

[40] 创新建立于既有的创新之上，因此，创新者需要能自由接触某些既有的创新。
过度的知识产权保护通过增加获得公共资源的成本延缓创新速度。在美国，法律对复制的过度限制显然延缓了创造，而最优化的知识产权法则应当将创新率最大化。在一系列论文和专著中，Larry Lessig 和 Mark Lemley 已经阐明了美国知识产权法上的这一重要学术观点。又见 Michael Heller, *The Gridlock Economy: How Too Much Ownership Wrecks Markets, Stops Innovation, and Costs Lives* (New York: Basic Books, 2008).

家。这些国家倾向于限制复制。反过来，那些使用者比创新者的人数更多的国家则主张自由复制与使用。因此，巴西和中国的官员倾向于对侵犯知识产权的行为视而不见。

医疗药品是这方面一个可悲的例子。欧美国家发明了大部分的药品，印度和拉美历史上拒绝承认药品专利，因而那里的消费者得以廉价地享受那些由别国发明、本国制造的医疗药品。

在巴西，法律强制要求抗艾滋病药物的专利权人授权巴西厂家生产。强制授权降低了巴西消费者为抗艾滋病药物支付的价格，而法律同时也减少了巴西制药业创新的利润。不过，最近的一项研究得出结论：制药行业所有潜在的创新者都是外国人，而非巴西人。[41]

当使用者与创造者来自不同国度时，国与国之间有关知识产权的争端就会凸显。[42] 所以，美国的商人、政客和外交官指责中国、印度和巴西不严格保护专利和著作权。反过来，这些国家因为创造者少于使用者，所以，它们不愿自行创新，而希望通过复制美国的软件、日本的硬件、德国的制药、意大利的设计来取得更大的利益。[43]

---

[41] 如果巴西没有对药品专利的强制授权法，或者法律更为明确、更加偏向专利权人，那么，巴西就要为抗艾滋病药物支付多得多的费用。巴西政府向艾滋病患者免费分发这些药物。因此，一部强制授权的、模糊的法律有利于巴西的艾滋病人和纳税人。参见 Bruno Salama and Daniel Benoliel, "Patent Bargains in Newly Industrialized Countries (NICs): The Case of Brazil," Latin American and Caribbean Law and Economics Association, Annual Conference, Mexico City, May 2008。

[42] 各国知识产权法保护的范围和广度各不相同。例如，美国专利保护期为自申请之日起的 20 年，而日本、中国、韩国和其他一些国家的"实用新型"（petty patent）保护期则为 4 到 10 年不等。不过，美国和这些国家法律有效性的区别，在于法律的执行，而非条文。

[43] 有关发展中国家不应有知识产权法的观点，参见 E. Pasquel, "No era la necesidad la madre de la inventive? Por qué eliminar las paatentes y los derechos de auto" (Wasn't necessity the mother of invention? Why should we eliminate patents or copyright?), Latin American and Caribbean Law and Economics Association's Annual Meeting, Lima, Peru, 2004。有关印度通过不承认专利或向发明者支付专利费，制造廉价的通用药品进而获利的经验研究，参见 P. K. G. Shubham Chaudhuri and Panle Jia, "Estimating the Effects of Global Patent Protection in Pharmaceuticals: A Case Study of Quinolones in India" Bureau for Research in Economic Analysis of Development, Working Paper No. 125, New Delhi, 2006。

较富裕的创造者与较贫穷的使用者之间经过隐性的磋商能够缓和二者的冲突。贫困国家的劳动力成本低，因此希望向劳动力成本高的富裕国家出口制成品；而具有高级技术能力的富裕国家则要求贫困国家承认、保护知识产权。于是，双方可以进行政治磋商。通过支持贫困国家申请加入世界贸易组织（WTO），富裕国家同意从贫困国家进口，从而使这些国家的消费者得益，而令国内生产相同商品的行业的工人受到损害。相反，寻求入世的国家必须加入世界知识产权组织（WIPO），并同意保护知识产权。假如贫困国家未能保护知识产权，WTO规则允许富裕国家启动法律程序，并有可能通过削减进口来实施报复。因此，经过15年的谈判，中国于2001年获得美国的支持，加入世贸组织。中国历来容忍对外国公司知识产权的侵犯，但入世让这种容忍行为的风险升高。

除却外交努力，发展也会使一个经济体转向，进而自然地支持对创新加以更多法律保护。新型工业化国家专注于大批量生产标准化商品，这种生产为充斥着低教育水平、低工资工人的国家带来比较优势。而伴随教育与工资水平的提升，生产的比重逐渐偏向高质量商品。最终，更高的教育和工资水平会将生产推向创新产品。这一过程正如下所示：

$$\boxed{数量} \Rightarrow \boxed{质量} \Rightarrow \boxed{创新}$$

随着一国的生产比重由左向右推移，其生产的产品也更加具有创新性。而随着创新在生产中的地位不断提高，有效的知识产权保护体系对一国的价值也将提高。正因此，缺乏有效的著作权法扭曲、迟延了中国和印度软件工业的发展。同样，印度的"宝莱坞"每年出品的影片数量超过好莱坞，而中国也有着庞大的电影产业。假如这两个国家的电影制作人能够减少盗版的数量，那么，他们的电影产业还能进一步扩大。也许这一逻辑可以部分解释一则新近的新闻标题："中国最近一次打击盗版活动中销毁了4 200万片盗版光碟。"[44] 不幸的是，防止对知识产权的盗窃比防止对

---

[44] *San Francisco Chronicle*, August 12, 2003.

汽车、房产的盗窃要难得多。即便在具备比较有效的知识产权法规的美国和欧洲，人们盗窃软件、音乐作品的数量仍远远超过盗窃汽车和土地的数量。对知识产权而言，改变纸面上的法律易，而改变实践中的法律难。

专利申请数体现技术创新率。就全世界而言，专利申请数量不断增加，这无疑表明技术进步正在加速。富裕国家居民申请的专利数量远超其他国家，不过，中、低收入国家的专利申请数量也在增加。中国和印度在美国申请专利的数量急剧升高。[45] 显然，创新产业在某些国家蓬勃发展，而在另一些国家则枯萎凋零。从1980年到1999年的20年间，韩国在美国登记的发明专利数量是16 328件，而最大的9个阿拉伯经济体在同一时期内在美国登记的专利数仅为370件。[46]

如果经济发展减少了盗版带给贫困国家的利益，那么，发达国家和发展中国家就会形成一种共同利益，以寻求有效的措施来保护知识产权。而具备更为有效的知识产权法之后，发展中国家也将更为全面地参与世界性的创新大潮。[47] 思想诞生于思想，因而，发展中国家取得更多的创新也会促进世界各地——包括发展中国家在内——的创新速度。

发展中国家创新产业的发展能够造福每一个人。第五章解释了当不平等带来更多经济发展的时候，由更高速的发展增加的社会福利能迅速超越因为不平等造成的福利损失。发展中国家的知识产权法就是这样一个例子。在发展中国家，保护知识产权将带来更加迅速的创新，这项收益能够超越由此向发达国家转移的财富。发展中国家创新产业的拓展会让许多发展中国家和所有发达国家获益，并且，这种获益的程度将超越不严格保护知识产权带给发展中国家的利益。

---

[45] 1999年，美国共颁发近150 000项专利，其中2 160名申请人来自印度，7 737名来自中国。从1999年到2002年，向中国申请人颁发的专利数量增长近3倍。参见 World Intellectual Property Organization, IP/STAT/1981-2002。

[46] *Arab Human Development Report 2003* (New York: UN Development Programme, 2003).

[47] 他们的成功更可能出现在开发成本较低的电脑软件领域，而非开发成本高昂的制药领域。在现有技术条件下，要测试新药的安全性代价惊人，只有最先进的公司才有能力支付这些代价。

商标是另一类知识产权，不过，其用途却与专利及著作权根本不同。人们对产品质量说长道短的热情丝毫不亚于品评别人道德的热情。对于市场营销和社会形象而言，名誉至关重要。商标法赋予商标权人营造自身名誉的权利，而这又能保护消费者不受劣质产品的坑害。因此，可口可乐在印度的价格就要高于本地的康帕可乐和"顶呱呱"饮料，部分原因在于对印度消费者而言，"可口可乐"意味着装饮料的容器是干净的。[48]反过来，如果没有商标，消费者就会混淆不同厂家的产品，而这种混淆又会激励厂家生产劣质产品以节约成本。在苏联共产党执政终结前的1988年，莫斯科的商店里出售的许多商品都只有一个通用名称，例如"牛奶""钢笔""裤子"。所以，莫斯科的消费者有时买到的是掺有杂质的牛奶，漏墨水的钢笔和带破洞的裤子。

以上介绍了有效的商标法防止消费者无意识地买到伪劣商品的一些例子。与之相反，人们也会有意识地购买假冒的古驰手袋、耐克运动鞋和劳力士手表——尤其是在中国。在精明的消费者能够通过仔细检查辨识质量的地方，高级仿冒品能够为他们提供与真品质量近似的商品和近似的身份荣誉，而其代价却小得多。富裕国家一再对贫困国家施加压力，要求他们制止生产消费者喜爱的仿冒品。

消费者有意购买仿冒品获得的收益是否大于正品制造商的损失？有些人喜好奢侈品牌，然而对另一些人来说，古驰代表的是"矫揉的时尚"，耐克代表的是"美帝国主义"，劳力士则代表了"虚荣的消费"，而它们又无一不代表着势利心。许多对奢侈品加以冷眼的人巴不得奢侈品消亡。像大多数经济学家一样，本书也不对人们应当需求什么持特定立场。[49]不过，请注意：假神仙就像没有宿主的寄生虫，死无其所。假

---

[48] 此项冷饮料必不可少的名声却很难被认定。"包括印度政府在内的各种机构实施的检测都表明，可口可乐产品含有高浓度的杀虫剂，因此，印度国会禁止在咖啡厅销售可口可乐。"载 http://www.indiaresource.org/campaigns/coke/index.html.

[49] 有关时尚品价值及法律政策的全面探讨，参见 Scott Hemphill and Jeannie Suk, "The Law, Culture, and Economics of Fashion," *Stanford Law Review* 61 (2009): 1147。

如侵害商标权最终摧毁了古驰商标象征的荣誉地位,那么,假古驰也就失去了对追逐时尚者的吸引力。

作为一种财产的组织

组织是与不动产、知识产权不同的一种财产。一个组织包括各种职位——总裁、首席财务官、副总裁等等。除职位之外,组织内部还有各种角色分工,例如簿记员、机械工、采购员。借助这些职位和角色,组织得以协调成员,实现目标。如果协调充分,那么,一个组织就能像一个理性人那样有条不紊地行事。[50]

一个组织的目标部分取决于它是否具备所有权人。具备所有权人的组织——例如合伙、公司——可以被出售。收购者有权取得企业的利润,重构其内部的职位与分工。由于所有权人能够按自己的意愿对企业采取行动,因此,所有权能够带来低成本的快速决策。

与此相反,没有人能够买卖会员制俱乐部、教会、合作社、信托、慈善事业或者国家——这些组织没有所有权人。它们可以出售自己的财产——土地、大楼、机器等等——但是不能出售自己。没有所有权人的组织常常采取集体决策制,遵循一定的治理规则,而其中就会涉及政治。因此,某些俱乐部、教会、合作社和政府采用多数制决策行事。缺乏所有权往往导致决策缓慢和交易成本升高。

所有权影响一个组织的目标。如果一个具备所有权人的组织经济表现不佳,就会有人收购它并加以重组,以求获利。由于收购人预期的收益更高,所以会愿意支付比该企业现有的所有权人盈利数目更高的买价。于是,买卖组织的市场促使所有权人或者将利润最大化,或者将企

---

[50] 若数人如一个理性人一般行动,我们就将其行为定义为"协同"(corporate)行为。因此,我们将组织定义为能够实施协同行为的一种职位与角色结构。相反,假如数人无法像一个理性人那样行事,我们就将其行为描述成个体行为而非协同行为。

业转卖他人。[51]因此，具备所有权人的组织更加重视盈利也就不足为奇了。[52]这种重视对流通商品的价格、质量和创新性都有积极影响。在全世界所有的富裕国家中，私有企业都扮演着生产流通商品的核心角色。

反之，由于没人能出售不具备所有权人的组织，所以，控制这些组织的人就能躲开利润最大化的压力。他们可以追求其他目标——保护犀牛，救助穷人，歌颂上帝，组织桥牌赛，治愈癌症，培养研究生，等等。无所有权人的组织在政府、宗教、教育、社交生活等领域举足轻重，这些领域都不以挣钱作为主要目标。

具备所有权人的组织倾向于关注赚钱，而没有所有权人的组织则追求更加多元的目标。这种区别告诉我们何时应当将企业国有化，何时又该将其私有化。将企业国有化会消灭私人所有权，通常还会增加政治家和其他政府官员的影响力，而这些人则会扩大组织的目标。反之，国有企业的私有化常常令企业重新专注于盈利。[53] 1990年代，这种私有化出现在那些加入欧盟的东欧前社会主义国家。私有化让这些国家的企业重新集中精力追求利润，其经济也随之繁荣起来。

不过，为使企业重新关注盈利，就需要法律、政策提供基本的市场条件，否则，私有化就可能蜕变为掠夺国有资产。1990年代，在那些没有加入欧盟的欧洲前社会主义国家，这种掠夺可谓司空见惯。让我们来举一个具体的例子。2004年，乌克兰政府同意以8亿美元的价格向一个投资集团出售该国最大的钢铁厂，而这个投资集团的所有人中就有总统

---

[51] 对于公司市场将促使公司将其股票价值最大化这一观点，Henry Manne 贡献尤为卓著，参见 Henry Manne, "Mergers and the Market for Corporate Control," *Journal of Political Economy* 73. 2 (1965): 110-120。

[52] 按照 Milton Friedman 的文章 "The Social Responsibility of Business Is to Increase Its Profits" (New York Times Magazine, September 13, 1970) 所说，企业应当关心的就是赚钱。Frank Easterbrook 和 Daniel Fischel 在其影响巨大的著作 *The Economic Structure of Corporate Law* (Cambridge, MA: Harvard University Press, 1991) 中对 Friedman 的观点表示赞同。据此观点，公司应当最大程度地促进股东利益，而不用考虑其他利益相关者——譬如雇员、社区或者慈善机构——的利益。

[53] 私有化或者涉及向私人出售国有企业，或者——当国有单位不具备企业形式的时候——向私人出售国有资产。

列昂尼德·库奇马（Leonid Kuchma）的儿子。2005年，乌克兰新总统维克多·尤先科（Viktor Yushchenko）成功取消了这项交易，并将该钢铁厂以48亿美元的价格拍卖出去。一项内幕交易与一项比较具有竞争性的拍卖竟会有600%的价格差异！内幕交易几乎要掠夺走乌克兰国库近40亿美元的资产。[54]

买卖企业的市场让具备所有权人的组织专心盈利，这将为繁荣、创新和发展作出贡献。下面的章节要讨论金融法、公司法和破产法如何通过保持企业的创造性，防止有势力的内线人员掠夺企业，来维护这种市场的运作。

结　论

如果违法占地者的产权得到保障，他们就会改良不动产；如果经理人拥有企业，他们就会促进企业发展；如果创新者能够取得发明专利，他们就会专心创新。总之，应有效地保障权利人投资、开发自己的财产。为进行投资，土地、组织和知识产权的所有权人常常需要借钱。假如贷款人能够获取违约债务人的担保品，所有权人就能借到钱。通过贷款，优秀的农民可以买到土地，优秀的企业家可以买下企业，而更加具有创造力的人也可以买到专利。农地市场将土地重新分配给更优秀的农民，公司市场将企业重新分配给优秀的企业家，而创新市场则将创新成果重新分配给更富创造力的人。对于不动产、组织和发明而言，财产法为投资、借贷、买卖提供了基础。这些法律是满足创新的产权原理所必需的：财富的创造者应当保留大量的财富。

除了需要有效的财产法，创新还需要协调不同个人之间的努力。人与人之间的协调，是通过允诺自己干什么并且实现这种允诺而得以实现的。下一章的主题就是帮助人们兑现允诺的合同法。

----

[54] 参见 A. Kramer and H. Timmons, "Mittal Wins Bidding for Ukraine's Top Steel Maker," *International Herald Tribune*, October 25, 2005。

第七章　合同法：一诺千金

1960年代，苏联国家钢铁联合体的人民委员既需要与联合体的主任合作，又需要监督主任的动向。有一天，两人在莫斯科车站相遇。人民委员问主任："你去哪儿？"主任答道："去列宁格勒。"人民委员暗自思想：他说去列宁格勒，其实是想让我以为他去明斯克，不过我知道他的确要去列宁格勒。于是，这位人民委员对主任说："你在撒谎！"

这个笑话描绘了交流的可信赖性问题。要协调行动，人们必须心口一致。那么，我们怎么知道什么时候可以相信别人？商人想尽办法从别人的言谈举止中发掘线索，探寻他们的真实想法。在俄勒冈州温泉市的一个印第安人自治区中，有一间法院的墙壁上保留着一幅画，画的是一名证人一边作证，一边将一个手指浸入一碗水中。假如他的手指颤抖，因而引发涟漪，他就会被认定在撒谎。警察使用的测谎器也利用了类似的心理学原理。不过，个中老手还是能瞒过一碗水或者测谎器。幸运的是，法律发明了一种先进的机制，能够促使人们在商业交易中说真话，这就是合同。

要理解合同是如何发挥作用的，只要想想公元前6世纪中国思想家孙子的著述:"师出越境,必焚舟梁,示民无返顾之心。"[1] 烧断桥梁是为了杜绝退路,迫使军队勇往直前。

商场有如战场,商人要保证履行某一行为,就要提高不履行的成本。我们用合同这个词来指称一种允诺,一旦违反就将受到制裁——尤其是法律制裁。就像烧断桥梁,有效的合同通过提高不履行的成本来迫使一个人践行其诺言。而提高违背诺言的成本的正是制裁。在商人谈判的时候,他们起初会说些无所谓的话,不必认真允诺,或者为这些话承担责任,但最后他们会达成一项有执行力的合同。按照合同协调原理,法律应当促使人们践行其允诺。如果这一原理得以贯彻,则人们能建立起足够的彼此信任以便共同工作——即便涉及金钱利益。[2]

第三章描绘了三种融资形式:关系性、私人性和公众性。伴随新兴企业从一个阶段迈向另一阶段,融资越来越依赖于国家的法律,不过,早先的关系性融资仍会得以保留。总体而言,这三种区分融资形式的途径同样适用于合同,就如图7.1所示。

"关系性合同"指那些朋友、亲属之间包含在持久的关系之中的允诺,例如叔叔雇用侄子时作出的允诺。要执行关系性合同,当事人依靠的是社会制裁。我们用"私人性合同"这个词指称非亲属之间经过私下磋商获得的允诺,例如银行贷款。要执行私人性合同,当事人既依靠民事制裁,也依靠社会制裁。"公开市场合同"(public market contract),或者简称"公众性合同"(public contract)指的是具有标准条件和价

---

[1] Sun Tzu(孙子), *The Art of War*(《孙子兵法》, Project Gutenberg, 1910), section XI, part 3. 摧毁自己的撤退能力这一策略曾被古希腊将领色诺芬(Xenophon)、汪达尔国王盖萨里克及墨西哥征服者科尔特斯(Cortez)使用过。
(引文并非《孙子兵法》原文,乃出自杜牧对《孙子兵法》"九地"篇"入人之地而不深者,为轻地"一句的注释。——译者注)
[2] 用博弈论的术语说,有效的允诺将一项非合作均衡博弈的收益矩阵转化为一项合作均衡博弈的收益矩阵,后者更富成果。参见 R. Cooter and T. Ulen, *Law and Economics*, 5th ed. (Boston: Pearson Addison Wesley, 2007), chapter 6; 又见 H.-B. Schäfer and C. Ott, *The Economic Analysis of Civil Law*, 4th ed. (London: Edward Elgar, 2005), chapter 13。

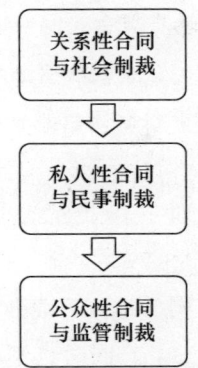

图 7.1　三种合同形式及其制裁

款的允诺,例如交易所出售股票。[3]（这些术语还有其他含义。）[4] 在这类合同中,标准化的条件和价款是广为人知,或者许多人都能知道的。要执行公众性合同,当事人不仅依靠民事和社会制裁,还要依靠行政监管的制裁。随着发展中国家的法制体系日渐成熟,企业会日益趋向更多依赖法律的缔约形式——就如图 7.1 箭头的指向——但也不会抛弃不太依赖法律的形式。

关系性合同与社会制裁

本章将依次介绍上述三种类型的合同,我们还将侧重于发展中国家和地区的特殊性。[5] 人类最初生活在相互依靠的血亲和朋友的小集团之

---

[3] "关系性合同"和"私人性合同"是法学界的标准术语,我们也在此传统意义上使用这两个词。"公众性合同"则没有一个标准含义,我们用这个词表示那些关键条款受到国家规范并由行政监管加以执行的合同。反之,这个词的另一种可能的含义是指国家作为缔约一方的合同,例如军事采购合同。

[4] "私人"与"公众"的另一种用法旨在区分国家行为与非国家行为。因此,"公众性合同"可能指政府采购合同。在德国,"公众性合同"也指某类非常特殊的合同,在此类合同中,某一政府机关与某个个人就某项公法问题达成协议,例如放宽监管,其德文为"oeffentlich-rechtlicher Vertrag"。

[5] 与此相关的合同进化理论,参见 Marcel Fafchamps, "Spontaneous Market Emergence," *Topics in Theoretical Economics* 2.1 (2002): 1-35, 载 http://www.bepress.com/bejte/topics/vol2/iss1/art2Markets, Trust and Reputation.

中。尽管氏族生活已经退出历史舞台，但亲戚、朋友在经济生活中仍具有重要地位——即便在大公司、大城市中也是如此。在北意大利和中国香港，血缘纽带将许多公司维系起来，其中有些已经发展为商业帝国，例如制造业的菲亚特和时装业的普拉达；在瑞士和以色列，友谊结合成了组织如军队一般的产业；而在 19 世纪的美国，南北战争中并肩作战的战友们后来建立了美国企业的梦之队。

在国家不能有效执行合同的地方，商业就有赖于关系。[6] 11 世纪地中海沿岸国家林立，彼此独立，同时也不具备有效的国际法。可是，犹太人却以埃及为基地，通过亲属、朋友之间的合同在这一地区进行广泛的贸易。[7] 时至今日，非洲的印度商人、巴布亚新几内亚的中国商人和越南商人仍旧沿用着大体一样的交易方式。[8]

现代交易的规模自然要求将商业交往拓展到亲属、朋友之外。这种情况下，商人们常常会借助血缘和友谊的替代品：他们与同一对象反复进行交易。在日本的大公司里，员工传统上享受着终身雇用的待遇，制造商传统上乐于向一到两个供应商采购原料，而公司传统上也通过一家主力银行（main bank）提供融资。不仅是日本，在大多数国家里都有一些经济部门是以反复交易为主要交易形式的。因此，全世界的公务员都很少换工作，苹果电脑的许多顾客都是铁杆粉丝，储户们很少换银行，零售商反复向同一批发商采购，连锁品牌和加盟商也很少分道扬镳。

人们是如何利用关系来履行诺言的呢？当一群黑猩猩凑在一起清理

---

[6] A. Greif, P. Milgrom, and B. Weingast, "Coordination, Commitment, and Enforcement: The Case of the Merchant Guild," *Journal of Political Economy* 102. 3 (1994): 745-76; A. Greif, "Microtheory and Recent Developments in the Study of Economic Institutions through Economic History," in *Advances in Economics and Econometrics: Theory and Applications, Seventh World Congress*, ed. D. M. Kreps and K. F. Wallis (Cambridge: Cambridge University, 1997), vol. 2, 79-113.

[7] Avner Greif, "Contract Enforceability and Economic Institutions in Early Trade: The Maghribi Traders' Coalition," *American Economic Review* 83 (1993): 525-548.

[8] D. MacMillan and W. Woodruff, "Dispute Prevention without Courts in Vietnam," *Journal of Law and Economic Organization* 15 (1999): 637-658.

虱子的时候,它们会贯彻一项原则:"今天你帮我清理,明天我帮你清理。"就像黑猩猩的群体一样,血亲和友谊为这种投桃报李的相互合作机制提供了基础,而这种机制对社会生活而言至关重要。商业活动中的相互原则是:"你现在为我带来利益,不久我也会带给你大体价值相当的利益。"这一原则有两部分内容:一是未来带给对方利益的默示允诺;二是得到的利益与给予的利益相当,后者也就是公平问题。自食其言的商人会被认为不诚实,而得到了西瓜却只愿给予对方芝麻的商人则会被认为不公平。无论在市场还是在组织中间,人们的反复交易都像黑猩猩理毛一样具有相互性。同样,实验研究也证实了这种商业经验:在反复博弈中,"以牙还牙"(tit-for-tat)是最流行的、具有相互性的策略,常常也是能带来最多利益的策略。[9]

在具有相互性的条件下,人人都能惩罚坑害过自己的人,而在"广义相互性"(generalized reciprocity)之下,人人都能惩罚坑害过别人的人。从社会制裁的角度看,广义相互性尤其依赖流言与排斥(ostracism)。家庭、小镇、企业和人际网络中遍布流言,它们能提供谁坑了谁的信息(以及谣传)。坏名声会引发排斥,也就是拒绝与某人交往。流言提供信息,而排斥则提供惩罚。好名声不仅本身具有价值,而且能够抵御可能引发排斥的谣传。

我们曾将合同当做一类允诺,违反这种允诺要受到实际的制裁。"关系性合同"指处于特定关系之中的人们作出的允诺,具有这种关系的人们可以依靠来自社会——而非国家的——制裁。[10]他们通过自愿接受社会制裁来保证自己言行一致。假如你说了星期天回家吃晚饭却没做到,那么,你母亲会有1 000种小手段来惩罚你。而处于反复交易关系

---

〔9〕在"以牙还牙"的策略中,博弈一方以合作回应合作,以背叛回应背叛,参见 A. K. Dixit and B. J. Nalebuff, *Thinking Strategically* (London: Norton, 1991)。

〔10〕有关关系性合同的经典论文是 S. Macaulay, "Non-contractual Relations in Business: A Preliminary Study," *American Sociological Review* 28 (1963): 55-69。要了解关系性合同研究的发展状况,参见 V. Goldberg, *Framing Contract Law* (Cambridge, MA: Harvard University Press, 2007)。

之中的商人们也具有类似情况。最常见的合同问题是不付账、迟延交付和履行不适当。针对不付账，典型的报复措施是停止供货；针对迟延交付的是延迟付款；而针对履行不适当的则是支付部分款项。

具有特定关系的交易方往往会作出一些模糊的允诺，而当出现情况的时候再对行为作出调整。例如，你在答应母亲准时回家吃饭的时候，你不会列出那些可以通融的迟到理由。同样，处于反复交易状态中的各方也十分依赖心照不宣和随机应变。因此，关系良好的批发商和零售商不会计较什么算是迟延交货，又应该为此承担什么样的责任。不过，随着关系的恶化、终止，这种灵活性也会迅速丧失。[11]

组织可以通过规范对不端行为的惩戒来巩固其成员间的相互性。18世纪伦敦的商人签发出保证向指定对象见票即付的票据，随着票据的流通，其他人替它背书并保证债务的清偿。贵格会（Quakers）是新教的一支小宗派，他们会把为票据背书却未能偿付的人驱逐出会，因此，商人们特别愿意接受贵格会开出的票据作为清偿债务的方式。[12]

另一个例子是中世纪欧洲的城镇和商会要求其所属的商人集体对与外人订立的合同承担责任。假如甲镇的商人A没有偿还欠乙镇商人B的债务，那么，乙镇的商人都可以向甲镇的任何一个商人要钱，直到B的债务得到清偿。甲镇的商人预计到这种情况之后就会促使本镇的其他商人偿还各自的债务。集体责任制促进了远距离交易。就像我们在下一章要介绍的那样，直到今天，集体责任制仍旧在面向穷人的信贷活动中至关重要。[13]

相互性使每个人都能惩罚亏待自己的人，而"广义相互性"则让人

---

〔11〕 Lisa Bernstein, "Private Commercial Law in the Cotton Industry: Creating Co-operation Through Rules, Norms, and Institutions," *Michigan Law Review* 99 (2002): 1724-1790.

〔12〕 马克斯·韦伯在其有关工业革命的伦理基础的名著《新教伦理和资本主义精神》（*The Protestant Ethic and the Spirit of Capitalism*）中提到这一情况。

〔13〕 A. Greif, "Reputation and Coalitions in Medieval Trade: Evidence on the Maghribi Traders," *Journal of Economic History* 49.4 (1989): 857-882.

们能够惩罚亏待别人的人。社会制裁的主要形式是以牙还牙、损害名誉和孤立排斥。在商人中间，排斥通常意味着拒绝与某人交易。家庭、小镇、企业和网络中间常常遍布流言，也常常发生排斥。流言能提供信息（以及传播不实信息），让人知道是谁亏待了谁，而排斥则构成了制裁。

我们曾经提到：当国家的法律缺乏效力的时候，商人们会依赖关系性的制裁来执行合同。不过，即便国家能够有效地实施合同法，商人们仍然乐于避免国家的执行，因为如果关系性执行管用的话，它比国家的执行便宜得多，也迅速得多。为避免依赖国家的法律执行合同，人们会致力于培养"关联""纽带"，也就是中国人说的"关系"。除了培养关系之外，商人们还会通过起草好合同来避免国家的执行。写好合同的诀窍包括把一项大的交易分解成一系列小的、具有相互性的交易。社会性的制裁也许足以执行各项小的交易，却不足以震慑在一项大型交易中的欺诈。

例如，我在路边摊上买一根香肠的时候是一手交钱一手交货的，同时交易不必有允诺。反过来，如果我现在付钱，换取你在将来交付货物的允诺，那么，时间上的间隔就可能让违约行为有机可乘。写得好的合同会将一项大交易分解为一系列小交易。于是，一项历时一年建造办公楼的合同往往会约定在完成工程的每一阶段，按期支付金额较小的各笔工程款项。其最终目的在于建立起一个"自我执行的合同"，在这样的合同关系中，各方当事人都会预期守约比违约更能给自己带来收益。起草得好的合同尽量模仿这种可以自我执行的合同，但是，没有国家强制执行的威胁，常常无法做到让合同完全自我执行。[14]

创新企业需要优秀的律师来起草合同，从而让法官能方便地根据合

---

[14] 经济学家们研究的自我执行机制名称新奇，诸如交换人质、交保（bonding）、纵向统合（vertical integration）、效率工资（efficiency wages）、共有（coownership）和连锁。有关市场和科层体制中的自我执行机制，参见 O. Williamson, *The Economic Institutions of Capitalism: Firms, Markets, Relational Contracting* (New York: Free Press, 1985)，以及 O. Williamson, "Competitive Economic Organization: The Analysis of Discrete Structural Alternatives," *Administrative Science Quarterly* 36.2 (June 1991): 269-296。

同的语言准确解释、执行当事人的允诺。有了好的合同，法官和其他官员就能按照合同的语言来解释合同，从而帮助当事人实现其商业目的。不过，合同常常无法准确表述导致纠纷的情况。当法官要执行关系性合同的条款时，他们往往无法对以下这个问题达成共识，即应当在多大程度上按照文义执行合同，又该在多大程度上给予最有可能修补当事人关系的救济。[15]

关系性合同不仅有这些长处，也有其独特的缺陷。为维持商业关系，人们必须出于历史和感情原因和别人交易，而非和最便宜的卖家、最富有的买家、最勤奋的工人或者最优秀的创造者进行交易。简言之，关系性合同增强了信任，而这却是以减少竞争为代价的。例如，印度帕拉姆普尔市（Palampur）有一家合作制工厂靠燃烧煤炭来烘培茶叶。每年茶叶收获的季节，这家厂开始购买煤炭，并在地下储藏起足够烧几个月的煤炭。而储存大量煤炭占据了大量宝贵的资本。这家工厂可以不储藏煤炭，而与一个可靠的供货商建立起关系，在需要煤炭的时候由其供货。不过，与一家供货商建立关系就会错失向其他价格更加便宜的供货商购买煤炭的机会。显然，从最廉价的供货商那里购货剩下的钱足以支付储藏煤炭的开销。[16]

假如在帕拉姆普尔，国家能更有效地执行合同，那么，这家茶叶工

---

[15] 争议常常出现在当合同的明示条款违背行业习惯时。例如，孟斐斯（Memphis）棉花交易所的合同规定买方必须在接受卖方货物的时候过磅，但通常的习惯是买方接受卖方告知的重量。Lisa Bernstein 认为交易习惯适用于有效的关系之中，而合同则针对关系解体的情况——当买卖双方的关系面临解体之际，买方不再会接受卖方的陈述。因此，她支持按照合同约定来执行这些条款。参见 Lisa Bernstein, "Private Commercial Law in the Cotton Industry: Creating Cooperation through Rules, Norms, and Institutions," *Michigan Law Review* 99 (2001): 1724-1790, at 1724。Robert Scott 又在一系列文章中将此观点加以拓展，包括 Robert Scott and Alan Schwartz, "Contract Theory and the Limits of Contract Law," *Yale Law Journal* 113 (2004): 541。反之，Melvin Eisenberg 则强调执行违背广为接受的公平观念的合同条款会增加商业关系中的不信任，从而令缔约变得困难，参见 Melvin Eisenberg, "Why There Is No Law of Relational Contracts," *Northwestern University Law Review* 94 (2000): 805-822。替代性纠纷解决机制则强调解决具有特定关系背景的纠纷需要修补关系，而非仅仅救济可以作为法律上诉因的违约。这一进路得到早期女权主义学者的支持，包括 Laura Nader。

[16] 作者谢弗亲见了这家茶叶合作制工厂。

厂就可以招标寻找能提供煤炭期货的商家。期货（future）合同能在无需库存的条件下实现竞价。统计研究发现：总体而言，在缺乏有效的合同法的贫困国家中，企业的库存量大于处在具备有效合同法的富裕国家的同类企业。在缺乏有效合同法的国家里，水泥、酿酒等行业规模相当的企业，其库存要增加30%到50%。[17]

国家制定的法律缺乏效力就会令交易转而依赖长期的关系，而不再寻求最佳买卖。一项问卷调查询问秘鲁的商人，要让他们放弃现在的供应商转而接受新的供应商，要素价格必须降低多少？商人们提供的答案的平均数是30%。他们认为之所以不情愿换供应商，原因在于缺乏有效的合同执行机制。显然，在秘鲁与供应商的长期合作关系所能提供的安全性，其平均大致相当于成本的30%。[18]

我们已经说明了关系性合同具有抑制竞争的缺点。除了这种经济代价之外，关系性合同还会增加不同人群之间的歧视和不信任。比起对群体外部的人来，群体内部成员往往会相互给予更低的价格、更高的工资、更公平的条件，而外部人员则常会夸大其遭受的不公正待遇。而这种对外人的歧视将加剧少数重视小集团的富人们具有的天然的脆弱性，令他们更加容易成为种族主义者的发泄目标和替罪羊。因此，1960年代，许多非洲国家都曾驱赶印度裔的商人，而印尼则发生过政客们任由暴徒袭击华裔店主的事件。

除了经济、社会方面抑制竞争的缺陷之外，关系性合同还存在另一项问题：有时它不现实，或者不可能。大多数人不会和同一销售商反复

---

[17] 作者谢弗对帕拉姆普尔茶叶工厂的观察催生了证明这一结论的统计研究，参见 A. Raja and H-B. Schäfer, "Are Inventories a Buffer against Weak Legal Systems? A Cross-Country Study," *Kykols* 60.3 (2007): 415-439。Fafchamps 等人表明津巴布韦的企业通过增加库存来降低合同风险，参见 M. Fafchamps, J. W. Gunning, and R. Oostendorp, "Inventories and Risk in African Manufacturing," *Economic Journal* 110 (2000): 861-893。

[18] H. Eyzanuirre, "El impacto del Poder Judicial en la inversion privada" (Impact of Power of Judiciary in Private Investment), University of California, Berkeley, Berkeley Program in Law & Economics, Annual Papers to Latin American and Caribbean Law and Economics Association, Lima, Peru, 2004.

交易，一次次地购买汽车、房屋或者公司。一锤子买卖会给不道德的行为带来立竿见影的收益，而不必过多担心名声扫地之类将来的代价。在大多数国家里，只有天真的买家才会相信汽车销售商、不动产中介或者金融掮客说的话。

关于关系性合同的局限性的最后一个例子涉及距离。[19] 距离短能强化关系。因此，位于坦桑尼亚达累斯萨拉姆的一家服装批发商会与同城的零售店保持紧密的关系，并允许他们赊账购货。这家批发商也会愿意向位于坦桑尼亚北部姆万扎（Mwanza）的零售商供货，不过，他们之间的关系过于淡薄，不足以进行赊账交易。即便缺乏国家对合同的有效执行，地方性的商业活动仍然能够繁荣，但是，距离会削弱关系。具有讽刺意味的是，达累斯萨拉姆的这名商人也许可以借助能够被英国法院执行的信用证与伦敦进行赊账交易。在有些国家里，由于关系性合同的存在，本地的交易很容易，而由于缺乏有效的国内法，在一国之内的交易则十分困难，又由于存在有效的外国法律，因此国际交易反而容易。[20]

如果关系性合同的当事方相隔迢迢，就会给"中间商"带来有利可图的机会以弥补销售链的脱节。[21] 我们前面提到的达累斯萨拉姆的商人或许可以在姆万扎找到一名亲戚充当他与当地零售商之间的中间商。通过与买卖双方建立起持久的关系，中间商无需有执行力的合同也能进行

---

[19] 感谢 Kenneth Leonard 提供这一示例，这一示例从 Marcel Fafchamps 的 *Market Institutions in Sub-Saharan Africa: Theory and Evidence* (Cambridge, MA: MIT Press, 2005) 一书（特别是第 59 页）得到启发。

[20] 所以，地方贸易兴盛，国内贸易凋敝，而国际贸易又兴盛。参见 A. K. Dixit, *Lawlessness and Society: Alternative Modes of Government* (Princeton: Princeton University Press, 2004), 125. 又见 the World Summit 2005, High-level plenary meeting of Building Momentum to End Poverty (Tunis, September 14-16, 2005), 这次会议认为发展中国家的特点是"受累于虚弱的内部市场"。

[21] E. Z. Gabre-Madhin, "Of Markets and Middlemen: The Role of Brokers in Ethiopia," MSSD Discussion Paper No. 39, International Food Policy Research Institute, Washington, DC.

隔地的交易。有关加纳[22]、东南亚[23]及海外华商[24]的研究都证明了这一点。

中间商将商品从价值低的地方转移到价值高的地方，他们提供的服务极具价值。[25]然而，公众往往不能理解其重要性："他们没有制造任何东西，怎么就能发财？其中必定有诈！"在法律体系不发达的地方，中间商常常出现在某些相对较小的少数民族群体中，例如黑非洲的印度人、墨西哥的阿拉伯人和巴布亚新几内亚的华人。作为中间商，他们在其所属群体的成员中间构筑起信任，却也会招致群体外部的不信任。

私人性合同与民事制裁

没有人会有足够多的亲戚、朋友或者老主顾以实现致富所需的经济规模。关系性合同缩小了合作的规模，减少了竞争，而且无法在一锤子交易或者高价值的交易中发挥作用。人们不能仅仅依靠社会制裁，他们还需要国家的帮助来保证自己信守诺言。经济发展必然要求将合作的领域拓展到不具有特殊关系的陌生人中间。[26]而在与陌生人交易的时候，社会制裁不足以保护当事人免受不可靠、不审慎、不走运、不准确、不

---

[22] F. Fafchamps, "The Enforcement of Commercial Contracts in Ghana," *World Development* 24.3 (1996): 427-448.

[23] G. Redding, *The Spirit of Chinese Capitalism* (Berlin: de Gruyter, 1990).

[24] M. Fafchamps, J. W. Gunning, and R. Oostendorp, "Inventories and Risk in African Manufacturing," *Economic Journal* 110.466 (2000): 863-891; J. T. Landa, "A Theory of the Ethnically Homogenous Middleman Group: An Institutional Alternative to Contract Law," *Journal of Legal Studies* 10.2 (1981): 349.

[25] 以下是一例。家住武汉附近一座小城的李先生有一辆保养良好的夏利汽车，对他而言，拥有和驾驶这辆汽车的价值是3 000美元。吴女士一直想得到这辆车，最近她继承了一笔钱，因此试图向李先生购买该车。在检测过车辆之后，吴女士认为对她而言，拥有和驾驶这辆车的价值是4 000美元。这一买卖能让汽车从对其估值为3 000美元的李先生那里转移到对其估值为4 000美元的吴女士那里。也就是说，交易能带来1 000美元的盈余。总体而言，自愿交易能将资源从低价值的利用转向高价值的利用，从而创造盈余。

[26] 这是诺斯在其一系列关于经济发展与制度的有影响力的著作中的一项核心观点。例如，Douglas North, *Structure and Change in Economic History* (New York: Norton, 1981); Douglas North, *Institutions, Institutional Change, and Economic Performance* (Cambridge: Cambridge University Press, 1990).

清醒或是不坦诚的允诺之苦,也不足以保护当事人免受伪君子、真小人、冷血商人和无耻骗徒的损害。

我们用"私人性合同"来指称这样一种允诺,由于这些允诺被违反而受害的人能通过法院或者类似机构要求违约者提供救济。[27]与关系性合同不同,对违反私人性合同的救济是国家的制裁,而不仅仅是社会的制裁。有效的私人性合同使得陌生人也能保证言行一致,由此,陌生人之间也能相互合作——即便合作涉及重金。不过,假如国家制裁仍不足以充分激励最为自私的人做到言行一致,那么,私人性合同也不能发挥作用。

贫困国家与地区尤其面临着私人性合同相关法律的缺陷,这种缺陷阻碍了商业合作。发展中国家与地区书面上的合同法与发达国家的没多少区别。就写在纸面上的合同法而言,墨西哥、哥伦比亚仿效的是西班牙和法国,印度和尼日利亚则仿效英国,而中国大陆、中国台湾地区和韩国则类似于德国。尽管纸面上的规则相近,但实际实施却相异,而在不同国家或地区里,法律的实施是造成合同法效力差别的首要原因。

约翰·沃尔夫冈·冯·歌德(Johann Wolfgang von Goethe)在成为德国最杰出的诗人之前,曾于1771年在帝国法院担任律师,在那里他见到"纸片堆积如山,一片狼藉,还年复一年地增加着"。有些案件在卷宗堆里躺了一百多年,有一件1459年起诉的案件直到1734年仍然有待判决。[28]当违约发生之后,受害人若是意图寻求国家法律的救济,拖延就有可能在法律程序的每一个环节中出现——从起诉、交换证据、和解或诉讼、上诉,到针对被告执行判决。迟缓而不确定的法律程序让一个理性人会对法院救济的价值打上折扣,就如同对待10年期的垃圾债券(junk bond)一样。

---

[27] 我们的这一用法与"私法"的含义一致。传统上,私法指的是那些允许遭受损害的个人在法院或类似机构向加害人求得赔偿的法律。

[28] 参见 S. Djankow and M. U. Klein, *Doing Business* (New York: Oxford University Press and World Bank, 2004), 65.

比方说，假定一个墨西哥人从银行借了1万比索，并承诺每月还1 000比索，分12个月还清。收到贷款之后，借款人连续还了8个月，而后在还欠4 000比索没还的时候就停止了还款。银行必须通过法律程序来收账。如果法律程序过于拖沓和不确定，银行就可能不去尝试，直接放弃追欠。而一旦银行预计到这样的结果，它就不会再进行这种贷款。[29]假如法律救济的价值被大打折扣，那么，国家的法律就无法确保人们兑现自己的承诺。

上面这个假想的例子有没有典型性呢？表7.1根据世界银行的问卷调查数据，按通过诉讼执行合同所需的时间长短给各国排了个序。我们在解读这些数据的时候需要保持谨慎。[30]这些数据显然表明在此方面各国差异巨大，而且差异与各国的人均国民收入水平大体相关。第一列中执行延误少于415天的国家大量属于高收入国家（除了个别令人误解的例子）。[31]相反，第三列中那些延误超过590天的又绝大多数属于低收入国家。

表7.1 通过诉讼执行合同所需天数

短期延误		中期延误		长期延误	
国家（地区）	天数	国家（地区）	天数	国家（地区）	天数
新加坡	150	土耳其	420	玻利维亚	591
新西兰	216	秘鲁	428	南非	600

---

[29] 2002年在作者库特与墨西哥最高法院法官的交谈中，债务回收是法官们最先提出的一个议题。

[30] 第一个需要谨慎的原因是问卷对速度的衡量不尽完善。在某些国家——如英国、美国——存在着小额诉讼法院（small claims court），这些法院适用简便、快捷的程序，只有大额诉讼才会起诉到普通的法院。第二个原因是案件处理的速度完全不能反映处理的质量。法院可以通过掷硬币迅速地处理案件。

[31] 这些令人误解的例子包含中国、越南、俄罗斯和白俄罗斯。它们之所以令人误解是因为中央计划传统上要求法院达到规定的判案指标，就像农场与工厂要完成生产指标一样。由于这一传统，这些国家的裁判速度很快。这一点值得钦佩。不过，裁判的质量据说不高，很像那些为完成指标生产的产品的质量。

第七章 合同法：一诺千金

(续表)

短期延误		中期延误		长期延误	
国家（地区）	天数	国家（地区）	天数	国家（地区）	天数
白俄罗斯	225	尼日利亚	457	捷克	611
韩国	230	肯尼亚	465	摩洛哥	615
中国香港	280	智利	480	巴西	616
俄罗斯	281	比利时	505	埃塞俄比亚	620
越南	295	瑞典	508	阿尔及利亚	630
美国	300	委内瑞拉	510	博茨瓦纳	687
法国	331	中国台湾	510	乌拉圭	720
乌克兰	345	罗马尼亚	512	希腊	819
日本	360	荷兰	514	波兰	830
芬兰	375	爱尔兰	515	菲律宾	842
丹麦	380	西班牙	520	以色列	890
德国	394	伊朗	520	巴基斯坦	976
澳大利亚	395	葡萄牙	547	埃及	1 010
匈牙利	395	刚果共和国	560	意大利	1 210
奥地利	397	保加利亚	564	哥伦比亚	1 346
英国	399	加拿大	570	印度	1 420
中国大陆	406	印尼	570	孟加拉国	1 442
瑞士	410	马来西亚	585		
墨西哥	415	阿根廷	590		

数据来源：World Bank, *Doing Business* (Washington, DC: World Bank, 2010)。

除了延误之外，另一个问题是法律模糊不清，结果不确定。《中华人民共和国合同法》第7条规定："当事人订立、履行合同，应当遵守法律、行政法规，尊重社会公德，不得扰乱社会经济秩序，损害社会公共利益。"有哪项私人交易可以不被某个官员认定为违反了第7条的规定？如果你是违约行为的受害人，你也许宁可不去起诉，默不作声，也不希望让官员来审查你的生意，看看你的行为是否损害了社会公德、经济秩序或者公共利益。印度的法律要强一些。《印度合同法》第 23 条规定，"违反法律规定……或者法院认为违反公共政策"的合同无效。[32] 尽管这条规定同样没有严格的边界，但至少它明确了标准是法律与公共政策，而不是社会公德、经济秩序或者公共利益。

对于法律的模糊不清没有一种简单的解决办法。就像大多数法律一样，合同法也游移于具体的规则与抽象的原则之间，前者具有可预见性，而后者则具有灵活性。民法中的一项抽象原则是"诚实信用"（good faith），其反面则是"背信恶意"（bad faith）。近几十年来，诚实信用原则为许多大陆法国家所接受。[33] 凭借诚实信用原则，德国的法官几乎可以修改任何他们视为不诚实、不公平、不合理、不利商事的合同。他们可以强加合同没有规定的义务，判定低于或者高于受害人损失的赔偿，设立特定的合理注意标准，创设信息披露义务，或者判定合同无效（在其他一些国家，法官对诚实信用原则的运用更为谨慎）[34]。

与德国正好相反的是英国，那里的法官遵循普通法的传统，拒绝承

---

[32] 参见 Pratapchand Nopaji v. Kotrike Venkatta Setty & Sons and Ors, Civil Appeal Nos. 2382-2384 of 1968 （判决日期 1974 年 12 月 12 日）。注意这与以下普通法传统一致，即拒绝执行实施犯罪行为的允诺，以及公民为求国家公务人员履行公务而支付报酬的允诺。

[33] "诚实信用"原则见于 1992 年的新《荷兰民法典》。它也被引进的加拿大，参见 M. Ejan, V. Leblanc, N. Kost-de Sèvres, and E. Darankoum, "L' économie de la bonne foi contractuelle," *Mélanges Jean Pineau*, ed. J. Pineau and B. Moore （Montréal：Éditions Thémis, 2003），421-459。所谓的 Lando 原则——一部欧洲示范合同法——也包含"诚实信用"。美国 1981 年的《统一商法典》（Uniform Commercial Code）以及《第二次合同法重述》同样包含诚实信用原则。1980 年的《联合国国际货物销售合同公约》（CISG）第 7 条也包含该原则。它还见于《国际商事私法通则》（UNIDROIT）。巴西在 1990 年的法律改革中将此原则引入合同法。

[34] 示例见于 R. Zimmermann and S. Whittaker, ed., *Surveying the Legal Landscape in Good Faith in European Contract Law*（Cambridge：Cambridge University Press, 2000）。

第七章 合同法：一诺千金

认诚实信用原则[35]，他们更为严格地遵循合同中写明的条款。[36]这是在法兰克福和伦敦进行合同诉讼的显著区别。

近年来发展经济学的论文却把这种区别倒转过来。[37]这些颇具影响的论文认为大陆法注重形式，而普通法则讲求灵活。这种归纳一定会让法兰克福的德国法官大吃一惊，因为他们运用诚信原则是如此灵活；这种归纳也会让伦敦的英国法官大吃一惊，因为他们明确拒绝诚信原则，忠实地根据字面来解释合同。随着诚信原则向各个发展中国家的扩散，我们无法根据一个国家的大陆法或者普通法传统来区分其是否接受诚信原则。[38]我们相信：注重形式还是讲求灵活取决于一国法律传统的形成，而非其属于大陆法系还是普通法系。

诸如"诚实信用"之类模糊、灵活的原则好比兰博基尼这样的名车——最高速度的汽车需要最优秀的司机来驾驶，否则就只能等着出事

---

[35] 不过要注意，"诚实信用"已经通过欧盟有关消费合同不公平条款的指令这扇后门登陆英国。

[36] 在 *Walfard v. Miles* 案中，英国上议院（House of Lords）拒绝接受这一原则，认为其与当事方的对立立场不一致，Miles, W. v. (1992), 2 W. L. R. 174, at 181 (H. L.)。英国法官偏好更为确定的规则，例如"默示条款""虚假陈述""欺诈""习惯""惯例"。德英两国在合同解释方面的差异影响到了合同的长度。法兰克福的银行家写的合同很短，并且会援用诚信原则。由于德国法官会灵活地解释合同条款，所以没有必要使用更长的合同。与此相反，因为英国法官会按照文义解释合同条款，所以伦敦的银行家写的合同很长，其中必须明确包含所有可能发生的情况。

[37] R. La Porta, A. Shleifer, R. W. Vishny, and F. Lopez De Silames, "Law and Finance," *Journal of Political Economy* 106 (1998): 1113-1155.

[38] 俄罗斯最高法院似乎不愿根据抽象的公平原则来发展民法。参见 V. V. Kozlov, "The New Russian Civil Code of 1994," Rome, 1996, 1-30, 载 http://w3.uniroma1.it/idc.centro/publications/21kozlov.pdf。Kozlov这样谈论抽象的正义原则："《民法典》没有明确提到这些原则，俄罗斯法院也在大量案件中表现出不愿意在俄罗斯适用、发展这些原则。"（第25页）

与之相反，1999年的中国《合同法》承认诚实信用原则，但是中国法院尚未适用此项新原则。Q. Zheng, Q., "A Comparative Study on the Good Faith Principle of Contract Law," Unusuniversus (2000), 38-65, 载 http://www.iolaw.org.cn/en/art2.asp。

巴西在1990年的改革中引进了诚实信用原则，不过，针对巴西居民的一项问卷调查显示"过度形式主义"仍是法院得不到信任的主要原因，看来诚信原则尚未得到妥善运用。参见 M. Dakolias, "Court Performance around the World," World Bank Technical paper, Washing-ton, DC, World Bank, 1999, 1-72。

根据 Manupatra 数据库，印度最高法院从1950年到2007年3月间共适用诚实信用原则731次。

了。高质量的法官受过良好的教育，理解商业实践，拒绝贿赂诱惑，能抵御政治影响。这样的法官能够很好地运用裁量权，灵活地解释合同。反之，如果法官缺乏独立，素质不高，那么，形式主义的规则就会发挥比灵活规则更好的作用。印度的法律显然认识到了这一点。印度最高法院和高等法院的法官受过良好的教育，并且具有独立性，他们有权运用诚信原则来发展法律。反过来，基层法院的法官往往教育不良并且腐败严重，他们就不许使用诚信原则来发展法律。[39] 形式主义让印度的诉讼当事人们免受基层法院法官不端行为所累。形式主义也能避免法官遭受政治压力，因此，在俄罗斯等政客会干预私人诉讼的地方，要求法院形式主义地遵循法律是有好处的。

接下来让我们考虑一个发展中国家特有的、有关私人性合同违约救济的问题。通常，法院判决的违约救济是金钱性的损害赔偿。[40] 不过，要向穷人收取赔偿常常不现实，这可能是因为他们无力支付，或者没有银行账户可供扣押工资，或者他们的工资金额无法查询、无法证明，或者他们的财富被隐匿起来，再或者他们的财产与亲戚的财产无法区分。根据最近的一项估计，这部分人群在富裕国家大约占总人口的 11%，而在贫困国家的比例要高得多。[41] 由于债权人无法从穷人那里获得损害赔偿，所以穷人也就无法订立具有法律效力的合同，这阻碍了他们与陌生

---

[39]《印度宪法》第 141 条规定："最高法院宣示的法律对印度领土之内的所有法院具有拘束力。"如果要赋予基层法院更大的、又非绝对的权利，那么，可以允许他们在认为法律与诚实信用原则相冲突的时候将案件提交最高法院。欧盟允许各国的法院将案件提交欧洲法院（European Court of Justice），这被称为移送程序。

[40] 合同法的经济分析花了很大的努力来区分损害赔偿的不同计算方式产生的激励效果，有关此点的概观，参见 Cooter 与 Ulen 合著的 *Law and Economics* 第六、七章，以及 Schäfer 与 Ott 合著的 *Economic Analysis of Civil Law* 第十三章。

[41] 在富裕的经合组织国家中，有 11% 的人可以被视作不怕判决（judgment proof）者，因为他们的收入还不到收入中位数的一半。参见 M. Förster and M. M. d'Ercole, "Income Distribution and Poverty in OECD Countries in the Second Half of the 1990s," OECD Social Employment and Migration Working Paper No. 22, OECD Directorate for Employment, Labour and Social Affairs, Paris, 2005. 在中低收入国家，生活在绝对贫困线——日收入不足 1.25 美元——以下的人口 2005 年平均为 23%，这些人当然属于不怕判决者，参见 World Bank, *World Development Indicators 2009* (Washington, DC: World Bank, 2010).

人合作。

在有些国家，法院进一步加剧了上述问题，因为它们在处理合同纠纷时不论案件的实体问题如何，总是偏向较穷的一方当事人。于是，巴西的法院有时会适用宪法上的"合同法之社会功能"原则，拒绝强制穷人们履行合同义务。[42]这种做法阻碍了人们与比自己贫困的人订立合同——穷人难以合法保证自己不会食言。此项原则就如一只送上门的脏冰激凌，看似奖励，实为严厉的惩罚。

金钱性的损害赔偿还要求法院给违背诺言定价，这可能十分困难，甚至是不可能的。举个例子，假定某人向邻居购买旧冰箱，而卖方没有交货。法院要判决给予损害赔偿，就必须确定冰箱的市场价。旧冰箱的质量千差万别，而法院又无法检测。更为糟糕的是，也许因为价格管制、进口配额、多重汇率或者凭票供应而造成购买冰箱要排长队。只要没有公开的实际价格，法院要估算金钱性的损害赔偿就会遇到信息障碍。(金钱性损害赔偿还有其他问题。)[43]

金钱性损害赔偿遇到的这些困难意味着在贫困国家中，法官应该寻找其他方式来救济违约。还有什么其他救济方法？另一种最主要合同救济形式是由法院责令被告依约履行["实际履行"(specific performance)]。[44]通常，被告会遵照法院的命令行事，因为倘非如此有可能犯下藐视法庭(contempt of court)的罪行。不过，有些情况下履行已经不可行。例如，承包人无法赶上已经错过的期限，出卖人也无法将已经

---

[42] Luciano Benetti Timm, "The Social Function of Contract Law in Brazilian Civil Code: Distributive Justice Versus Efficiency," presentation at the Annual Meeting, Latin American and Caribbean Law and Economics Association, Pompeu Fabra University, Spain, June 16, 2009.

[43] 另一个问题有关腐败。法官可以持续性地改变损害赔偿金额，以此帮助掩盖腐败与受贿。于是，被告可以向法官支付相当于案件标的10%的贿赂，而法官可以降低20%的损害赔偿金额。总体而言，金钱性的损害赔偿有利于法院的腐败，而与损害赔偿相比，实际履行使得腐败更难被掩饰。我们感谢Henrik Lando的这一洞见。

[44] 根据法律理论，大陆法系国家的违约救济以实际履行为主，而普通法系国家的违约救济则以预期利益赔偿为主。不过，在相同情况下，一个法系提供的救济几乎总是与另一个法系相同。

运到别人那里的冰箱再交给买受人。在这些情况下履行既然已经不可能，法院再责令履行也没有意义。

然而，实际履行经常会比损害赔偿问题更少。显然，如果法院命令被告依约履行，就不必向被告收取损害赔偿金，也不必确定履行的市场价格。在冰箱的例子里，法院可以命令出卖人按照约定将冰箱交给买受人。当然，要执行这个命令，法警需要找到冰箱，不过，这也许比找到钱来赔偿冰箱的价值要容易一些。

我们已经说明了面对贫困的被告和薄弱的市场，实际履行——而非损害赔偿——是更加值得青睐的违约救济方式，只要有可能履行。因此，在市场条件薄弱的社会主义国家中，法学家们将"社会主义合同法"与实际履行联系在一起，而将金钱性的损害赔偿视为"资本主义合同法"的专利。[45]与之相反，随着经济的商业化与货币化，更加成熟的市场和更加自由的价格使得违约救济的天平倾向于金钱性损害赔偿。所以，那些在1989年以后放弃社会主义、改行资本主义的欧洲国家日渐增加对损害赔偿的运用，而实际履行则用得越来越少；中国显然也在这样做。[46]

公众性合同与监管性制裁

私人性合同让陌生人能够保证言行一致，从而实现相互合作。与关系性合同相比，私人性合同拓展了合作的领域。不过，有时人们会将这

---

[45] 在实行计划经济的社会主义国家，商店按官方定价出售商品，但商品总是供应不足。有钱的人也许会发现无法找到愿意以官方定价出售商品的人。许多笑话都会说苏联人还不知道前面卖的是什么就会在后面排起队来。不难理解为什么社会主义国家的企业乐于寻求实际履行作为违约救济，而不是得到相当于官方定价的赔偿。参见 Y. Yu, "The Evolution of Contract Law in China: Comparisons with West and the Soviet Union," *Studies in Comparative Communism* 19. 3-4 (1986): 193-212.

[46] 传统规则是实际履行。1999年的合同法改革将损害赔偿与实际履行的选择权交给了原告。参见 N. Zhu, "A Case Study of Legal Transplant: The Possibility of Efficient Breach in China," *Georgetown Journal of International Law* 36 (2005): 1145.

一领域继续扩展到公开市场的交易之中。德里老城的集市和超级市场之间的差别体现了私人性与公众性合同之间的差异。德里老城集市里的商贩们为出售大米、小麦、豌豆、坚果、香料、水果、糕点、瓶装饮料以及其他食品而激烈竞争。传统的印度人不相信预先包装好的食品的质量：一包大米可能掺了石子来增加重量，一包豌豆可能混进了老鼠屎，包好的水果可能已经不新鲜。因此，食品是放在敞口的袋子里，或者堆在柜台上卖的，买的人可以看到，也能尝到。

如果买家反复多次与同一卖家进行交易，那么，即便看不到、尝不到食品，他也能保护自己不被隐蔽瑕疵坑害。而为了培植买家的忠诚度，卖家也不会将不纯净、不干净或者腐坏变质的食品卖给老主顾。不过，德里老城里的大多数消费者显然都不乐意与同一卖家反复交易，而愿意从当天售价最低廉的卖家那里买货。

与德里老城集市里的商贩不同，超市销售的是预先包装好、称量好的食品。市场的监管人员会对销售不纯净、不安全、不健康的食品，以及不实标签或者短斤缺两者进行制裁。为避免顾客向监管者举报，许多销售者都会给予投诉的消费者调换或者退货。如果监管措施能确保纯净、安全、健康、真实、分量十足，那么消费者就可以更多关注最优的价格，而不必关心卖家是谁。

对食品质量监管的失败会产生悲剧性的后果——中国的消费者近来承受了这种后果。2008年，至少1.3万名儿童因为食用被污染的婴儿食品、牛奶和酸奶而入院，其中4人死亡，这正是由于中国的监管者对这些遭到污染的食品视而不见。在日本、新加坡和中国台湾，购买从中国大陆进口的食品的消费者也遭受影响。[47]经历了这一事件之后，父母们要等多久才能对卖家重拾信任，愿意购买他们的商品？

我们已经介绍了在食品销售中间，卖方对于产品质量要比买家知道得多。而对于保险、贷款、抵押和雇佣之类的复杂合同，买卖双方之间

---

〔47〕 载www.msnbc.msn.com/id/26901721。

的信息鸿沟更宽,也更难弥合。购买医疗保险的人必须相信保险人会对合理的请求进行理赔,贷款人必须相信借款人会返还贷款,股民必须相信上市公司的审计人员不会弄虚作假,而雇员则必须相信养老金的管理人。(值得注意的是,最近几十年来,经济学理论的重要发展解释了买卖双方之间的信息差异将对市场造成何种影响。)[48]

监管者可以通过执行标准化的合同条款来增强这些市场上的竞争。法律将合同条款标准化之后,说一篮子里装了两公斤米的卖家们讲的不会是两个意思,而公司向投资者表示自己的账目经过审计,这句话也只能有一个意思。有了标准化,买家就可以方便地比较众多不同卖家的要约,于是,人们就会从新加坡证券交易所中最廉价的卖家那里购买股票。而少了标准化,买卖双方就需要磋商——正如新加坡的企业向当地银行贷款时那样。

概括言之,标准化的合同条款以及监管措施可以通过缩小买卖双方之间的信息差距来促进竞争。伴随买方的信心增加,他们会关注价格差异,而非像在私人性合同中那样关注非价格条款。在法律体系完善之后,人们也会更多购买预包装食品、医疗保险、股票,或者以信用结算的形式购买冰箱,等等。[49]

当买卖双方就价格展开竞争之时,市场更加接近于"完全竞争"的模型。而要市场主体专注于价格竞争,市场中商品的质量就必须统一。如果买家可以正确地相信所有"A级"煤炭的质量相同,煤炭企业之间

---

[48] 诺贝尔奖委员会于2001年对此给予承认,这一年的奖金由信息经济学领域的3位先驱,乔治·阿克尔洛夫(George A. Akerlof)、迈克尔·斯彭斯(A. Michael Spence)和约瑟夫·斯蒂格利茨(Joseph E. Stiglitz)分享。

[49] 有关医疗保险的投保情况,参见 WHO, *World Health Report 2005*, Statistical appendix。有关接受银行服务的数据散见于各种家庭情况调查。有关接受正规银行服务的情况,参见 S. Claessens, "Access to Financial Services: A Review of the Issues and Public Policy Objectives," World Bank Policy Research Working Paper No. 3589, World Bank, Washington, DC, 2005, 1-38。在美国,能得到银行服务的人口比例是91%(2001年),印度是47%(2003年),中国是42%(1997年),巴西的城市是43%(2003年),巴基斯坦是12%(1991年)。参见 Claessens, "Access to Financial Services," Statistical appendix,表一。

就更容易形成价格竞争。然而，大多数商品的质量都有差别，它们天生就是异质的。要引入更深层次的价格竞争，就需要对交易的非价格因素加以标准化，这些因素包括重量、颜色、新鲜度、迅捷度、担保、保证、风险、保险、责任、服务等。

非价格条款标准化之后，买卖双方就能集中精力投入价格竞争。相反，独特的非价格条款则会削弱价格竞争。特殊商品的市场缺乏"流动性"（liquidity），因为它们无法被方便地买卖。举个具体的例子，纽约的金融机构创造出独特的抵押打包产品，即所谓的"衍生品"（derivative），它们的价格是通过个别协商决定的。当2008年美国金融市场陷入危机之后，那些突然需要大量现金支付债务的银行无法容易地售出手中的衍生品。衍生品市场流动性的缺乏加剧了那些需要迅速筹集资金的金融机构所面临的信贷挤压。在不具备公开市场的条件下，银行甚至不知道自己的衍生产品到底亏了多少钱。

公开市场这个词通常指有许多主体以确知的价格自由买卖商品的市场，其标志是价格竞争与流动性。我们关注的是确保价格竞争与流动性的法律条件，这一条件包括合同中非价格条款的标准化。持续的标准化需要法律的支持——包括强制性法律规则以及某些由法官和行政执法者实施的监管措施。

灰 色 合 同

我们上面提到的监管是有助于构建竞争市场的法律基础的监管，与之相反，还有许多监管是抑制选择、妨碍缔约的。1960年代的英国，经营铁路必须遵守多种监管规定。因此，铁路工会可以用遵循所有这些规定的名义让铁路关门数日。这被称做"合法怠工"（work-to-rule），实际就是令铁路瘫痪的小型罢工。同样，商人们、工人们为了办成事情，不得不违反许许多多的规定——特别是在贫困国家。开罗的建筑商要违反建筑限制，巴西的工人和雇主要逃避雇用税，而俄罗斯的工厂主则无证经营。

在世界各地——尤其是发展中国家——都有大量经济活动是在"灰市"中进行的，这种市场介于合法的"白市"与犯罪性质的"黑市"之间。一项针对145个国家的问卷调查显示灰市交易创造了大约30%到40%的GDP。[50]而灰市提供的就业的比例甚至比它创造的GDP的比例还要高。[51]

假如灰色合同面临的法律不确定性降低，那么，灰市的规模会更大。某些发展中国家的法官认为法律的原理要求他们拒绝执行灰色合同。[52]不过，即便法官愿意执行灰色合同，当事人也未必愿意在法庭上公开起诉，因为一旦灰市交易的企业走上法庭，就可能引起官员的注意，发现它有违规经营的行为。原告因为被监管官员盯上而要蒙受的损失，往往超过他从民事诉讼中能够赢得的利益。从事灰市交易的企业会躲避民事诉讼，因为它们的合同可能被认定无效，也因为政府可能追究它们的违规责任。[53]

与许多发展中国家的情况不同，德国的法律原理和实践都能避免出现这种结果。在德国，违反监管规定很少会令合同无效，并且，德国的检察官也很少会对由民事诉讼暴露的违规活动采取措施。所以，德国的灰市园丁虽然自己有逃税行为，却仍旧可以起诉雇主追讨欠薪，而不必担心招来税务官员的调查。同样，在法律规定饭店必须打烊的时间里从饭店购买饭菜的顾客仍旧要为此埋单。同样的规则也适用于违反区域规

---

[50] F. Schneider, "The Size of Shadow Economics in 145 Countries from 1999 to 2003," Discussion Paper No. 1431, Forschungsinstitut zur Zukunft der Arbeit (IZA), Bonn, German, 2005.

[51] 这是基于非正规部门的人均产能低于正规部门这一事实。

[52] 这方面的一项原理是违法无效原则，参见 J. R. Hay, A. Shleifer, and R. W. Vishny, "Toward a Theory of Legal Reform," 载 http://post.economics.harvard.edu/faculty/schleifer/papers/TheoryLegalRefrom.pdf, 1995, 1-13。另一项此类原理是"越权行为"（ultra vires），例如，除非公司章程授权，否则公司的行为将被认定为无效。在灰市上，公司没有章程，或者虽然有章程却有意不提及其在灰市从事的经营活动，再或者政府颁发的章程有意不包括某些可以预见的、公司的经营活动。因此，水泥搅拌机的生产商可能无法执行与一家健身俱乐部达成的合同，因为后者的章程不包括搅拌水泥这项活动。

[53] Hay, Shleifer, and Vishny, "Toward a Theory of Legal Reform," 1-13.

划的建筑合同，以及违反银行监管规定的贷款合同。尽管宪法很少讨论这一问题，但是，区分民事法庭与行政监管及警察机构是分权的重要一环——特别是在拥有巨大灰市的国家。

结　论

在前一章，我们提出了创新的产权原理：创造财富的人能够保留大多数的财富。而成功地实现产权原理将给予人们创造财富，而非攫取财富的动力。除了需要动力之外，创造财富者还需要与不同的人协调行动。本章关注的是经济合作的合同原理：法律应当帮助人们作出言行一致的保证。如果这一原理得以实践，人们就能彼此信赖，合作共事——即便涉及金钱利益。

总而言之，产权原理与合同原理提供了创新与发展所需的动力与协作。开发一个新点子需要创新者与投资者克服相互不信任，也就是我们说的双边信任困境。在硅谷，融资的第一阶段面临的不可测量的风险[54]和不能被察觉的活动是如此之多以至于无法采用明确的合同，因此关系性合同是此时期的主导。随着创新的开发进入第二阶段，风险下降，合作也延伸到更多陌生人之间，于是，当事人会更多地依赖经过明确磋商的私人性合同。最后，当创新的传播进入第三阶段，融资的对象会包括更为广泛的公众，这就要求合同更标准化并接受更多的监管，就像对股票、债券那样。

创业型企业的三个阶段对应了一国发展出有效的合同法的三个阶段。更为有效的法律会将商业行为由依赖关系性合同推向依赖私人间的磋商，再由依赖私人间的磋商推向依赖公开市场。交易形式转向法律密集型拓展了合作的空间，而这又将加快创新与吸收创新的步伐。

---

[54] 不确定性被 Knight 定义为不可测量的风险，参见其经典之作 *Risk, Uncertainty, and Profit*（New York：Houghton-Mifflin，1921）。

第八章 金融与银行法：尊重信贷

在阿富汗，普什图（Pashtu）头人的妻子们传统上会戴着沉重的银手镯，这既是为了炫耀美貌，又是为了保存家中的积蓄。因为小偷惧怕由抢劫妇女引发的部族复仇，所以妇女成了财富的可靠守护者。而在印度，穷人们则想出了另一种储蓄的法子——"筹会"（chit fund）。比方说，12个朋友同意每月集会一次，为期1年，在1月的第一次集会上，每人在1只瓦罐里放进10美元，并取得1块筹码。再从这12块筹码中任意抽出1块来，抽到谁的筹码谁就得到了瓦罐里的120美元。到了2月，这12个人再把这一过程重复一遍，只是1月份中签的人不能再被抽中了。如此往复直到12月，于是，每个人都恰好有一次抽到这120元钱，抽到的人就会用这笔钱来支付一项比较大的花销，例如买自行车、玉米种子、电冰箱、电视机，或者举办婚礼。

银手镯和筹会资金有什么区别呢？银手镯就如被埋进地里的黄金，它不会长出任何东西来；而反过来，筹会的资金却能创造出财富。假设那12个人每人每月在地里埋下10美元，到年底的时候，每人都有120美元。反过来，通过组织筹会，有11个人能在年底之前取得120美元，而另一个人则在年底获得这些钱。所以，与埋钱相比，筹会让 12 个人中的 11 个变得更好，而另一人也没变得更糟。[1] 筹会创造出了信贷（credit），它令会员们能更早地用到这笔钱。

筹会会员们获得的钱有些被用以投资。或许其中有人买了收成更好的"神奇大米"，有人则买了能用以在路边卖烤肉串的冰箱，或者用来提供邮递服务的自行车。于是，信贷能够创造更多的大米、烤肉串和邮递服务。筹会的资本是活资本，而手镯代表的资本则是死资本。

既然贷款能够赢利，那为什么还会有人埋钱而非借钱呢？贷款要面临坏账的风险。1 月份赢得那 120 美元筹会资金的人，到了 2 月份可能拒绝支付他欠下的 10 美元。筹会的会员依靠充分的相互信任来应对这种风险，而普什图的头人们或许没有这种相互充分信赖的团体来发起一个筹会。小到村子里的筹会，大到德意志银行这样的大银行，任何金融机构都是通过吸纳储蓄，创造信贷，再出借资金或者直接投资来为投资活动提供融资的。这些是银行的核心业务。它们对于经济发展有多重要呢？著名经济学家乔安·罗宾逊（Joan Robinson）曾说："投资在前，金融随后。"这句话表明：金融家能找到创新者，就如蚂蚁能找到野餐一样。由于受这种思想的影响，大多数发展经济学的教科书都忽视了金融与金融法[2]，没有给予信贷应有的重视。其实，投资者面对新点子，就像一男一女面对婚姻一样——谨慎而害怕。因为利害攸关，所以风险也随之升高：投资者害怕失去金钱，而创新者则担心泄露点子。这就是第三章里解释过的双边信任困境。

在过去 50 年间，世界经济的基盘已经被震动了两次：一次发生在

---

〔1〕 在经济学的术语中，这被称作"帕累托改进"（Pareto improvement）。

〔2〕 有关综述，参见 R. Levine, "Financial Development and Economic Growth," *Journal of Economic Literature* 35. 2 (1997): 688-726. 又见 R. Rajan and L. Zingales, "Financial Dependence and Growth," *American Economic Review* 88 (1998): 559-586; R. Rajan and L. Zingales, "Financial Systems, Industrial Structure, and Growth," *Oxford Review of Economic Policy* 17 (2001): 457-466; Mark J. Manning, "Finance Causes Growth: Can We Be So Sure?" *Contributions to Macroeconomics* 3 (2003): 1-22。

1990年后苏联中央计划体系崩溃之际，另一次则在2008年世界金融体系几近崩溃之际。金融海啸余波未平，一个显著的例子就是始于2010年的欧元危机。银行的存在不是为了少数人致富，而以诡谲的方式让纸币打转转。当金融体系运行良好之时，经济就会发展，而当金融体系失灵之时，经济就会衰退。在良好的竞争与监管体制之下，银行会一门心思搜寻利润最高的投资项目。相反，在缺乏竞争和不良的监管体制之下，银行就无法为能创造利润的创新活动融资，甚者还会导致经济动荡。发展中国家银行的效率与创造力将严重影响其经济发展的速度。[3]

关系性银行（relational banking）

在富裕国家中，筹会、合作银行之类的组织曾经发挥过重要的历史作用，而在贫困国家中，它们至今依然在发挥着类似的作用。贫困国家有超过20%的人口的日均收入不足1美元，有超过一半的人口日均收入不足两美元。[4]假如这些人有能力借贷，那么，其中的一部分就会投资农业、小生意或者教育等回报率较高的领域。[5]然而，最贫困人口无法从银行借到钱，因为他们没有固定收入，也没有财产可以用做担保。[6]他们生活在正规的银行体系之外。根据最近的一项估计，大约有50%到85%的拉美人

---

[3] 银行业发展的程度与股市的流动性是预测发展中国家经济发展动向的良好指针，参见 Robert King and Ross Levine, "Finance and Growth: Schumpeter Might Be Right," *Quarterly Journal of Economics* 108（1993）: 7171-737; Rajan and Zingales, "Financial Dependence and Growth"。

[4] World Bank, *World Development Indicators 2005*, table 2.5.

[5] 有关向穷人提供信贷的回报率的经验证据极为稀缺，不过，现有的证据显示其具有较高的平均回报率。针对向菲律宾的小农提供的133项信贷的问卷调查发现平均回报率为117%。对移动电话的投资回报极高。参见 M. Hossain and C. P. Diaz, "Reaching the Poor with Effective Microcredit: Evaluation of a Grameen Bank Replication in the Philippines," Working paper, Social Sciences Division, International Rice Research Institute（IRRI）, Los Baños, Laguna, Philippines, 1999。对贫困国家教育的私人投资回报率高于股市回报率的历史平均值。

[6] "金钱的格言是以钱生钱。当你有了一点钱以后，要得到更多的钱往往并不困难，难的是得到那一点钱。" Adam Smith（亚当·斯密）, *The Wealth of Nations*（《国富论》）（1776; Safari Books online, 2009）, chap. 20, p. 41.

口生活在银行体系之外,无法获得银行信贷。[7]

最贫困人群只能依靠筹会之类的非正规组织获取信贷。[8] 筹会最初是由朋友、亲戚自发形成的,没有国家的批准、鼓励和补贴。控制筹会的原本是社会规范,而非国家法律。这些组织运用人际关系及集体责任来回收债务。服务于最贫困人群的未经注册的筹会依然不受印度的法律监管,也不知其确切数量。这种初级阶段的筹会类似于第二章描绘的硅谷的关系性融资。

为了创造更多的信贷,印度的筹会进一步演化,它不再限于朋友之间,而拓展到相互认识的人之间,这样一来,坏账风险就增加了。为了控制风险,筹会的成员们形成了一个俱乐部,对申请入会者的信用度进行筛选后方才允许其入会。这种俱乐部也可以支付佣金,雇用专业人士来组织、运营筹会。与专业经理人打交道就需要合同。因此,筹会由朋友结合体向俱乐部的发展就如第二章提到的硅谷企业由依靠关系性融资向依靠私人性融资的变化。

不过,筹会的发展并未止于俱乐部的形式。在印度,组织筹会的公司规模发展到了与商业银行相当的程度。这些公司提供不同条件的各种筹会资金,评估申请人的信用度,收取佣金,并为欠账的成员承担还贷责任。[9]

---

[7] 世纪之交时被排除在银行体系之外的成年人的比例是:巴西57.2%,哥伦比亚58.8%,厄瓜多尔66%,墨西哥75%,秘鲁80%。出自 F. P. Sanz, "Expanding Financial Services in Latin America, Banking the Unbanked," Summit of the Americas Center, Florida International University, 2007,载 http://www.frbatlanta.org/news/CONFEREN/07ConsumerBanking/prior.pdf。

[8] 此类组织的一个总称是"循环储蓄与信贷协会"(rotating savings and credit associations),简称 roscas。其具体名称各国各有不同,例如在巴勒斯坦被称为"jam' eyah",而在韩国则被称为"gae"。

[9] 随着筹会的成长,会员们采用了一种比任意抽签更好的办法来选定赢取筹会资金、买车购房的人。有些筹会采用竞价的方式,就好比银行将钱贷给愿意支付最高利息的人。例如,1月份瓦罐里的钱是120美元,会员可以以低于120美元的要价,相互竞争以赢取瓦罐,谁的要价最低,谁就赢得瓦罐里的钱。1月份的赢者可能拿走了108块钱,这样就有12美元留在罐子里,这12元就可以分给每人1元,有如贷款利息。印度1982年施行的筹会法规定最低要价为筹会资金数额的30%,此项规定有如禁止高利贷。参见 J. Eeckhout and K. Munshi, "Institutional Change in the Non-Market Economy: Endogenous Matching in Chennai's Chit Fund Auctions," Working paper, University of Pennsylvania, Department of Economics, Philadelphia, 2002。

当筹会发展到涵盖陌生人的时候，就出现了法律来对其进行监管。大的筹会必须注册，并遵守国家的监管措施。筹会由俱乐部发展到有监管的市场这一过程，正如第二章提到的硅谷从私人性融资进入公众性融资的过程。理想的监管措施通过抑制欺诈，增强消费者的信任感来提高筹会的质量。2005 年，印度非银行金融机构的资产总额占金融行业总资产的 6.5%，其中，已注册的筹会占据了重要比重。[10]

与筹会十分类似，19 世纪欧洲的小型合作银行也起到了汇聚资金，为发展融资和分担责任的作用。最为成功的合作银行之一是 19 世纪末到 20 世纪初德国的来福森（Raiffeisen）银行。福里德里赫·来福森（Friedrich Raiffeisen）是一位保守的天主教徒，曾经担任普鲁士数个村镇的镇长。1846 年到 1847 年的冬天，饥荒袭击了这一地区，其中包括来福森担任镇长的魏埃尔布施（Weyerbusch）。为应对饥荒，他利用慈善组织的捐款成立了一个面包合作社，后来又改建为合作银行，并取得巨大成功。从 1885 年的几百家银行开始，到 1910 年发展到在德国农村拥有一万四千五百多家分支银行的巨大网络，其中许多银行至今依然存在。

每一家来福森银行都是由老会员选定新会员的合作社。会员们认购银行的股份并交付存款，随后就可以开始借钱了。如果银行倒闭，其会员个人要负担银行的全部债务。这种对债务的集体责任以及利润共享的机制让每个会员都会去筛选入会申请，监督贷款发放和债务回收。[11] 来福森中央银行汇聚了各成员银行的资金，并作为最终的贷款发放人，它还邀请外部的专业人士对成员银行进行监督和审计。

为发展成大型网络，来福森银行需要两项法律创新。第一项创新是

---

[10] 从 1969 年到 1980 年期间，印度的许多银行都被国有化，这导致了筹会等非银行金融机构数量的飙升。近年来，随着监管的放松和银行的私有化，银行业的活动重新由非银行机构转向银行。参见 Reserve Bank of India, "Non-Banking Financial Institutions," part 1, 2005, 载 http://www.rbi.org.in/scripts/PublicationsView.

[11] A. Hollis and A. Sweetman, "Microcredit: What Can We Learn from the Past," *World Development* 26.10 (1989): 1875-1891, esp. 1882.

要允许慈善组织接受存款并有偿借贷给穷人。这一创新使得慈善活动由单纯扶贫转向商业借贷。第二项创新则涉及责任问题。原先每个会员都对集体的债务承担责任（"无限连带责任"），第二项创新则以个人对部分债务承担责任代替了集体对全部债务承担责任。[12]

合作银行依赖于集体责任——筹会及其他多数形式的关系性借贷也是如此。来福森银行在德国乡村地区取得了成功，因为那里人与人之间持久的关系令集体责任具有可行性。而在人口具有更大流动性和彼此更为陌生的德国城市里，则大多失败了。来福森银行被移植到了荷兰、奥匈帝国、瑞士和意大利，不过，它们在20世纪初的爱尔兰和印度却没有成功。[13]到1960年代和1970年代，许多经济发展组织试图将合作银行移植到发展中国家，但是，由于腐败——尤其是向政客和经理人家属的贷款——这方面的多数努力都归于失败。

许多研究经济发展的专家都认为合作银行是一种过时的模式。[14]相反，许多发展中国家都建立起了国家经营的农村发展银行。例如，印度的商业银行负有法律义务将自己一部分具有流动性的资产注入向小农提供信贷的农村发展银行。然而，借款人常常将贷款视为政治忠诚的无偿回报，因此不必还贷。[15]世界上大多数地区的农村发展银行都没有商业活力，它们的贷款是政治性的，这与筹会或者来福森银行很不一样。筹会从来不曾获得补贴，因此，它们从一开始就具有商业活力。来福森银行起先是慈善组织，而在设立之后的25年间具备了商业活力。

接下来是另一种被称为微型贷款（micro-lending）的集体责任形

---

[12] 具体来说，每个会员都对相当于其股份金额一定倍数的债务承担责任，因此，会员的责任取决于其投资，而非其财富总量。

[13] M. Ghatak and T. W. Guinnane, "The Economics of Lending with Joint Liability: Theory and Practice," *Journal of Development Economics* 60（1999）：195-221.

[14] 我们感谢 Klaus Glaubitt 提供这些信息，他是德国资本流动发展机构 Kreditanstalt fuer Wiederaufbau 的董事及微型贷款负责人。

[15] 这些问题在 Narashimham 的报告中被广泛提及，这项报告显示了逐步改进的可能性。它建议将商业银行向农村发展银行义务贷款的数额限定在商业银行储蓄账户余额的一个固定的、适度的比例，并终止借助政治影响向业绩不良的企业提供贷款。

式,这一贷款形式正迅速蔓延,其繁衍速度甚至比澳大利亚的兔子跑得还要快。1976年孟加拉国的经济学家穆罕默德·尤努斯(Muhammad Yunus)走出大学的办公室,开始一项帮助穷人的计划,后来演变为孟加拉国格拉明银行(Grameen Bank,这一名称源自表示分量非常轻的"克"与表示"村庄"的单词的组合)。据报道,到2006年,该银行已经拥有623万借款人,在67 670个村庄建立起了2 121个分支,覆盖了孟加拉国99.51%的村庄。[16]他的这一努力为他赢得了2006年的诺贝尔和平奖。格拉明银行继续在地域(例如在波黑的项目)和功能(例如向乞丐提供贷款的新项目)两方面拓展。类似的微型贷款组织还包括玻利维亚的阳光银行(Banco Sol)以及印度尼西亚的人民银行(Rakyat)。

格拉明银行的运行方式大体是这样的。由一名相信银行理念的职员从穷人中间吸引会员,每人认购大约价值2美元的股份并取得一笔贷款。一笔典型的贷款大约75美元,为期1年,利率为20%,以每周分期付款的形式还贷。贷款可能被用于购买农用肥料或者小手工业所需的材料。在早期,格拉明银行发现妇女的还贷比率高于男性,所以主要吸收妇女成为会员。2006年,格拉明声称其97%的借款人是妇女。

会员们每5人被编成一组,银行的职员与一组会员紧密接触,以保证组员审慎使用贷款和按时还贷。每个借款人个人对偿还自身的贷款承担责任,但不为他人的贷款承担责任。不过,假如一组中有人没有还款,那么,银行将来就不会向该组的任何组员提供贷款。因此,格拉明银行的运营原则是个人义务和集体责任。

格拉明银行是否像筹会和来福森银行那样具有商业活力呢?1980年代末由格拉明银行委托进行的一项研究显示其对运营的补贴比例在39%

---

〔16〕 孟加拉国格拉明银行的报告,载http://www.grameeninfo.org/bank/index.html, 2006。

到51%之间。[17]更近的一项研究则显示在1983年到1997年间，贷款补贴率为22%。该银行近年的年报声称其有一定的盈利（除该行破产的1996年以外），不过，这种说法具有误导性，因为这些年它得到发展基金的大力资助。[18]国际农业发展基金（International Fund for Agricultural Development）等组织向它提供了低于市场利率的信贷。显然，格拉明银行的贷款具有半商业半慈善的性质。

政治家们常常向国有银行及私人银行施加压力，要求它们提供慈善性的贷款。这种压力也促进了2008年美国的银行业危机。[19]要给予穷人信贷，与其迫使银行提供慈善性贷款，不如通过格拉明银行之类的机构提供补贴贷款。[20]不过，格拉明银行不太可能成为消灭贫困的出路。微型贷款理论上应当让穷人成为微型资本家。微型资本主义的理念是："给予他们信贷，他们就会通过投资找到脱贫之路。"假如这幅图景是真实的，那么，像孟加拉国这样的发展中国家就将走上一条与瑞典、巴西等地截然不同的脱贫之路——尽管这些地方本身也很不一样。在这些地方，劳动力从农业、手工业转移到工业、服务业，自我雇用的情况也随

---

[17] M. Hossain, "Credit for Alleviation of Rural Poverty: The Grameen Bank in Bangladesh," Research Report 65, International Food Policy Research Institute and the Bangladesh Institute of Development Studies, Dhaka, Bangladesh, 1988.

[18] J. Morduch, "The Microfinance Promise," *Journal of Economic Literature* 37.4 (1999): 1569-1615.

[19] 两家巨型的半政府银行（房利美与房地美）从私人银行购进抵押贷款。1990年代，政客们向它们施加压力，要它们购买那些发放给穷人的抵押贷款，这些人根据商业信用记录是不够资格取得贷款的。2008年10月，这两家半政府的银行倒闭，因为太多的穷人不再归还抵押贷款。

[20] 最近的一项研究干巴巴地总结道：对格拉明银行而言，"消费者剩余或许超过了补贴……（因此，格拉明银行的补贴）也许是一项值得的社会投资。"M. Schreiner, "A Cost-Effectiveness Analysis of the Grameen Bank of Bangladesh," *Development Policy Review* 21.3 (2003): 357-382.

之减少。[21]那里的人们没有变成微型资本家,相反,是工资的增长让他们脱离贫困。最近的一项研究发现:最发达的 20 个国家的自我雇用率为 14%,而最贫困的 20 个国家的自我雇用率则是 43%。[22]未来发展中国家脱贫的道路或许会和从前成功脱贫的国家走过的道路相同。

统计研究尚未证明向极贫困人口提供信贷会减少贫困。[23]具体而言,格拉明银行对降低国家贫困度的作用还没有得到统计证实。在格拉明银行处于发展上升的那些年间,有些统计显示孟加拉国的绝对贫困程度大幅升高,而另一些则显示其略有降低。[24]中国尽管没有格拉明银行或其他类似的机构,但其绝对贫困率却从 1980 年的 60% 下降到 2005 年的 20%。[25]从统计上看,贫困的减少是伴随着生产率和工资的增长,以

---

[21] 在瑞典,自我雇用者占全体就业人口的比例从 1850 年的 26% 下降到 2000 年的 12%(R. Edvinsson, "Growth, Accumulation, Crisis: With New Macroeconomic Data for Sweden 1800-2000," Ph. D. diss, University of Stockholm, 2005)。在荷兰,大约同一时期,这一比例从超过 20% 下降到不足 10%(F. de Goey, "Economic Structure and Self Employment in the 20th Century," Working paper, Faculty of History and Arts, Erasmus University, Rotterdam, The Netherlands, 2004, fig. 6)。今天,美国的自我雇用者比例是 7.3%,德国是 10.9%,葡萄牙是 23.5%,土耳其是 27.8%(2007 年数据,*Eurostat 2008*,载 http://www.lex.unict.it/eurolabor/documentazione/altrestat/eurostat051006.pdf)。数据也显示经合组织国家自 1980 年代以来自我雇用略有增加,关于其原因还多有争论。

[22] D. Collin, "Getting Income Shares Right," *Journal of Political Economy* 110.2 (April 2002): 458-474,数据是 1990 年代的。

[23] S. Claessens and E. Perotti, "Finance and Inequality: Channels and Evidence," Journal of Comparative Economics 35 (2007): 748-773, 756; and J. Morduch, "The Microfinance Promise," Journal of Economic Literature 37.4 (1999): 1569-1615. "很难对通过以信贷为基础的干预会显著减少慢性贫困抱有持久的希望。慢性贫困通常并非由于信贷或者其他市场的'失灵',而是由于要素的低生产力,以及非劳动力要素的人均禀赋不足。假如这些条件盛行,那么,即便所有要素、产品和信贷市场都反应完美,仍不免陷于深重的慢性贫困。" Michael Lipton 坚持认为:如果非技术工人的工资升高,无地劳动者取得土地,穷人的子女有机会入学,则绝对贫困就会下降。参见 M. Lipton and M. Ravaillon, "Poverty and Policy," *Handbook of Development Economics*, vol. 3, ed. J. Behrman and T. N. Srinivasan (Amsterdam: North-Holland, 1995): 2553-2657,特别是第 2630 页。

[24] 较之 World Bank Development Indicators 2007(Washington, DC: World Bank, 2007),*World Bank Development Indicators 2009* 提供的更近的数据则认为同一时期贫困实际减少了。

[25] 参见 *World Development Indicators 2007*。

及自我雇用率的下降而实现的。

另一种摆脱贫困的哲学不主张将穷人变为微型资本家，而是致力于寻找一小部分能够把小企业做大的穷人。把钱贷给具备创业精神的穷人可以发展新的企业，雇用其他的穷人，并提高他们的生产率和工资。奉行这一发展哲学的人并不建立像格拉明银行或者玻利维亚的 Pro Mujer 那样的非营利性组织，而是设立向贫困企业家提供贷款的营利性组织。安信永国际（Accion International）、欧米迪亚网络（Omidyar Network）、花旗集团、基瓦（Kiva）以及谷歌的一些高科技亿万富翁们已经在发展中国家推行这一做法。[26] 格拉明银行能为其高贷款回收率为豪，而向贫困企业家贷款的银行则必然要预计到绝大多数借款人都会失败，取得卓越成功的只会是少数几个人——任何创新无不如此。最近的一篇杂志文章将这两条途径进行对比，将前者称为"不营利的行善者"，后者则被称为"营利的行善者"。世界需要更多的竞赛，取得胜利的将是为减少贫困贡献最大的那一方。

微型金融是最新潮流，而放债（money lending）则是世界上第二古老的职业。在世界各地的农村和城市的贫困地区，放债者就住在向他们借钱的人中间，因此，他们知道哪个人勤俭，哪个人浪费，谁有正经工作，谁在打零工，谁信守诺言，谁会自食其言。有了这些信息，放债人就可以向没有担保和固定收入的人放债。他们还可以向遭受不幸者提供贷款，从而既扮演放债人又扮演保险人的角色。放债人一般根据地方性知识来提供贷款和保险。

让可靠的人欠债，放债人就能获得最大的利润。因此，放债人不愿帮助别人还清债务，而更希望别人只还利息，并且永远还下去。于是，有些人债就越欠越多。[27] 只要这些人还在还利息，放债人就能从他们的

---

[26] C. Bruck, "Millions for Millions," *New Yorker Magazine*, October 30, 2006: 62-73.

[27] 有关借款者遭受放债人蹂躏的例子，参见 E. Ligon, "Formal Markets and Informal Insurance," *International Review of Law and Economics* 25 (2004): 75-88。

经济困境中牟利。放债人的行为就像现在的信用卡公司——把贷款推给穷人。[28]无论在孟加拉国还是在巴尔的摩,向穷人放债和收债是一本没有良心的生意经。现代的社会批评者以无情的语言来描绘放债人,就像中世纪欧洲的基督徒对犹太人的描绘。不过,每一个被放债人扔到大街上的印度欠债人背后,又有多少人是靠这样的贷款才免于被扔到大街上的?每一个利滚利的借债人背后,又有多少成功的商人是靠向放债人借钱起家的?对此,那些言辞犀利而片面的批判者没有掌握数据,我们也没有。

发展经济学家们日益相信现代金融应当将放债人纳入其中,他们将信贷延伸到那些银行无法触及的穷人。[29]与银行相比,放债人对他们的债务人了解更深,放债的条件也更加灵活,并且他们会通过社会网络来实现贷款回收。国家与其抑制放债,不如引导他们遵守法律。为此,国家应当抑制短期的债务回收,允许消费者通过破产来避免债权人的追索,并保护消费者不受欺诈。最为重要的是,国家应当促进筹会、合作银行和微型贷款与放债人展开竞争。

拓展圈子

正规的银行业经营活动和关系性借贷不一样,它根据资金的来源与用途不同而有所区别。商业银行(commercial banker)吸收存款,并发放有担保的贷款。投资银行(investment banker)则出售股票、发行债券,并将所得投资于其他企业。最后,经纪人(broker)负责接受和

---

[28] 银行信用卡是美国银行的一项创新。其发明者告诉作者库特,银行家们惊异地发现消费者们不会迅速还清债务,而会将信用消费的欠账月月延续,并支付法定的最高利率。即便银行家也没有预想到会有这么多人如此愚蠢。

[29] 文献综述参见 A. K. Garg and N. Pandey, "Making Money Work for the Poor in India: Inclusive Finance through Bank-Moneylender Linkages," Working paper, University of Indiana, Bloomington, 2006, 1-38, 载 dlc. dlib. indiana. edu。又见 K. Hoff and J. E. Stiglitz, "Moneylenders and Bankers: Price-increasing Subsidies in a Monopolistically Competitive Market," *Journal of Development Economics* 55. 2 (1998): 485-518。

执行买卖股票、债券的指令,并从中收取佣金(参见表 8.1 对这些组织的概述)。[30] 要记住,一家银行可以同时经营所有这些业务,譬如德国的"全能银行"(universal bank);反过来,法律也可以规定由不同的银行经营不同的业务,例如商业银行与投资银行的分业。[31] 每一项银行业务的法律基础都不相同。

表 8.1　银行经营活动

	资金来源	资金用途
商业银行	存款	担保贷款
投资银行	银行股票和债券	风险投资
经纪人	客户指令	执行指令

商 业 银 行

具备了有效的法律,金融就可以突破关系的限制,拓展到陌生人中间。私人性银行主要依靠国家的法律而非社会的制裁来回收债务。商业银行是私人性银行的一种特定形式,它为千家万户和诸多企业提供着服务。人们将钱存入商业银行,为的是保存财富和便于交易。商业银行利用存款来发放低风险的贷款。为了降低风险,商业银行大多要求借款人提供担保物,诸如土地、房屋、库存或者金融债权。假如借款人违约,贷款人会扣押并出售担保物,用以还贷。商业银行也向有稳定收入——比方一份政府工作——的个人提供无担保贷款。

---

[30] 除了银行与经纪人之外,金融服务还包括保险和支付系统(信用卡、支票、电子转账、汇票)。近年来,金融服务业发现了包装风险的新方法,这能带来丰厚的利润,譬如衍生品、对冲(swap)、信用证以及抵押担保证券(mortgage-backed security)。

[31] 美国在 1930 年代制定规则——如著名的格拉斯-斯蒂格尔法案(Glass-Steagall)——要求商业银行与投资银行业务分业经营,日本等其他一些国家也采用了类似的模式。但在美国,这种分业规则被新的法律和法院的判决逐步侵蚀,2008 年的金融危机重新激发了分业经营的压力。

商业银行大多以借款人的特定财产作为其贷款的担保,尤其是借款人用贷款购买的机器、房产等资本品（capital goods）。只要担保物的价值不降低[32],银行就能确保贷款的回收。第一章介绍了创新引发的双边信任困境:创新者担心投资者窃取他的点子,而投资者则担心创新者会窃取其资金。担保物令这一困境得以一分为二——银行监控担保物来确保借款人不会窃取资金,同时,银行却不必了解借款人的商业秘密或者商业规划。

在发展中国家,有一项法律难题困扰着商业银行——就像以下这个历史上的例子反映的那样。19世纪早期的法国,拿破仑皇帝几乎拥有绝对权力。由于他可以取消自己的欠债,所以他无法保证归还向别人借的钱,因此,他的臣民们也就不愿意购买他发的债券。与此相反,英国国王的权力比他小——国王与议会分享权力——所以,英王必须归还欠债。也正因此,英国的臣民愿意购买国王的债券,在伦敦出售债券的所得被用来支持英王的战争。于是,英国国王的战争投入超过了拿破仑,并最终赢得战争,而英国的国债增长到其国民收入的两倍以上。[33]

发展中国家的一些人就像拿破仑一样不必归还欠债。世界银行列出了40个国家,在这些国家里,法律允许债务人从担保物扣押程序中解脱出来。[34]在巴西,法律禁止债权人在未事先取得有效法院命令的情况下扣押债务人的担保物,这令回收债务代价高昂。反之,德国的债权人

---

[32] 为确保借款人不会降低担保物的价值,银行可以要求独立的会计师对借款人进行年度审计。贷款协议也可以要求借款人在银行开设支票账户,以供日常业务所需,并维持规定的账户余额。银行通过监控借款人支票账户进行的交易来了解其财务状况。

[33] 参见 N. Ferguson, "Wars, Revolutions, and the International Bond Market from the Napoleonic Wars to the First World War," Discussion Paper, Yale University, New Haven, 1999, 载 http：//icf. som. yale. edu/pdf/NF. pdf, 13; 以及 F. McDonald, "Is Public Indebtedness Essential to Democracy and Freedom?" GMU History News Network, January 19, 2004。

[34] World Bank, *Doing Business around the World* (Washington, DC：World Bank, 2005), 44. 印度已经修改法律,允许债权协议规定无需法院干预的动产担保扣押。The Securitization and Reconstruction of Financial Assets and Enforcement of Security Interest Act (SARFAESI Act, 2002)。

可以在数周之内扣押债务人的担保物，而无需经过法院。秘鲁针对不同种类的担保物设有二十多个不同的登记机构（一个登记机构负责农民的担保物，另一个负责工业家的担保物，等等），而且，一个地方的登记机构与该国其他地方的登记机构也互不联通。[35] 除了扣押担保物的障碍，有时法律还会为创设担保设置障碍。譬如，大陆法的理论有时禁止将牲畜或者库存品用做担保。[36] 不必归还欠债的人也借不到钱，或者只能以非常苛刻的条件借到钱。债务回收中的障碍限制了发展中国家的贷款来源。

如果法律、制度为回收债务设置了障碍，那么，克服这些障碍就会有巨大回报。墨西哥最富有的商人之一——李嘉图·萨利纳斯（Recardo Salinas）——最初就是因为找到了回收消费者债务的省钱方法而收获第一桶金的。他的艾丽卡连锁店（Elektra）现已超过600家，销售电视机、电冰箱、洗衣机及其他家用电器。许多顾客是赊账购买的穷人。财务经理在决定是否提供贷款的时候会弄到一张借款人亲属名单。如果借款人嗣后迟延偿付月供，财务经理就会从这些亲属那里寻求帮助来回收债务。这种债务回收的方法依靠名誉与集体责任，与来福森银行、格拉明银行类似。[37] 同样，加纳的银行更加愿意向亲属中有人拥有房产的

---

[35] F. C. Salaverry, "Accesso al credito mediante la reforma de la legislacion sobre garantias reales," Latin American and Caribbean Law and Economics Association, Lima, Peru, 2004.

[36] 假定一位农民想提供价值10万美元的100头牲畜作为贷款担保。乌拉圭的法院会要求农民列明每头牛并持续更新这张清单，否则就不准作为担保。反之，在堪萨斯州，牧场主可以将一群价值10万美元的牲畜作为担保——即便组成这一群体的牛的不断变化。同样，在乌拉圭，羊毛商人只能将仓库中特定的羊毛用做担保，于是，伴随仓库中的羊毛在买卖中被转手，担保物也不断耗减。而在怀俄明州，羊毛商人可以将仓库中价值10万美元的羊毛用做担保，仓库里特定的羊毛经过买卖转手并不影响担保的效力。"特定性陷阱"这个名词被用来称呼乌拉圭等一些大陆法系国家对动产担保提出的不切实际的要求。参见 H. Fleisig, "Secured Transactions: The Power of Collateral," *Finance and Development* 33.2（1996）：44-46。同样，根据大陆法的传统，动产担保要求向债权人转移占有。假如德国的一家商店允许顾客赊账购买电视机并让他带回家去，商店就无法以此电视机作为贷款的担保。（为绕开这个问题，德国的商店可以保留电视机的所有权直至债务还清。）

[37] 萨利纳斯向作者库特介绍了这些情况。

债务人提供贷款,因为这增强了银行追踪和搅扰这些亲属的能力。[38]

数据显示发放和回收贷款的障碍会增加借钱的成本。"息差"指的是银行向借款人收取的利率和其向储户支付的利率之差。(商业银行的利润大量来自息差。)债务回收的低效率会提高银行贷款的成本,从而增加息差。图 8.1 总结了不同类型国家的息差情况。发展中国家的存贷利率之差大概比发达国家高出 3 倍,这体现了银行在贷款回收的效率方面存在重大差异。(还有其他因素在起作用。)[39]

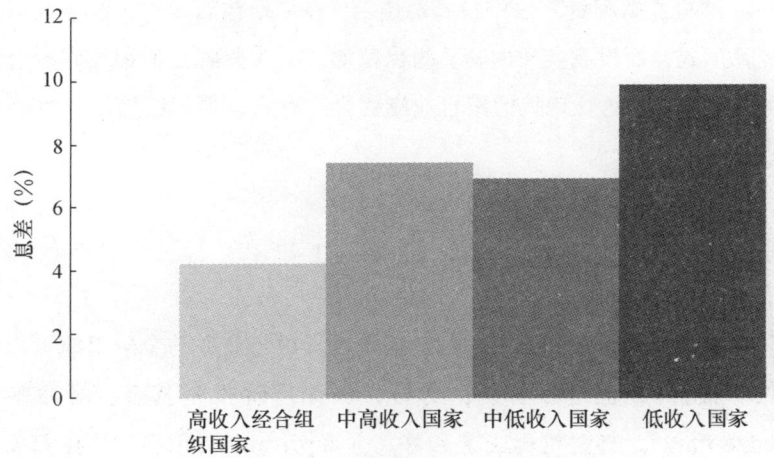

图 8.1　息差(银行贷款利率减存款利率,1980 年至 2008 年平均值)

改善债务回收从法律上说并不难,难的是在政治上。公众自然会同情贫困的借款人,而不是富裕的贷款人;公众也会更加同情陷于违约的特定债务人,而非身份不确知的、未来的贷款申请者。因此,公众希望免除贫困债务人的还债义务,而不考虑由此引发的、穷人将来借不到

---

〔38〕 Marcel Fafchamps, "The Enforcement of Commercial Contracts in Ghana," *World Development* 24.3 (1996): 427-448.

〔39〕 参见 L. Rochas-Suarez, "Rating Banks in Emerging Markets," Working Paper 01/6, Institute for International Economics, 2001, 载 http. iie. com/publications/wp/01-6. pdf. 不过,要注意低息差未必表示低风险和制度环境更佳。低息差也会出现在发生危机的银行、受政治干预的银行和能够依赖国家救济的银行之中。而高息差则可能反映银行的垄断势力而非债权人的权利不盛。

钱的问题。有这样一则意见高度分歧的案件，媒体称之为"墨西哥诉银行"。墨西哥的银行对消费者欠下的债务整体——包括未偿付的利息——收取利息。当这一情况被披露之后，900万债务人拒绝还款，官司打了数年之久，直到最高法院最终判决支持银行。[40]

在某些国家中，宗教成为了商业银行的另一障碍。基督教和伊斯兰教传统上都反对其信徒对贷款征收利息。在基督徒中间，这一针对利息的禁令在几个世纪中逐渐瓦解，尽管这方面的说辞仍然可以在那些设定利率上限的"高利贷"法中找到踪迹。[41]在穆斯林国家中，禁止利息大多徒具形式，而没有实质内容。为保留形式，一些阿拉伯银行将利息重新称为利润。[42]这让现代的银行业能够合法存在，但却惹恼了一些虔诚的穆斯林。

投资银行

再从商业银行转到投资银行。从事投资银行业务的金融组织可以被称做"银行"，也可以有别的称呼，例如风险投资基金、对冲基金（hedge fund）、理财机构或者私募基金（private equity）。[43]我们关心

---

[40] Ejecutoria de la Contradiccion de Tesis 31/98 and Ejecutoria de la Contradiccion de Tesis 32/98 (October 7, 1998).

[41] J. T. Noonan, *The Scholastic Analysis of Usury* (Cambridge, MA: Harvard University Press, 1957).

[42] 甲想向乙借1美元，并在一年后归还1.5美元。他们可以这样包装这0.5元钱的利息：甲有样东西，他确信自己一年之内不会用到，甲把它以1美元卖给乙，同时，甲乙双方同意甲一年之后以1.5美元再把这件东西买回来，并且，乙同意在这一年期间让甲继续占有这件东西。其最终结果是：甲立即从乙那里取得1美元，而甲承诺一年之后向乙支付1.5美元，就和借贷的效果一样。为了使这种伪装更加像，双方还常常会邀请第三方参与其中。这种交易安排是H. Hamidi在一次讲课中介绍的，课题是"You Say You Want a Revolution: Deviatioinist Doctrine, Interpretive Communities, and the Origins of Islamic Finance," Berkeley Faculty Seminar, University of California, Berkeley, 2007。

[43] 在纽约，"投资银行"指的商业组织比在法兰克福范围要窄。纽约人认为美国只有5家投资银行（高盛、摩根士丹利、雷曼兄弟、贝尔斯登和美林），所有这5家银行在2008年的金融危机中要么改组了，要么消失。投资银行的经营活动不会永远消失，所以，"投资银行"这个词在纽约的前景尚不明朗。

的不是名称，而是业务。商业银行吸收便于提取的存款，投资银行则主要由出售自己的股票和债券来获得资金。投资银行将其资金用于向高风险企业的投资，形式可以是提供信贷、发放贷款、购买债券或者购买股票。当事方通过磋商决定银行参与企业的条件，例如取得董事会的席位。

投资银行以分担借款人的失败风险来换取借款人取得成功时的一份回报。为评估风险，投资银行需要了解借款人的秘密。企业家必须披露自己的秘密，才能获得投资银行的钱。投资银行必须把自己的钱交托给企业家，而企业家则必须把自己的秘密交托给投资银行。在投资银行业，信任问题常常是两方面的。（反之，商业银行用担保来保障商业贷款，从而使得信任问题呈现一面性。）[44]

如第二章所述，投资银行业对双边信任困境的解决主要通过使银行家与企业家的利益趋同。在硅谷，新兴企业的创始人预期从商业成功中获得的利益要远远高于其窃取他人投资所能获得的利益。复杂的合同——使用优先股，购买期权，出售期权以及其他金融工具——可以创造这样的预期。总之，一个成功的企业要比其资产值钱[45]，所以，窃取成功企业的资产的人所得要低于企业的价值。这足够震慑经理人不去窃取公司资产。如果经理人有资格获得一家成功企业相当一部分的收益，那么，把企业做成功带给他们的收益就会超出掠夺企业的收益。

假如经理人主要靠把企业办成功获得利益，投资者就可以对他们产生足够的信任，向他们提供贷款。合同法与商法可以促成投资者与经理人之间的利益一致。所以，保护投资者的一条显然的途径是让他们成为内部人士，取得董事会的席位，参与企业经营，指定企业高管或者控制

---

[44] 因此，假如一家企业用其库存品的价值作为贷款担保，贷款人就会对此进行监控以确认该企业不会耗尽库存，但是，贷款人无需了解借款人的商业计划或者其他秘密。

[45] 企业市场价值的衡量标准是买家愿意出多少钱买它，包括名称、商誉、合同、角色和关系。反之，企业资产的市场价值则等于其各部分——诸如机器、建筑、材料、债权——零散出售的售价之和。

报酬委员会。作为内部人士，银行家能够发现企业经营上的花招，从而比外部人士更好地保护自己的利益。

相反，缺乏有效的合同法和商法会伤害投资银行业，并延缓其发展。拉斯维加斯的魔术表演中有大变活人的戏法。缺乏有效的法律，商业利润也会同样眼睁睁地消失。1989年后，俄罗斯的黑帮资本家让利润从国有企业的账面上消失，转而出现在自己的口袋里。他们使用的手法包括以下这一种：取得拥有矿产资源的国有企业的控制权，以低价将矿产卖给私人拥有的企业，再以高价在国际市场上出售矿产。如果企业可以让自己的利润神秘消失再神秘出现，那么，投资者就会面临巨大风险。

第三章描述了三种在投资者与企业内部管理者之间建立信任的一般途径：关系、私人性合同与公开市场。多数国家通过结合关系性融资与私人性协议来为发展提供资金。因此，股票在印度常常通过非正式的网络，向保持长期关系的人出售。[46] 在日本和德国，传统上，每个制造商都有一家"主力银行"或者"本家银行"，由这些银行提供主要的资金。主力银行会安排制造商与一家供应商——譬如一家汽车制造商与一家特种钢供应商——建立排他性的交易关系，而不是通过公开市场进行交易。银行会安排企业通过互换股票来完成交易。观察家们指出："在日本，企业挑选由谁来购买自己的股票；而在英国，则由买家决定要买谁的股票。"

在许多国家里，缺乏政治保护伞的外国投资者面临的风险尤为严重。东亚神社里的朝拜者献给神祇的是假钱，却想要神祇还给他们真金白银。同样，在中外合资企业里，中方企业家有时也会给予外方投资者一些纸面上的权利，而外方支付的却是实实在在的钱。项目的资产有时

---

[46] D. Cobham, and R. A. J. Subramaniam, "Corporate Finance in Developing Countries: New Evidence for India," CRIEFF Discussion paper 9512, University of St. Andrews, St. Andrews, UK, 1995.

会在当地合作者与国家官员的串通之下不见踪影。[47] 总体而言，除非公司内部人士能够可靠地保证不会把公司的资产放进自己的腰包，否则，外部人士不会情愿购买企业的股票。统计分析显示：如果缺乏有效的法律确保外部投资者的安全，他们就不会投资，由此，大部分公司不得不自行内部融资。[48]

通过有效的法律改革保护小股东的利益，能够显著提高公司的价值。为了达到加入欧盟的条件，保加利亚在2002年对法律进行了重大改革，引进了保护小股东不受稀释（dilution，以低于市值的价格向内部人士出让股票）和排挤（freeze-out，迫使小股东出售股票或者将公司退市）的措施。有统计研究表明，这些改革导致公司对小股东的价值明显增加，多种财务指标——如价格—收益比（price-earning ratio）——都反映出这一结果。[49]

另一类金融问题涉及政治与银行业的关系。国家可以将银行贷款导向大型企业联合体——如在韩国，导向病态行业——如在印度，用以建设军工体系——如"二战"前的德国与日本，或者攫取财富来养肥统治家族——如在苏哈托（Suharto）统治下的印尼。政治干预大多令银行的经济表现恶化。在商业、体育和战争中，失败的领导者将失去权力。商业领域有一套正式的法律程序来剥夺失败的领导者的权力——破产。破产迅速将资源从失败的经营者那里转向新的经营者。政治干预通过挽救企业免于破产来保护失败的商业领导者。

当中小型企业资金枯竭的时候，它们常常会消亡，因为它们的预算制约（budget constraint）是硬性的。而当超大型企业资金枯竭的时候，

---

[47] 作者库特的一位朋友曾经为一项航空交易提供咨询，由欧洲方面投资四千余万美元，结果其中国合作方全部吞没了这笔投资，而欧洲方面最终只能勾销亏损，放弃项目。

[48] A. Demirguc-Kunt and V. Maksimovic, "Law, Finance, and Firm Growth," *Journal of Finance* 53 (1998): 2107-2137.

[49] Bernard Black et al., "How Does law Affect Finance? An Examination of Financial Tunneling in an Emerging Market," Berkeley Law and Economics Workshop, Berkeley, CA, 2007.

它们往往能与政府商谈，从而获得补贴。在始于2008年的金融危机中，美国的财政部长就将数以十亿计的政府资金贷给他的银行家朋友们。

中国的超大型企业同样享受着软性预算制约的优待。中国旧有核心工业——如钢铁等重工业——的巨擘在中央计划体系终止之后改组成为股份有限公司。但是，政府仍然保留了足以控制企业的大量股份。[50] 当这些企业亏钱的时候——政府让国家控制的银行注入新的贷款以弥补亏损。在2005年举行的一场中国高层经济官员峰会上，好几位发言者都指出，对国有企业的软性预算制约是中国经济面临的最大问题。[51]

中国令人瞩目的经济增长源自不属于旧有核心工业的出口行业。许多新企业都是私有的，而余者则是私人企业家与地方政府官员合营的企业——尤其是中国的众多"乡镇企业"。在对待乡镇企业的时候，中国政府表现得惊人的严苛：无论成功还是失败，它们都不能指望中央政府给予补贴。但是，旧有核心工业却能获得补贴性贷款。具有讽刺意味的是：中国失败的旧有核心工业支付的资本代价，要低于中国新的创新企业为此支付的代价。

同样，印度在1970年代实施了银行国有化，现在，印度的银行正忍受僵化的官僚体系和政治干预之苦。其他许多发展中国家也进行了银行国有化，它们同样遭遇到这样的结果。就像在中国一样，国有银行软化了国有企业和其他政治上受青睐的借款人面临的预算制约。失败企业的经营者并没有失去权力，相反，他们跑去国有银行要得贷款。

---

[50] 这些公司目前有四类股票：
(1) 国有非流通股；
(2) 非国有非流通股（例如，政府官员以私人身份持有的股票）；
(3) 国内流通股（中国公民可以拥有）；
(4) 国外流通股（中国公民不得拥有）。

[51] 为加速奏效，国家可以公开补贴而非私下补贴。如果补贴出现在政府预算的支出栏中，人们就能更加容易地认识它们，并对不同的选项作出衡量。这是Raghuram Rajan——国际货币基金组织研究主管和经济顾问——一次演讲的主题，也是伦敦政治经济学院Charles Goodhart一次演讲的主题。Proceeding of the NDRC Economic Summit, Beijing, China, July 11, 2005.

工厂倒闭，工人下岗，这无疑是令人痛苦的。[52]中国核心工业领域的大企业不仅仅是提供就业的工厂，它们同时也是向职工提供住房、教育、娱乐和医疗的社会服务中心。关闭这些企业威胁到的不仅仅是就业，还是整个社会保障体系。不过，即便如此，其他国民最终还会厌弃为旧有行业提供补贴。[53]

在世界的很多地方，对商业银行的预算制约是软性的。银行们可以不顾风险进行投资，要么它们赢利，要么由纳税人买单。1980年代，里根（Reagan）政府的监管官员允许那些被称为"储蓄与贷款"的、由政府提供保险的银行尝试不承担破产风险的赌博。如果它们那些高风险投资成功，银行家们将获益，而如果失败，则由纳税人承担损失。这场赌博延迟了这些银行的倒闭，直到里根总统卸任。而到那时，这些银行的巨额亏损引发了政府作为存款保险人的责任。显然，联邦政府花在重组这些银行上的钱超出了美国历史上任何其他的财政融资或金融丑闻——直到2008年，美国政府开始向失败的银行提供比此还要多好几十亿美元的、前所未有的贷款。

经 纪 人

现在，让我们从投资银行转向证券经纪人。顾客向经纪人支付佣

---

[52] 对问卷调查的计量研究证实了人们根据直觉知道的情况：失业令人十分不快，并有损他们的自尊。参见 B. S. Frey and A. Stutzer, "Happiness, Economy, and Institutions," *Economic Journal* 110 (2000): 918-938. B. S; Frey and A. Stutzer, "What Can Economists Learn from Happiness Research?" *Journal of Economic Literature* 40 (2002): 402-435。

[53] 以下是强化破产制约的三部曲：
（1）禁止国有银行向失败的企业贷款，将国有银行纳入商业化轨道；
（2）如果国有银行停止向国有企业贷款，中央或地方官员可以决定给予补贴；
（3）为失败的国企创设一套重组程序，类似于美国破产法第十一章。
参见 C. Goodhart, "Remarks on Chinese Bank Debt," China Reform Summit: Promoting Further Economic Restructuring by Focusing on Administrative Reform, Organized by National Development and Reform Commission, P. R. China, Assisted by USB, July 12-13, 2005, Beijing, China。

金，以他们为中介来买卖证券。经纪人也会为客户赊购证券，并用这些证券作为担保。经纪人要发达，需要有交易量巨大的公开证券市场。经纪人对于创新与发展的贡献来自于他们促进了这种市场的形成。

在硅谷，一项创新的商业价值得到证明之后，企业的创立者往往会以首次公开发行股票直接向公众出售企业，或者通过并购一家上市公司间接出售企业。因此，公开市场使得企业的创立者得以将投资多元化，并从其创立的企业中退出。最终由公开市场退出的可能性为企业家创立新企业提供了动力，也激励着风险投资者为开发新点子提供资金。反过来，规模小又缺乏流动性的股票市场则会阻碍风险投资。

公开市场需要保护一大批外部投资者免受企业内部人士的侵害，对于企业的经营而言，外部投资者扮演的角色是消极的。只拥有公司少量股票的人是最容易受伤害的外部投资者。1989年后的俄罗斯与捷克共和国都以向公众平均分配股份的方式将国有企业私有化，但是，内部人士很快就攫取了公众投资者的利益。结果没有带来人人平等，而是招来了愤世嫉俗。有这样一则广为流传的笑话。妻子告诉丈夫："亲爱的，假如你必须去打牌就去打吧，至少你会有赢钱的时候，但绝不要再买股票了。"

由于私人性融资对法律的要求不像公众性融资那样高，所以，疲弱的法律基础之下，人们倾向于以私人性交易获得银行贷款，而非通过公开市场融资。[54]反过来，随着法制体系的加强，公开股票市场将扮演更加关键性的角色。计量经济学研究的结论是：更佳的银行法激发债券和

---

[54] 虚弱的法制体系令金融偏向于银行债而远离股票这一论点似乎与诺贝尔奖得主莫迪利亚尼（Modigliani）和米勒（Miller）的重要金融学理论相冲突。该理论认为：改变为企业提供融资的股票与债券的比例不会影响企业的价值。要理解这一理论，让我们设想有一家企业发行了额外的股票，并用全部收入偿付债务。该企业可以用来投资发展其经营的资金数量没有变化。如果企业的投资不变，其未来的利润流也不会变化。在某些假设条件［如税赋中立（tax neutrality）及风险折损（risk discounting）］之下，企业未来的利润流等于以股票市值计算的企业价值。莫迪利亚尼和米勒的理论默示假定强有力的法律体系能阻止内部人士将企业利润据为己有。对发展中国家的研究不能假定存在强有力的金融法制体系。

股票市场上更多的交易。[55] 图 8.2 清晰地表明：富裕国家的股票交易比中低收入国家多得多。

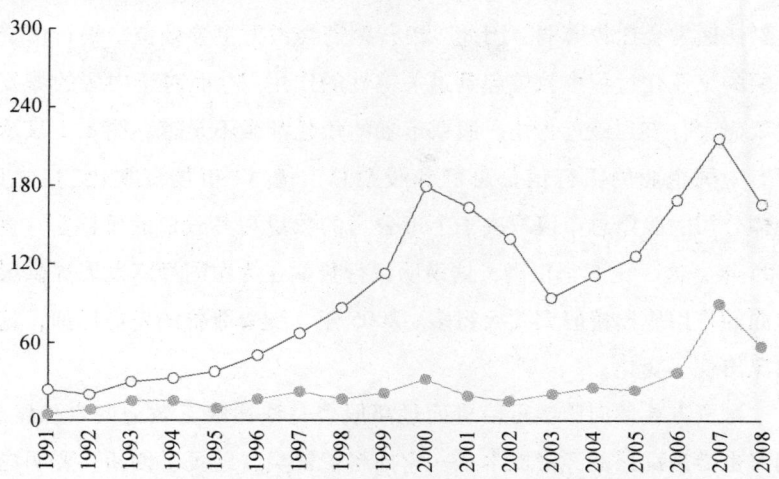

图 8.2　股票交易量占 GDP 的百分比（空心节点曲线代表富裕国家，实心节点曲线代表中低收入国家）

保护分散的股东不受内部人士的侵害说起来容易，做起来难。没有几个国家能真正做到这一点。最近的经验研究显示：产权分散的企业在发展中国家几乎不见踪迹，即使在富裕国家，这样的企业也仅仅在美国与英国占据主导地位。[56] 世界上绝大多数的公司都不是由公众广泛持有的，而是由拥有控制性份额的少数人持有的。尽管这些公司被封闭式地持有，但它们也常常会向外部人士出售一些股票——尤其在法律得到强化之时。统计证据显示：在贫困国家中，银行融资相对资本市场占有优

---

[55] A. Demirguc-Kunt and R. Levine, "Bank-Based and Market-Based Financial Systems: Cross-Country Comparisons," World Bank Policy Research Working Paper No. 2143, World Bank, Washington, DC, 1999. 其包括 57 个国家的数据。

[56] La Porta et al., "Corporate Ownership around the World," *Journal of Finance* 54 (1999): 471-517.

势，而在经济上更加富裕之后，证券市场的重要性就会超过银行。[57]

当一个国家经历一段时间的快速工业化之时，其合同法、公司法和金融法通常会比较薄弱，因此，银行融资会占据主导地位。银行信贷在德国的工业化过程中就曾起到过关键性的作用。[58]而对于中国的爆发式发展而言，直到最近为止，股票市场的角色都微不足道。图 8.3 显示了所有中国企业的银行信贷总额和股票总市值（"市场资本化"）之比。全体公司的股票总市值取决于上市公司的数量和其股票的价格。[59]直到 2005 年，这一比率都很高，这说明银行贷款在为中国经济发展提供融资方面的作用比出售股票要大得多。2005 年，随着股价的先扬后抑，这种情况出现了变化。

融资方式偏向于银行信贷而远离股票是法律缺乏效力的自然结果，同时也带来高昂的经济成本——它抑制了冒险，延缓了创新。要明白个中原委，只要想象某位企业家先用自有资金创立公司，然后寻求银行信贷获得更多资金。假如收入不能迅速流入企业，以便偿还贷款，企业就会破产，企业家也会丧失全部的投资。反过来，假如他能通过出售股票取得资金，那么，他就不必负担固定的还贷支出，因此，经济形势下滑也不至于危及其公司。借助股票融资，企业家就能让公司发展得更快，而其个人负担的风险也更小。

在法律强有力的例外情况下，公众性融资就会占据主导地位。因

---

[57] Demirguc-Kunt 和 R. Levine 建立了一套衡量银行贷款和资本市场提供融资多寡的指数。他们的分析表明越富裕的国家越倾向于市场导向的体制。在包含 57 个国家的样本中，人均 GNP 超过 1 万美元的 17 个国家里有 7 个市场比重高于银行。而在人均 GNP 不足 1 万美元的 40 个国家里只有 11 个市场比重高于银行。参见 Demirguc-Kunt and R. Levine, "Bank-Based and Market-Based Financial Systems: Cross-Country Comparisons"。

[58] Alexander Gerschenkorn 在其 1962 年写的比较这 3 个国家的一本书中得出这一结论。在德国高速工业化的 1895 年到 1913 年间，银行存款与股票之比从 1.5 增加到 3.4。不过，他对此的解释并非基于法律，而是基于人力资本的不同。他认为少数大银行能够更好地节约稀缺的金融专长。参见 Gerschenkron, *Economic Backwardness in Historical Perspective* (Cambridge, MA: Harvard University Press, 1962)。

[59] 上市公司在公开记录价格的市场中出售股票，而非上市公司常常私下向选定的个人出售股票，其价格也不会被披露。

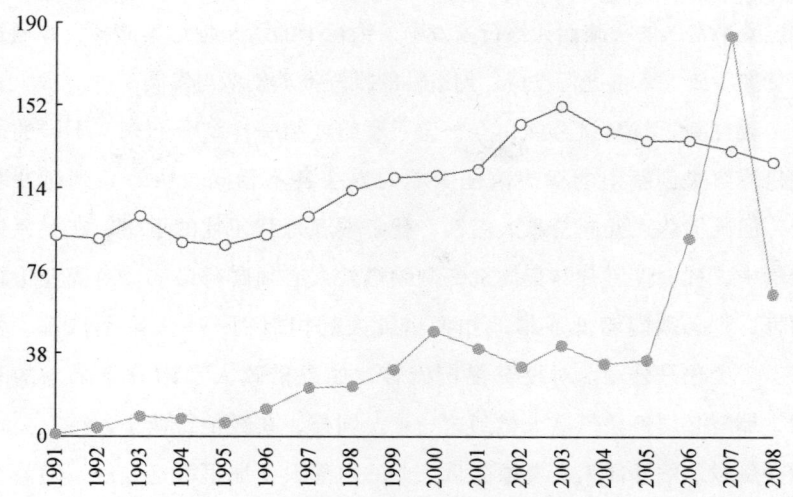

图 8.3 中国的市场资本化与银行信贷占 GDP 的百分比

图注：空心节点曲线代表国内银行信贷，实心节点曲线代表上市公司的市场资本化。

数据来源：World Bank, *World Development Indicators 2009*。

此，19 世纪英美两国的股票市场为工业化提供的资金比银行更多。日本的情况更为复杂。在工业化进程爆发的 20 世纪初，金融的基础并非银行；而到 1930 年代，随着监管措施偏向于银行，银行融资成为了主力；而近年来，日本的大公司在公开市场上出售的股票日益增加。[60]

结　论

假如财产保护不力，而允诺也得不到执行，那么，储蓄就会流向最好的保护人；如果财产保护得力，而且允诺能得到执行，那么，储蓄就会流向创造性地利用资金的投资者。在钱从储蓄者流向投资者的过程中，大多要经过金融中介。金融中介干的活儿不仅仅是让纸币悄悄地挪个地方，以

---

[60] Takeo Hoshi and Anil Kashyap, *Corporate Financing and Governance in Japan* (Cambridge, MA: MIT Press, 2001).

此搅乱平常人的头脑而让银行家发财。银行干的活儿是汇集储蓄,并通过信贷加以放大,再进行投资。创造性的投资推动创新与发展。

要创新,就要让金钱与点子像所罗门之结一样结合起来。不同的金融机构解决创新中的双边信任困境的方法各不相同。从筹会到对冲基金,但凡借款人要向贷款人借钱,就必须履行其还款的承诺。在关系性借贷中,社会性制裁与集体责任制约借款人必须履行诺言。对商业银行而言,则必须能够低成本地扣押借款人的担保物——无论是汽车、楼房、工资还是公司。对投资银行而言,如果借款人承诺分享未来的利润,那就必须迫使借款人做到这一点。同样,在经纪行业中,持有公司债券、股票的外部人士必须能从企业的内部人士那里取走金钱。随着金融法律的强化,个体责任为集体责任提供了补充,私人性借贷成为对关系性借贷的补充,股票补充了债券,而公开市场则补充了私有银行。

任何有关金融的讨论都不得不提及金融危机——包括美国始于2008年的金融危机。有位记者问美国著名的银行大盗威利·萨顿(Willie Sutton)为什么抢银行,据说大盗的回答是"因为钱在那里"。一心致富的天才们总会将目光投向银行,因为那是放钱的地方。这些人的创造力既能使经济繁荣,也能让它一落千丈。现代经济的很大部分建立在银行的基础之上。商业银行之间相互存款也相互借贷,因此,一家破产也会殃及其余。而伴随一连串的银行倒闭,经济也会像州际公路关闭时的交通一样运行减缓。

那么,我们该做些什么?几乎每个国家都会对银行业实施监管,以保证其不陷于破产,国家也会控制银行的欺诈、操纵和不负责任的行为。银行监管者尤其关注银行发行的债券和股票的比例。[61]对银行来

---

[61] 具有讽刺意味的是,意图增强银行稳定性的国际协议("新巴塞尔协议")实际上促进了2008年的灾难。为了实施这一国际协议,2002年布什政府取消了银行债券和股票比("杠杆")的强制上限,并允许美国5家投资银行"自行监管"其稳定性。银行自认为非常稳定,于是大幅增加了杠杆。这些事件让库特想起了在一份叫 Sacramento Bee 的报纸上读到的标题:"Sacramento 的医生质量如何?当地医生对他们评价很高。"

说，发行债券是高风险的，因为在债券到期的时候，银行必须还贷。假如银行不能盈利，它们就无法偿付到期的债券。反过来，发行股票对银行而言风险不大，因为它不必为获取资金而负担固定的还贷义务。所以，债券与股票之比（"杠杆"）衡量的就是投资银行的风险。

在2008年危机的序幕拉开之前，美国的投资银行大幅增加杠杆。为偿付到期债券，投资银行需要发行新的债券。而在不动产价格低落、经济前景暗淡的时候，投资银行发行新债券就遇到困难，也就难以履行它们对到期债券的义务。其他因素又加剧了问题的严重性——略举几例，譬如衍生品[62]、风险投资[63]、储户的恐慌[64]以及税务官员。[65]理想而言，投资者可以通过大大提早出售银行的股票与债券，迫使银行更为保守地投资来防止这场危机。市场失灵了。监管者原本可以通过限制

---

[62] 将贷款拆成各个部分，再分别出售这些零散的部分，就从原先的贷款中"衍生"出了新的证券。除非借款人违约，否则贷款人会从借款人那里得到连续的利息清偿。贷款人可以将针对这些利息清偿的权利出售给另一方，并支付保费，要求保险人承担违约风险，这样就从一种金融证券中衍生出了两种新的证券。衍生品合同是非标准化的，这又增加了因为现金流断绝而破产的风险，因为非标准合同令迅速出售变现变得十分困难。2009年，美国国际集团（AIG）因为提供违约保险而积累下金融机构有史以来最为严重的亏损，最终美国的纳税人承担了这笔亏损。银行还将贷款拆分成不同类别，并当做证券转售。通过证券化，银行的资产具备了流动性，于是，银行可以在存款人希望提款的时候，迅速出售手中的贷款获取现金。然而，在2008年的金融危机中，银行将低风险的贷款当做证券出售了，却保留了自身持有的高风险证券。出售低风险贷款，保留高风险贷款，致使许多银行破产。

[63] 银行持有贷款的市场价值会随着市场状况起落。其贷款价值低于存款的银行，在市场上的价值就是负的。这就是"资产负债表破产"（balance sheet bankrupt）。银行增加持有的高风险贷款的比重，就会增加资产负债表破产的风险。

[64] 如前所述，商业银行从储户那里吸收资金，再贷给借款人。储户通常可以随时自由提取现金，而银行从借款人那里收取利息却是有固定时间表的，并且常常延续数年，例如15年的住房抵押贷款。假如一大部分的储户突然想要提现，商业银行就需要大笔现金。这就是挤兑，其原因通常是恐慌。银行为了筹集现金满足提现，可以尝试出售自己的贷款。如果银行无法足够快地将贷款变现，就无法履行其允许储户提现的法律义务。这就是"现金流破产"（cash-flow bankrupt）。

[65] 在商业银行存款的寻常家庭无法估计银行破产的风险。这一事实决定了商业银行市场无法自我监管。国家为弥补这一缺陷，经常会提供存款保险或类似措施。政府监管者需要监控银行的破产风险。不幸的是，政府常常扩大了风险。造成2008年美国银行业面临的抵押贷款的危机的一部分原因就是两家国有银行的经营不慎，这两家银行叫做"房地美"和"房利美"，它们专事回购银行的抵押贷款——特别是向较贫困借款人发放的贷款。

杠杆和控制风险来避免危机，可监管也失灵了。于是，银行崩溃，纳税人为它们买单，而经济下滑让人们丢掉了工作。

无论在发展中国家，还是在美国，银行危机削弱了经济发展。[66]避免危机的最佳方法仍然未知。各国对银行的监管各不相同。似乎没有一个国家创造出了一套能够简单地移植到其他国家的优秀的监管体制。国际间的银行业监管协议吸引了一些国家的参与，而结果也是喜忧参半。[67]银行稳定这个话题太大，距离创新也太远，我们不能在这里更多地进行讨论。

---

[66] 以下是中央银行管理失误的一些例子。1980年代，阿根廷的通货膨胀削弱了经济。反过来，1990年代，阿根廷的货币币值稳定，但价值却被过分高估，这又摧毁了出口行业，造成失业。1997年泰国对汇率处置失当，导致蔓延整个东亚地区的经济危机。1994年，墨西哥比索的突然贬值导致了影响几乎遍及整个拉美的经济衰退（"比索危机"）。1998年，俄罗斯债务违约造成卢布暴跌，进一步加剧了该国的经济困境。假如中央银行必须为过度的政府赤字提供资金，那么，政府债券的出售会挤出私人信贷，于是，私有经济部门的发展就会放缓。

[67] 1997年的亚洲金融危机孕育出由世界银行和国际货币基金组织倡议的巴塞尔银行及信贷监管核心原则。这些原则强调最低资本充足率和信贷的风险评估。根据"新巴塞尔协议"，银行应当维持相当于债务总额8%的资本，或者向银行监管机构提交"内部评估报告"，披露银行对其借款人的信用评估。参见 G. Hertig, "Basel II to Facilitate Access to Finance: Fostering the Disclosure of Internal Credit Ratings," Law and Economics Workshop, Hamburg University Law and Economics Center, 2005。巴塞尔银行业监管委员会（Basel Committee on Banking Supervision）是国际清算银行（Bank for International Settlements）的一个机构，其规则适用于其13个成员国的银行监管组织，其他国家可以自愿加入。为了实施新巴塞尔协议，美国的投资银行被允许借由自我监管来增加杠杆。到2008年10月，美国的5家主要投资银行都经过重组，或已破产。

第九章 公司法：为秘密融资

公司如何成为商业组织的主流形式？要回答这个问题，需要回忆一下第一章中 17 世纪欧亚香料贸易的例子：在一座像伦敦那样的港口，一名勇敢的船长建议投资者为一趟远航亚洲的香料之旅融资。投资者必须为这趟至少持续两年的旅程提供资本，而这名船长必须分享如何抵达亚洲以及到达后将去哪些地方的秘密。当这趟旅程胜利完成或彻底失败后，船长和投资者通常会终止合作。成功后的退出会在码头上的一家一般的法院里进行。同样，在 20 世纪的硅谷，一名勇敢的创新者建议风险投资家为一项新技术融资。投资者必须给一项至少持续两年的研发提供资本，作为交换，创新者必须分享关于新技术及其商业计划的秘密。当项目胜利完成或彻底失败后，创新者和投资者通常会终止合作。成功后的退出，会通过向一家大公司出售创业企业或者首次公开发行股票的方式进行。

17 世纪的香料贸易与 21 世纪的硅谷，资本和秘密都在高风险项目中结合。投资者担心失去他们的财富，而创新者担心失去他们的秘密，这就是"双边信任困境"。为解决它，17 世纪从事香料贸易的企业发展成现代公司，他们称之为"合股公司"。300 年后，硅谷的企业仍在使用这一组织形式。一般而言,商业组织面临着资本与新点子相互结合的困境,在恰当的背景条件下,合股公司是人们所设计的最好解决方式。一家发行股票的公司能确实保证它的所有人取得一份公司利润。利润分享不但激励创新者把投资者的钱用到项目中,而且激励投资者保守创新者的秘密。由于股份可在市场上出售,交易一旦大获成功或彻底失败,它使双方马上能从交易中退出。经济增长的"秘密"就是为"秘密"融资,而公司给这种融资提供了最好的组织形式。如本章即将阐释的,这就是公司的决定性优势。

组织与市场

商业组织和其周围的市场不一样。组织通常有着由合同、法律所创制的职能结构,例如主席、财务人员或监察人员。尽管只有部分组织成员拥有管理职责,但所有成员都发挥着作用。劳动分工的标准化产生出各种角色,如簿记员、技工或采购员。通过提供一种职能和角色结构,组织把其成员的行为协调起来。

当不同人的行为密切协作时,观察者可以说该群体似乎有了自己的目标、意志、意图、策略、利益、愿望和行动,而这些都是一个人的精神特征。我们可以把一个组织描绘成被"人格化"的一群人。一个组织的职能和角色结构使得它的成员能够协同行动。正如一支橄榄球队、一个交响乐团、一个教会、一支军队、一家合伙企业或公司一样,其成员协调他们的行动,以追求共同的目标。至于一家公司,该组织在法律上已经被人格化了:它是一名能够拥有财产、缔结合同、进行诉讼或者被诉的"法人"。

随着一群人中协调和纪律的强化,他们变成了一个组织。反之,随着一群人中协调和纪律的弱化,一个组织瓦解成一群"个体"——就像选举中的投票者或钢琴独奏音乐会中的竞争者。虽然市场也被组织起来,但它们并非"组织"。市场自有其前因后果,但除非从比喻意义上讲,它们不会有目标、意志、意图、利益、愿望或行动。市场参与者互相之间经常缔结合同，但市场本身并非法人。一个组织常常由一束合同（a nexus of contracts）来维系，但一个组织并不只是一束合同。[1] 组织在其周围的市场中购买它们所需的投入品并销售它们的产出，可组织并非市场。

公司是哪种类型的组织？让我们一步步来找答案。很多组织拥有财产。一个俱乐部、教会、合作社、信托、慈善团体或国家都能买卖土地、建筑物、机器等财产。但是，没人可以买卖这些组织，因为它们没有所有者。相反，一些如公司和合伙那样的组织却"是"财产——它们可以被收购和出售。第六章解释了一个买卖组织的市场如何使组织集中精力赚钱，因而，存在所有者的组织（owned organization）在经济生活中发挥着核心作用。相反，那些没有所有者的组织（unowned organization）则专注于赚钱以外的其他目标，并在政府、宗教和社会生活中发挥着核心作用。

那又是什么将公司与其他存在所有者的组织区别开来？作为国家的创造物，一家公司享有国家赋予的所有法定权力（legal power）。[2] 不同的法律传统赋予不同种类的公司以不同的法定权力，例如合股公司、上市的有限责任公司（public limited liability company, AKtiengesellschaft*）、不上市的有限责任公司（private limited liability company, Gesellschaft mit begrenzter Haftung**）、非营利公司（nonprofit corpo-

---

〔1〕想抹平市场和企业差异的理论家认为企业是一束合同。但这一事实并不能定义企业，因为大多数非企业的大型组织（如大学、交响乐团或高速公路部门）也是一束合同。同样，一些非组织形成了一束合同，如中东的集市或加利福尼亚州律师协会。关于作为一束合同的企业理论，参见 Michael C. Jensen and Willima H. Meckling, "Theory of the Firm: Managerial Behavior, Agency Costs, and Ownership Structure," *Journal of Financial Economics* 3, 305-360 (1976); Frank Easterbrook and William Fischel, *The Economic Structure of Corporate Law* (Cambridge, MA: Harvard University Press, 1991)。

〔2〕一些组织，如合伙、教会、俱乐部或家庭，独立于国家而存在。无论国家是否在法律上承认它们，它们都实际存在。另一些组织，如公司、信托、律师协会或商务部，只能依据法律成立。没有履行法律所规定的步骤，一家公司几乎无法在现实中存在。（这里有些例外，显著的例子是看起来和公司非常相似、但没有法律实体的非正式投资方案。）

* 德语，即股份有限公司。——译者注
** 德语，即有限责任公司。——译者注

第九章 公司法：为秘密融资

ration)、S 公司***、银行法人(banking corporation)、共决公司(co-determined corporation)以及合作公司(cooperative corporation)。当人们谈起"公司",他们通常想到的是一家合股公司或有限责任公司,这也是我们关注的重点。图 9.1 将这种公司类型置于市场和组织的视野中来看待。

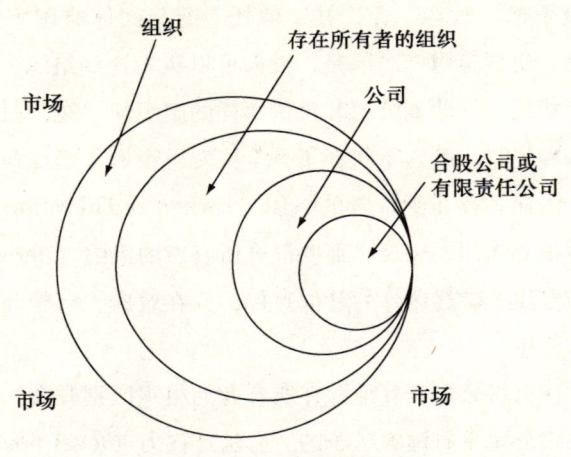

图 9.1 公司的视野

在传统的合股公司或有限责任公司形式中,投资者拥有股票,这使他们有权获得一份公司利润以及公司治理中的发言权。在公司选举中,股东根据他们投资份额享有投票权(一股一权),因此他们共同但并非平等地控制着该组织。在大多数公司中,一小批股东——"控股股东"——拥有足够的投票权份额以控制公司。每名投资者都能向别人卖掉他自己的份额,而无需其他股东的同意。公司——而不是股东——对公司的债务负责。公司的债权人不能将手伸向公司股东的财产。公司依据其所得利润缴税。当公司向其投资者分配利润时,投资者同样需要根

*** 对该公司的收入,并非向公司本身而是向其股东个人征税。根据美国《国内税收法典》(Internal Revenue Code)第 S 分章(Subchapter S),只有其股东为以个人身份参加的美国公民,且股东符合限定人数的公司才可以被选定享有 S 公司税收待遇,故此得名。——译者注

据股利缴纳个人所得税。

合股公司或有限责任公司与个体组织（personal organization）（"独资企业"，sole proprietorship）形成鲜明对比。个体组织是所有者的财产，就像他的衣服或家具，而不像公司那样是一个独立的法人。它不能拥有财产，缔结合同，进行诉讼或者被诉。它的收入就是其所有者的收入，它的债务也是其所有者的债务。所有者享有出售或者重组个体组织的一切权力。不像公司，个体组织的债务人可追及到所有者的个人财产以使债务清偿，它的利润也作为所有者个人所得的一部分进行征税。

公司同样与合伙（"普通合伙"，general partnership）形成鲜明对比。就像公司，依法成立的合伙也是法律上的"人"，从而与它的合伙人相区别。它可以拥有财产，达成合同，进行诉讼或被诉。当合伙人通过起草合伙协议设立这一法律组织之时，他们对相互的权力进行协商，以明确该组织的治理事宜。在最简单的治理形式中，合伙人对影响合伙的重大事宜拥有平等的投票权。不像公司，合伙人传统上对合伙的债务负有无限责任——尽管这一法律也在变化。合伙人通常需要对谁能加入他们加以控制。因此，合伙协议一般限制合伙人将其成员资格转让给他人，这使得从合伙中退出比从公司中退出更困难。不像公司，合伙传统上并不直接缴税，相反，它的利润会分配给合伙人，再由后者根据他们从合伙那里取得的收入缴纳个人所得税。

表 9.1 总结了主要的 3 种企业类型的基本特征：公司（合股公司或有限责任公司）、个体组织（独资企业）与合伙。

表 9.1　三种企业类型的特征

	公司	个体组织	合伙
法律人格	有	无	有
权力	控制股东	个体所有者	合伙人协商
责任	有限	无限	无限
计税基础	公司和股东	个体所有者	合伙人

市场和不同类型的组织在现代经济中均占有一席之地。但在组织中，公司占有主导地位。根据本书的理论，创新性商业组织面临着双边信任困境。解决该问题需要紧密的协调和纪律。之所以公司能比其他经济组织形式更有优势，就因为它能最好地化解双边信任困境。我们在对硅谷商业组织与17世纪香料贸易的比较中，简要论述了公司是如何做到这一点的。公司是金融创新中的一个决定性进步，因为投资者能据此获得"可交易的未来利润份额"。相反，个体组织无法提供任何机制来保证投资者获得它未来利润的一部分，而合伙人在合伙企业中的权利又无法自由地在市场上交易。

多大合适？

公司具有的显著优势使它们比其他企业扩张得更快，但所有的企业都会逐渐停止扩张。是什么决定一家特定企业的规模？为理解这一问题，可以比较一大一小两家印度公司的例子。"购物者之家"（Shopper's Stop）是孟买的一家百货公司，销售着与新德里的"康乐广场"（Connaught Place）中完全一样的货物，但销售方法却完全不同。购物者之家是家大型商店，有着数百名员工在多个部门分售货物。与之相反，数百家小型的、独立的店铺租用了康乐广场地下的空间。为什么购物者之家不解散它的员工，拆分它的部门，再向许多小卖家出租空间，就像康乐广场那样？反过来，为什么康乐广场的小型企业不合并形成一家像购物者之家那样的大型企业？[3]

总的来说，两家企业可以合并成一家，或者一家企业可以拆分成两家。这就是"合并抑或拆分"问题。相似地，让我们思考起亚公司（Kia）——一家韩国汽车制造商——所面对的选择。如果它在其子公司里制造轮胎，那起亚就会变得更大。如果它从其他企业那里买轮胎，那

---

[3] 康乐广场由公众所有，所以承租人的合并和收购必将带有政治色彩。

起亚就会保持相对较小的规模。这就是"制造抑或购买"的决策。这两种决策——"合并抑或拆分"与"制造抑或购买"——是关于企业选择扩张还是收缩的例子。为理解是什么决定了特定企业的规模，我们需要知道它们是如何做出上述决策的。

竞争会驱动企业朝向其利润最大化的规模。如果一家更小的企业更能盈利，那企业将拆分并购买生产要素。如果一家更大的企业更能盈利，那企业将合并且自行制造生产要素。在《企业的性质》("The Nature of the Firm"，1936）中，诺贝尔奖获得者罗纳德·科斯论证了"交易成本"（transaction cost）决定了哪种选择更能盈利。生产轮胎要求起亚和其员工签署合同并管理他们，这些是"制造"产品的交易成本。购买轮胎要求起亚和买方签署合同并监控轮胎的质量，这些是"购买"产品的交易成本。类似地，两家公司合并后就要同时对它们进行管理，而剥离一条产品生产线后，企业就不必再去管理它。竞争压力引发企业在购买与制造要素之间，或者在合并公司与拆分活动之间，选择更便宜的替代方案。[4]

科斯的理论意味着竞争会促使企业调整它们的规模（大或小）和形式（独资企业、合伙、公司），以便交易成本最小化。当资本和私人信息在公司中结合时，投资者冒着失去资本的风险而创新者冒着失去他新点子的风险。企业的组织成本可以被视为防止信息扩散和侵占资本的交易成本。顺着科斯的思路，我们认为："公司通过降低防控创新点子被

---

〔4〕 经济学家分析的其他类型交易成本包括代理问题（agency problem）、风险分担、套牢（hold up）、灵活性和税收规避。"代理问题"是指当合同不完全时，管理层对员工的控制问题。关于"团队生产"，参见 Margret Blair & Lynn Stout, A Team Production Theory of Corporate Law, *Virginia Law Review* 85（1999）：247-311。风险分担指的是规避侵权责任之类的问题，参见 Richard R. W. Brooks, Liability and Organizational Choice, *Journal Law and Economics* 45（2002）：91-121。套牢涉及特定资产投资，参见 Oliver E. Williamson, "Hierarchies, Markets, and Power in the Economy: An Economic Perspective," Business & Public Policy Working Paper, BPP-59（Berkeley, CA: produced and distributed by Center for Research in Management, 1994）。"灵活性"涉及终止一项合同的容易程度及解雇一名员工的法律难度。税收规避涉及在相互关联的公司中分配利润的各种技巧。

扩散和投资者金钱被侵占的成本，取得了它的优势地位。"

创新和增长决定了市场经济中企业的规模，可对于非市场经济则并非如此。例如波兰诺瓦胡塔（Nowa Huta）钢铁厂，远比在资本主义下扩张得更大。交易成本理论说明了其中的原因。政治影响力决定中央计划，后者为企业的扩张分配资本。在众多制度性设置中，一个大企业比两个小企业有着更强的政治影响力。当政治影响力随着企业规模超比例提升时（同时提升了就规模进行游说的回报），大企业就击败了小企业。所以，非市场经济的政治化会帮助大企业扩张得更大。[5] 这一对非市场经济体制下巨型企业的解释，同样能解释为何在混合经济中，那些主要向中央政府销售产品的企业——例如武器供应商——规模庞大。

保　密

在 1950 年代，世界上的社会主义国家建立了像波兰诺瓦胡塔那样的巨型钢铁企业。到 1980 年代，它们遭受巨额亏损，似乎注定要因为萧条停滞而慢慢死去。拉克希米·米塔尔曾领导其父亲建立的一家印度钢铁企业开展国际运作，他相信这些工业"恐龙"能够在敏捷的"哺乳动物"企业时代中再度兴盛。在 1980 年代末期，他使用家族资金购买了印度尼西亚、墨西哥、哈萨克斯坦一些境况不佳的钢铁公司，随后他进行了更多收购，包括 2003 年收购诺瓦胡塔。关于如何通过收缩和重组使它们盈利，他有着新颖的点子，并且，他认为亚洲建设市场的繁荣必将提高世界钢铁的价格。他这两个观点都被证明是对的。在 2005 年，福布斯将他列为世界上排名第三的富豪。

---

[5] Sajo, A, "Diffuse Rights in Search of an Agent: A Property Rights Analysis of the Firm in the Socialist Market Economy," *International Review of law and Economics* 10 (1990): 41-60. 如奥尔森（Mancur Olson）在其经典著作 *The Logic of Collective Action: Public Goods and the Theory of Groups* (Cambridge, MA: Harvard University Press, 1965) 中所解释的，总的来说，大企业能克服政治游说的搭便车问题。

像米塔尔这样的企业家知道哪些其他人所不知道的东西？首先，他们知道如何去组织一家企业。重组巨型钢铁企业使其更小、更能盈利，需要对职能、角色以及承担该职能和角色的人员进行巨大的变革。其次，像米塔尔这样的企业家比其他人更了解未来的价格变化，所以他们知道哪些商业领域需要自己扩张，哪些需要外包出去。关于组织和未来价格的知识给他们带来了决定性的竞争优势。

由于米塔尔具有其竞争者所不具有的、关于组织和未来价格的知识，经济学家认为他拥有"私人信息"（private information）。私人信息的发现开启了第三章所描述的创新生命周期。起初，创新者和投资者需要将新点子和资本相结合，因而需要解决"双边信任困境"。解决这一问题需要一种组织，而公司通常是解决这一问题的最好组织形式。如果法律是有效的，那么双方就可以构建公司，从而投资者通过保守企业的秘密而不是与他人分享赚取更多的钱，企业家则可以通过扩大经营而不是侵占投资者资金赚取更多的钱。当一项创新被开发上市之后，创新表现出竞争优势，并产生超常利润。但是，当企业大获成功时，竞争者嗅到了金钱的味道，并设法模仿创新者。创新者则通过保守住模仿者寻求的秘密，试图尽可能延长享受超常利润的期限。

创新企业将竞争者理解、改进有关创新的私人信息的时间拖得越久，它获得的利润越多，扩张得越大。一旦企业的私人信息不再有创新性，它就失去了竞争优势并会停止扩张。一家企业必须保护其私人信息的价值，这经常要求保守它的秘密。企业保护其秘密，部分通过适用法律机制，例如保密协议（nondisclosure agreement）、不竞争条款（noncompetition clause）和商业秘密（trade secret）法。这些机制在法制基础强大的国家中稍稍有些作用，而在别的国家则根本没用。因而，科技企业在硅谷谈判的时候，他们通常会签署保密协议，因为这样的协议或许可以得到强制执行。相反，科技企业在印度谈判的时候，就

第九章 公司法：为秘密融资

很少会签署保密协议,因为它肯定无法被执行。[6]在起诉泄露商业秘密的员工或商业伙伴方面,硅谷与印度的对比几乎也是一样。

保护商业秘密的主要方式是通过组织。较诸其他形式的组织,公司提供了更优的激励结构来实现对模仿者保密。由于公司通常为双边信任困境提供了最好的解决办法,公司比其他形式的经济组织扩张得更快,并支配了现代经济。这样的公司表明了一条普遍原则:"让需要分享秘密的合作行为发生在企业内部比发生在企业外部更容易保守秘密。"[7]所以,对于那些利用自身秘密进行生产的活动,企业应当自己干。

当该原则被运用于"合并抑或拆分"决策时,它意味着那些需要分享秘密的企业可以通过合并更好地保守秘密。当该原则被运用于"生产抑或购买"决策时,它意味着企业制造要素比购买要素更能保守与之相关的秘密。同样的逻辑可以延伸到许多其他决策上。考虑一下这个问题:是雇佣一名员工,还是购买一项服务?如果完成一项任务需要了解企业的秘密,那企业应雇佣员工来完成它。相反,如果完成任务不需要

---

〔6〕 Mitu Gulati 基于其对印度合同实践的研究,在一次私人交流中提供了这一信息。但是,在印度经营的国际性科技企业表面上还在使用不披露协议。

〔7〕 我们用保守创新秘密进而保护市场支配力的需求来解释企业边界。相反,哈特(Oliver Hart)的著名分析则将企业的边界解释成对决策权的保留。他写道:

> 企业的边界是在交易各方间进行最优权力配置的选择。我认为权力是一种绝不应当浪费的稀缺资源。该理论意味着,资产高度互补的企业之间的合并可使价值上升,而资产相互独立的企业之间的合并却使价值降低。原因是,如果两家高度互补的企业有着不同的所有者,那么,每一个所有者都不享有真正的权力,因为离开对方谁都做不成事情。这样,通过合并将所有的权力给予其中一位所有者,情况就更好。另一方面,如果资产互不依赖的两家企业合并,那么收购企业的所有者几乎得不到有用的权力,因为被收购的企业资产不能增强它的活力,可被收购的企业所有者却丧失了有用的权力,因为他不再拥有所使用资产的支配权。在此情况下,最好是保持企业的独立性,以便在两个所有者之间配置权力。

Firms, Contracts, and Financial Structure (Oxford & New York: Clarendon Press and Oxford University Press, 1995), 8.

了解企业的秘密，企业就能通过合同购买外包的服务。[8] 再考虑另一个问题：是销售一项服务，还是销售该服务能生产出的产品？一家公司发明了完成会计工作的电脑程序。如果企业拥有一项有效的专利，它会向其他人销售程序供其使用。反之，如果它并不拥有有效的专利，它应该向他人销售会计服务并保守程序的秘密。或者再考虑一下：是购买产品，还是购买制造产品的企业？嵌入在一家成功企业日常流程、组织和文化中的特殊专业诀窍（know-how）赋予其竞争优势，有时我们称之为"核心竞争力"。如果一家企业需要另一家企业之中的秘密信息，它就应该收购另一家公司。相反，如果企业不需要那些信息，它就可能够购买另一家企业的资产、产品、服务、专利，等等。

表9.2 总结了上述决策及做出决策的标准。

表9.2 组织决策与信息标准

决策	标准
合并抑或拆分？	行动需要分享秘密吗？
生产抑或购买？	企业对生产要素拥有秘密吗？
雇佣员工抑或购买服务？	员工需要知晓企业秘密吗？
销售产品抑或销售服务？	产品的使用者会侵占产品的秘密吗？
收购企业抑或购买它的产品？	你需要目标企业中的秘密信息吗？

第七章解释了订立关系合同与生人合同的差异。如果国家法律不起作用，商业就会在关系的基础上组织起来。企业为关系合同的订立提供框架。所有权的集中强化了企业里那些最有权力的人之间的关系。反之，如果国家法律能发挥作用，那么，企业的组织方式就会更加淡化人际因素。法律提供了正式合同订立的框架，所有权随之分散。

---

[8] 一个笑话极好地说明了这一点：
　　董事会成员："你为什么要解聘我们的会计师？"
　　CEO："他叫我白痴。"
　　董事会成员："他应该被解聘。雇员绝不能泄露公司的秘密。"

表 9.3 1995 年部分国家（地区）大型上市公司的控制权分布[a]（单位:%）

	紧密持有型	广泛持有型	国家（地区）所有型
墨西哥	100	0	0
中国香港	70	10	5
阿根廷	65	0	15
新加坡	30	15	45
韩国	20	55	15
法国	20	60	15
美国	20	80	0
意大利	15	20	40
德国	10	50	25
英国	0	100	0

数据来源：R. La Porta、F. Lopes-de Silanes、A. Shleifer and R. Vishny, "Corporate Ownership around the World," *Journal of Finance* 54.2 (1999), table 2。

[a] 感谢 Florencio Lopes-de Silanes 帮助解释此表的含义。

表 9.3 中的经验证据表明：松散的国家（地区）商事法律令所有权集中，而严格的国家（地区）法律令所有权分散。该图将大型上市交易企业分成 3 类：(1) 紧密持有型，由一名自然人、一个家庭或一个小团体直接或间接地控制；(2) 广泛持有型，由职业化的管理层控制；(3) 国家（地区）所有。表中的国家（地区）按照紧密持有型公司比例由高到低地进行排列。因此，第一行说明样本中所有的墨西哥公司都是紧密持有型，没有一家被公众持有或国家（地区）控制。在表 9.3 中的另一个极端，英国所有的大型公司都是公众持有的。根据表 9.3，墨西哥、中国香港、阿根廷、新加坡和意大利的广泛持有型公司数量不到该国（地区）大型上市公司的半数，而韩国、法国、美国、德国和英国的

广泛持有型公司数量则高于该国（地区）大型上市公司的半数。[9]我们的假说是："法律逐渐强化，则紧密持有型公司数量不断下降。"

内部融资和外部融资

我们已经讨论过企业如何保护其秘密，下面需要讨论的是企业如何保护投资者的资金。外部人士需要法律保护他们对由内部人员控制的公司的投资，而控制公司的内部人员则能够自我保护。举例而言，在1989年后，捷克斯洛伐克私有化了它的国有企业。为实现广泛的所有权，国家把刚刚私有化的公司股票给了大型共同基金（mutual fund），并且向其公民分配购股证（voucher），以授权他们免费或用很少的费用取得共同基金的份额。然而，软弱的法律不能制止内部人员从已经私有化的企业中攫取利润。缺乏有效的法律保障，每名公民都正确地认为这些购股证只有很低的价值，所以它们在公开市场的价格一泻千里。内部人员以非常低廉的价格夺取了企业份额，广泛持有型企业瓦解成紧密持有型企业。捷克斯洛伐克试图实现私有化企业所有权分散的努力宣告失败。用"购股证"来私有化是西方经济学家所推荐的，可它在1991年开始的俄罗斯从社会主义向资本主义的转型中同样可悲地以失败告终。[10]

软弱的投资者保护对股票价格有着清晰可见的影响。股票能给它的所有者带来未来"股息流"（stream of future dividends）。[11]若缺乏有效的投资者保护，内部人员就可以从企业所得中攫取超比例的份额，以

---

[9] 其他一些研究也证实了表9.3反映的一般状况。Erica Gorga 引用的数据显示：从巴西股票交易所选出的大样本中，90%的企业存在拥有50%以上份额的单一股东。只有很少的公司被几个大股东共同控制。参见 E. Gorga, "Analysis of the Efficiency of Corporate Law," Latin American Law and Caribbean Law and Economics Association (ALACDE), Interlegis, Brasilia, Brazil, 2007。

[10] Konstantin Magin, *Reforms With No Place to Stand* (Ph. D. diss., University of California, 2003).

[11] 发展中的公司是一个例外，因为它的所有者会期待它在分配股利之前就被收购。在此，其股票价格由企业未来出售的预期价格所决定，而不是由未来股息流的现值所决定。

至于几乎没有剩余来支付股息。少量股份在这样的公司中只有很低的价值，而占控制地位的大宗股份却有着高额价值。人们购买占控制地位的大宗股份时愿意支付的每股价格，高于他们购买少量股份时愿意支付的每股价格。少数股份和占控制地位的大宗股份在每股价格上的差额被称为"控制权溢价"（control premium）。举例而言，如果内部人员愿意以每股 1.5 美元的价格出售其占控制地位的股份，而外部人士愿意支付每股 1 美元的价格购买少数股份，那么控制权溢价就是每股 0.5 美元。

当内部人员能够向他们自身转移利润而不是与外部人士分享时，控制权溢价就会非常高。反之，当有效的法律给外部人士以公平的利润份额时，控制权溢价就很低。尼诺瓦（Nenova）计算了不同国家的控制权溢价。在捷克共和国，占控制地位的大宗股票能拿到相当于股票市场价格 58% 的溢价。在法国和意大利这样有着健全的法律体系但小股东保护相对较弱的国家，该溢价是 28%。巴西和智利是 23%。德国和英国是 10%。北欧国家、美国和加拿大低于 5%。统计研究表明，控制权溢价随着按"法治指数"衡量的"法治"（rule of law）程度的加强而降低。[12]

更好的投资者保护会引起企业股票市场价值或它们"市值"（market capitalization）的提升。[13] 为验证这一命题，经济学家比较了企业在不同国家的市值。在大多数国家，企业是主要的国民收入来源。因而，更好的投资者保护应该能提升一个国家中企业市值在国民生产总值中的比重。经验研究确认了这一预测。较诸低收入国家，高收入国家中企业总市值占国民生产总值的比重大致是前者的两倍。更重要的是，企

---

〔12〕 其他的经验证据同样支持了该结论，即在外部投资者获得更好法律保护的情况下，控制权溢价会降低。因此，通过使用更具体的小股东保护指数而不是法治指数，尼诺瓦获得了相同的负相关性。参见 Erica Gorga 所著 Analysis of the Efficiency of Corporate Law 中在对 Dyck 和 Zingales 的讨论。A. Dyck and L. Zingales, "Benefits of Private Control," NBER Working Papers No. 8711, National Bureau of Economic Research, MA, 2004.

〔13〕 投资者保护的提升以两个不同方式刺激企业总市值的增长：首先，外部投资者对股票的出价上扬了；其次，一些完全私有的企业进行了首次公开发行股票。

业总市值占国民生产总值的比重随着投资者保护的改善而提高。此时，衡量投资者保护的指标是股东权利保护指数或企业公开披露指数。[14]

改 革

如何改善法律以加快经济增长的步伐？上述分析提供了一个答案：改善合股公司、有限责任公司的法律。欧洲和美国促进这一商业形式的法律改革，为今天的发展中国家提供了示范。

低成本的自由

为了成为商业组织的主导形式，合股公司需要从香料贸易拓展到制造业。这一拓展要求废除国家控制经济的限制性规则。在17、18世纪，英王为一些特权阶层创设了垄断权利，以此交换他们的忠诚与金钱。特许状、许可证给了其持有者从事某一商业领域的排他性权利。因此，地方性特许状发给了许多诸如啤酒酿造这样的小生意。与之相反，成立于1670年的哈德逊湾公司（Hudson's Bay Company）获得了国王查理二世（Charles II）颁发的特许状，垄断了在加拿大北部许多地区和印第安部落进行贸易的权利。在亚当·斯密对重商主义的著名抨击中，他谴责这些垄断让国王和他的朋友们富足，却让国家贫穷。

18、19世纪，在亚当·斯密等思想家的影响下，英国法律得以改变。重要的改变包括公司设立的常规化（即任何人都能根据简单的法律设立公司，而不用取得颁给政治宠儿的行政特可），以及扩大公司可以进入的营业范围（综合性的公司取代了单一商业领域的公司）。企业家逐渐获得基于几乎任何商业目的得设立公司的权利，不再需要被授予特别的许可证、特许状或皇家特权。在当今世界中，有些国家还对医药、

---

〔14〕需要注意，企业市值在国民生产总值中百分比是随着公司信息公开披露指数而提高的，这在 *World Bank Development Indicators 2005*（Washington, DC: World Bank, 2006）得到体现。

证券、有线电视、出口、饭店、不动产、酒店、美发、眼镜等行业，设置单独的经营许可。这些限制中有一些为消费者防范不合格的经营者及其欺诈提供了正当的保护。但是，这些限制中许多是为了给政治上的特权集团保留商业领地。在每个国家，限制性许可庇护特权企业，使它们免受竞争压力。作为回报，它们用贿赂、捐款或其他形式为政治家提供支持。

与19世纪的英国相似，今天的大多数发展中国家为人们进入不同的商业领域提供了一般的公司形式。这一发展允许人们组织和交易，而无需国家的特别同意，从而增进了自由。法律应当就企业的治理形式给企业家提供一张法律清单。通过取消禁令以及允许选择组织形式，经济自由释放了企业家的活力，也让创新活动进入了创造性的、不可预设的轨道。根据"组织自由原理"，人们应当自由地组建企业以实现他们觉得适当的商业机会，并能够在法律提供的清单中自由选取企业治理的形式。

法律标定了行使经济自由权利的成本，而这种成本在不同的国家也高低各异。这一成本包括许可和注册的费用、为加快程序或放松监管支付的贿赂、设立公司的最低注册资本要求、商业税以及关于雇员的许多限制。表9.4所记录的世界银行调查，提供了在不同国家设立一家新企业所需要的天数和程序数量。根据表9.4，新企业承受的监管负担有国别差异，而在发展中国家尤显沉重。[15]（表9.4中的基本状况具有说服力，可相关数字有些测量上的错误，因此要对任何两个国家进行比较，就必须小心对待。）倘若经营自由的权利能以更低廉的成本行使，创新就会增多。

---

[15] 在经合组织的国家中，2004年财产登记所需的平均程序数量是4.7，而在中等和低收入国家中，这一数量是6.6。参见 *World Bank Development Indicators 2005*（Washington, DC: World Bank, 2006）。又见 Enterprise Directorate General of the European Commission, *Benchmarking the Administration of Business Startups*（Center for Strategy and Evaluation Services, Feb. 2002）。该研究发现在英国设立一家新公司需要7天，而在意大利需要35天。

表 9.4 设立一家新商业组织的法律障碍

	时间（天数）	程序数量
委内瑞拉	141	16
巴西	120	16
印度尼西亚	60	9
越南	50	11
中国	37	14
肯尼亚	34	12
波兰	32	6
尼日利亚	31	8
印度	30	13
俄罗斯联邦	30	9
阿根廷	27	15
智利	27	9
巴基斯坦	20	10
捷克共和国	15	8
墨西哥	13	8
马来西亚	11	9
伊朗	9	7
埃及	7	6
土耳其	6	6
美国	6	6
加拿大	5	1

数据来源：世界银行，*Doing Business*（Washington, DC: World Bank, 2010）。

资产分割

除了废除限制性规则，法律与制度的创新还扩展了公司融资的基础。广泛的融资需要企业吸引内部控制者之外的投资者。外部人士必须信任内部人员的陈述。17世纪欧亚之旅的一些特征令股东相对容易得到保护。因为当船长回家时，轮船通常需要返回它启程时的港口，投资者能够看到货物并进行分配。相反，工厂在一段时间内生产出大量产品，因而内部人员能隐瞒利润并相对容易地进行转移。之前的章节解释了投资者在创新性商业组织（innovative ventures）中需要一份利润来对风险做出补偿。所以，保证外部投资者取得利润份额的法定权利，对于公司占据制造业的支配地位而言不可或缺。

在18、19世纪的美国和欧洲，法律与制度中的许多小改进解决了该问题。这些帮助制造业拓展股票融资的改进，包括更好的会计技术、有限责任、报告职责以及银行监管。大多数改进只有一个目的：将公司的资产和责任从归属于其他法律主体的资产和责任中分离出来。"分离"防止了内部人员将公司的资产转变成他们个人的财产，同时"分离"防止了公司的债权人将公司的债务转变成公司投资者的个人债务。[16]

资产分割的改进使得公司形式在19世纪传播开来。最先吸引外部投资者的公司特别集中于基础设施建设上——道路、隧道、自来水，等等。凭借引入政府参与和监督，这些公司让外部投资者打消了疑虑。渐渐地，美国的股票市场从基础设施建设扩张到制造业。针对资产分割，法律及其他方面的改进对工业革命的贡献，很可能和那些经常被引用的因素——像科学进步、资本积累和劳动力流动——一样多。[17]

今天的经济学证据表明公司法的改进能提升企业的价值。1947年之前，印度是一个英国殖民地，因而它使用英国的公司治理规则。从1947年独立到大概1999年，社会主义政策使企业日益依赖于国家融资。国有化银行将对大企业的私人融资挤出市场。但在1990年代，社会主义

---

[16] Henry Hansmann、Reinier H. Kraakman, "The End of History for Corporate Law," *Georgetown Law Journal* 89 (2001): 439-468.

[17] Deane在其开创性的经济史研究中列举了7个"经济组织特征和方式的革新"，"它们共同构成了我们所描述为工业革命的大发展"。现代的公司形式或者合股公司向制造业的拓展都不在其中。参见 Phyllis Deane, *The First Industrial Revolution* (Cambridge: Cambridge University Press, 1965), 1。

政策发生转向，私人投资恢复。在1999年，印度对公司治理的法律进行重大改革，这一被称为第49条的改革为外部投资者对抗公司内部人员的违法行为提供了保护。这些条款包括强制披露、更严格的审计以及管理层的报告责任。第49条的改革被很快适用于大型企业，并逐渐适用于小一些的企业。这一时间差使得布莱克（Black）和坎纳（Khanna）能评估出上述法律对股票价值的影响。回归分析的结论是：这些法律使受影响企业的股票价格上涨了4到5个百分点。[18]

另一个关于公司法律改革对股票价格影响的经济学检验来自韩国。韩国于1999年颁布了公司治理的新法律并于2000年正式生效。新法律要求大型企业任命独立董事，设立审计委员会，组建提名委员会。如布莱克和坎纳所示，其导致的结果是受影响企业的股票价格明显上升。[19]显然，这些法律改革令外部人士对投资于全部由内部人员紧密持有的韩国企业比以前更加放心。

即使在国家法律不那么奏效的情况下，企业也能采取措施让外部投资者减少疑虑。企业可以自愿引入透明的报告制度，雇佣富有声誉的会计师，以及为小股东提供董事会席位。对东亚国家的经验研究表明，企业所采取的上述措施在1997年金融危机期间一定程度上保护了外部人士，但若有更好的投资者保障，必将进一步改善这一区域的经济。

在总结了过去10年间经济学对经济发展的研究后，洛佩兹·德·西拉内斯得出的结论是："投资者保护解释了金融市场的发展。"他偏向于具有下述特征的法律，即要求向外部股东全面披露公司和内部人员间的自我交易，同时存在有效的私人执行机制去行使该权利。他强调投资

---

[18] 发展更快的、中等规模的企业收益最大。股票价格的上涨尤其应归因于外国投资的增多。参见 B. S. Black and V. Khanna, "Can Corporate Governance Reform Increase Firms' Market Values? Evidence from India," American Law and Economics Association Annual Meeting, Harvard Law School, 2007。

[19] B. S. Black & W. Kim, "The Effect of Board Structure on Firm Value in an Emerging Market: IV, DiD, and Firm Fixed Effects Evidence from Korea," American Law and Economics Association Annual Meeting, Harvard Law School, 2007.

者权利的私人执行比公共执行更有效率。[20]

本章将企业描述成私人信息的存储库，这些信息的扩散将使本企业利润下降，并提高其他企业的生产能力。外商直接投资是将市场和组织的创新从发达国家向发展中国家传播的最快捷途径。在发展中国家运营的外国企业将资本和创新性点子转移到东道国，这提升了该国的生产力和工资水平。阻碍外商投资将使一个国家丧失很多有价值的点子，特别是那些关于组织与市场的、无法成为专利的点子。

租借监管者

外部人士需要法律制度对抗内部人员以保护他们自己。然而，改善一国的法院系统需要花费数年时间。在此期间，企业可以将其置于外国法院的管辖之下，从而消除外部投资者的顾虑。在多个证券交易所交叉上市的公司遵守外国监管者的监管政策，这标志着公司想让其股东获得比它本国法律制度所能提供的更好的保护。实际上，公司通过租借一名监管者获得了取信外部投资者的机会。[21]

举例而言，俄罗斯天然气工业股份公司（Gazprom）在经营的规模和范围上都与埃克森石油公司（Exxon）类似，但其 2001 年的股票市场价值（公司市值）只有埃克森石油公司的 10%。该价值差异主要反应了俄罗斯和美国对小股东保护的差异。在 2005 年，俄罗斯取消了禁止外国投资者进入它最大的国有公司——俄罗斯天然气工业股份公司的限制。很快，俄罗斯天然气工业股份公司向纽约和伦敦的证券交易所申

---

[20] F. Lopez de Silanes, "Legal Origins and Corporate Finance," Annual Meeting of Latin American and Caribbean Law and Economics Association, Interlegis, Brasilia, Brazil, 2007.

[21] W. A. Reese, M. S. Weisbach, "Protection of Minority Shareholder Interests, Cross-listing in the United States and Subsequent Equity Offerings," mimeo, Tulane University of Illinois, Jan. 2005. S. Mimeo. Claessens, D. Klingebiel and S. Schmukler, "Explaining the Migration of Stocks from Exchanges in Emerging Economies to International Centers," World Bank Discussion Paper 3301 (Washington, DC: World Bank, 2002). A. Karolyi, "Why Do Companies List Shares Abroad?" *NYU Salomon Brothers Center Monograph Series 7.1* (1998): 1-60.

请上市。为了在纽约证券交易所上市,俄罗斯天然气工业股份公司必须遵守纽交所的规则以及美国证券交易委员会的规则。[22]一般而言,来自不同国家的经验证据都表明,交叉上市提升公司价值。[23]

除了交叉上市,企业还可以尝试将其公司执照重新置于另一司法管辖之下。美国允许其企业依据50个州中任何一州的法律设立,而无需考虑它们的营业所在地。因而一家完全在内布拉斯加州内营业的公司也能在特拉华州设立,由此特拉华州法能处理与该公司相关的绝大多数纠纷。美国的经验证据表明,公司执照在各州间的竞争很可能改进了公司法的质量。[24]相似地,欧洲法院允许企业在欧盟内任一国设立,而不论其在哪儿经营。据此,德国人依据英国法设立很多企业,而它们基本上都在德国内运营。这一例子说明,法院能促成或遏制交叉上市及在外国成立公司。[25]

---

[22] 这些规则包括公认会计原则(GAAP)和报告规则。参见 Pavel Didenko,"Compliance with the Sarbanes-Oxley Act of 2002: Challenges for Russian Corporate Governance, discussion paper," *Corporate Governance eJouranl* (2005), 载 http://epubilcaiton. bond. edu. au/cgi/1/。在其股票未能上市的情况下,一家外国公司可以采取美国存托凭证(ADR),间接进入纽约股票交易所或其他的美国资本市场。公司将股票存托在一家美国银行,再由其销售存托凭证,事实上使凭证所有者获得了股东的大部分权益。存托凭证可以在美国资本市场交易。外国公司能够选择在何种程度上遵守美国的证券监管。遵守的等级决定着美国法律允许其存托凭证销售的市场宽度。

[23] Stulz Doidge 和 Karolyi 检验了1997年中712家交叉上市公司的股票价格和4078家未交叉上市公司的股票价格。他们发现:"交叉上市企业的股票价格比与其相当的未交叉上市企业的股票价格平均高16.5%。这一交叉上市溢价对纽约证券交易所上市的企业而言更为显著,其平均为37%。" R. M. Stulz, C. Doidge and G. A. Karolyi, "Why Are Foreign Firms Listed in the U. S. Worth More?" NBER Working Paper No. 8538, National Bureau of Economic Research, Cambirdge, MA. October 2001; *Journal of Financial Economics*, 71. 2 (2004): 205-238.

[24] Roberta Romano, "The State Competition Debate in Corporate Law," *Cardozo Law Review* 8, No. 4 (1987): 709-757; Lucian Arye Bebchuk, "Federalism and the Corporation: The Desirable Limits on State Competition in Corporate Law," *Harvard Law Review* 105 (1992): 1437-1510; Oren Bar-Gill, "Michal Barzuza and Lucian Bebchuk, The Market for Corporate Law," *Journal of Institutional and Theoretical Economics* 134 (2006): 162.

[25] 交叉上市和在外国成立公司致使国内法院必须使用外国法裁决争议。同样,交叉上市和在外国成立公司还导致国内法院要执行外国法院对国内公司的损害赔偿判决。通过执行外国法和损害赔偿判决,国内法院维持了企业遵守外国法的可信性,这将吸引更多的对其国内企业的投资。

第九章 公司法:为秘密融资

结　论

公司（合股公司或有限责任公司）是结合资本和创新性点子的最佳组织形式。在合适的环境下，公司能保有商业秘密并运用投资者的资金发展创新。在发展实现之后，一项成功的创新会在某一阶段产生超常利润。这些企业利润可回报创新者，并推动经济增长。因此，公司的社会正当性与专利的正当性完全一致：消费者支付更多，以使企业家获得促进发展的超常利润。

就像最美的青春终将逝去，大多数活力无限的公司也会死亡。当一个人离世，一名在世者将处置他的财产。下一章中，我们将解释当一家公司死亡时，有效的破产法应当如何重组它的财产。

第十章 破产法：坚持还是放弃

无论硅谷的创业公司、世界杯足球赛，还是麋鹿发情求偶，都是有的获得成功，可更多的面临失败。成功和失败是在体育、商业和生物中进行冒险的两面。之前的章节关注法律如何将资本和点子结合，以创造一家成功的企业。这一章将关注法律如何解决失败公司的财务困境。企业因商业银行发放贷款而欠款，因投资银行购买债券或优先股而欠款，因供应商赊账送货而欠款，因消费者在交付商品之前付款而欠款，因未支付给员工薪水而欠款，因赔偿事故受害人而欠款，等等。如企业亏损的时期过长，它就无力偿还债务。若亏损是一时的，当企业恢复盈利后，企业能逐渐偿还债权人。但是，如果亏损无法改变，而且企业不可能再扭亏为盈，它就必须清算。迅速清算无法改变的失败企业，能使资本重新投到更好的点子和管理上。破产法的首要问题就是区分企业面临的是一时的困境还是无法改变的失败。按照一首流行歌的说法，当用扑克赌博时，"你一定要知道什么时候坚持，什么时候放弃"。[1]

企业的主要利益相关者是它的管理人员、员工、股东

---

〔1〕 想了解这首饶有趣味的歌曲的全部歌词，可在因特网上搜索 Kenny Roers 的 "The Gambler"。

与债权人,其他利益相关者包括消费者、政客与社区。财务困境的解决方案会改变其利益相关者的地位和财富。在一家陷入困境的企业中,这些利益相关者有着不同的目标:管理人员和员工想要保住他们的工作,股东想要高股价,债权人想要债务得到全额清偿。不同的利益相关者有着不同的权利,因而他们之间经常相互协商,试图就如何解决企业困境达成一致。

利益相关者的谈判能力部分取决于在他们无法达成一致的情形下,法官或其他政府官员将强加的解决条款。法律影响了政府强加的解决方案,包括破产、合同、财务、公司、员工和消费者保护。然而,在很多穷国中,正式法律不如在富国中有效。在一些发展中国家,破产法是如此缺乏效率且花费高昂,以至于没有企业会用它解决困境。更有甚者,有些国家的政治势力还渗透到企业财务困境的解决之中。因而,发达国家与发展中国家的企业面临的困境大相径庭。关于困境中企业的一般处理原则需要根据发展中国家的具体问题而有所调整。

财务危机的动因与救治

一家企业在管理人员的管理下使资本和点子相互结合。资本、点子或管理人员中任何一方的缺陷都能导致财务困境。首先,考虑一下在一家有着好点子和优秀管理人员的企业中,因资本不足引发的财务困境。即便是优秀的管理人员,也经常会错判企业的收入和成本。因此,硅谷的创业公司经常低估他们扭亏为盈所要花费的时间。与之类似,商业周期中的经济低迷可能造成一家成功企业暂时的现金流危机。或者,一家成功企业可能经历一次无法预知的冲击而急需现金支付,例如当欧佩克(OPEC)提高石油价格之时。若一家有着好的点子和优秀管理人员企业资金短缺,该企业应通过寻找其他的资金来再融资或者重组它的债务,以延迟付款。

其次,考虑一下在一家有着充足的资本和好点子的企业中,因拙劣的管理层而引发的财务困境。如果管理层迟疑不定、步履蹒跚，即使企业有着充足的资本和好点子，也会转向亏损并面临财务困境。在这一情形下，所有者应更换管理人员并重组公司。举例而言，富有创造力的人们在硅谷创建了企业，可他们多半管理企业能力糟糕，所以风险资本家需要用新的经理来替换创建人。董事会可以更换并聘请新的管理人员，或者出售公司，让收购方更换管理人员。

再次，考虑一下在一家有着优秀管理人员和充足资本的公司，因坏点子引发的财务困境。许多企业围绕着它们做得最好的几项业务创建，这些业务有时被称为企业的"核心竞争力"。在一家成熟的公司中，核心业务可能变得过时并失去它的价值。在一家创业公司中，企业核心点子的发展经常使得内在的致命弱点暴露出来。在以上任一种情形下，如果企业的核心点子不能盈利且管理人员无力重塑企业，所有者就应该清算它。清算一家企业包括出售其资产，清偿其债务以及解散公司。清算一家企业的一般原则与决定创办一家企业有着相同的原理，即"出于可预期的正利润便创办企业，出于可预期的负利润便清算企业"。

表 10.1 总结了企业财务困境的一般动因和救治措施。

表 10.1 财务困境的动因和救治

动因	救治
资本不足	再融资
拙劣的管理	重组
无法盈利的核心点子	清算

谈判与争吵

如之前章节所解释，在一家成功的企业中，对"共赢"的希望支持着股东合作。与之相似，在一家不成功的企业中，对"俱损"的恐惧也激励着股东合作。当面临困境的企业像成功企业一样保有同样的合作精神时，利益相关者从众多坏的选择里逐渐找出其中最好的解决方案，也就是他们承担最小成本的方案。成本包括管理人员的薪水减少，员工的工资损失，股票价格更低以及债务不完全或延迟偿付。例如，一家陷入一时困境的好企业再融资能比清算它创造更多的财富，而迅速清算一家已经注定失败的公司能比再融资创造更多的财富。

利益相关者之间的合作来自于付出与回报。例如，债权人可能提出用优先股和要求工人接受较低工资的合同来换取它对企业的再融资。在确认成本最小化的方案后，最佳的解决措施就成本进行分配，从而令所有利益相关者相对于其他可选择方案更能获益。[2] 每一方的获益程度取决于他们达成的谈判条款。在经济学理论中，当各方能创造"剩余"并能通过对其分配达成一致时，就有机会进行谈判。销售一辆二手车、就债务主张庭外和解，或者解决企业财务危机，都是如此。

然而，实际上，合作精神经常在困境企业和利益相关者的争吵中瓦解。争吵往往随着表10.2所描述的、可预知的轨迹展开。管理人员和员工想要保住他们的工作，偏向于再融资以及保留企业目前的组织。股东想要高股价，偏向于重组公司，或者出售并让收购方重组它。债权人想要尽可能多地清偿债务，偏向于出售企业或清算其资产。

表10.2　困境企业中利益相关者的典型序列

利益相关者	偏好的救济
管理人员与雇员	再融资
股东	重组
债权人	出售或清算

---

〔2〕在没有交易成本的世界中，国家的破产程序是没有必要的。公司能够缔结巨细靡遗的融资合同，其具备了债权人、所有者、管理人员在财务困境情形下权利义务分配的所有条款。这是对法律经济学基础性理论"科斯定理"的一次运用。然而，在一个存在交易成本的世界中，破产法就能帮助确定资产和责任，促进债权人之间的协调，保护第三方追索人，维持资产价值以及消除程序中对资本变现的限制。参见 D. C. Smith and P. Strömberg, "Maximizing the Value of Distressed Assets, Bankruptcy and the Reorganisation of Firms", Discussion Paper, *World Bank Conference on Systematic Financial Distress*, 2004, 42。

之前的章节解释了在各方有着明确的法定权利时，谈判最有可能消除分歧。当每个人都能预见到如果他们无法达成一致会发生什么时，权利就是明确的。在欠缺各方达成的协议时，国家经常通过法官或其他政府官员强加一项解决方案。相关法律涉及破产、合同、财务、公司、员工和环境保护。明确的权利源自作为基础的合同与法律规则执行的可预见性。

合同与法律会更偏向于某些利益相关者。如果法律不合理地偏向管理人员，则不称职的经理们对困境企业的控制权将持续太久，并令资产损耗。经理们让企业继续运营以保留他们的工作，可资产损耗会减少债权人获得清偿的机会。类似地，如果法律不合理地偏向于股东，有着糟糕的核心点子的公司将持续更久，并令资产损耗。股东始终希望偶然事件能提升股票价值，可资产损耗将减少债权人获得清偿的机会。据说，失败企业持续运营太久是，至少曾经是困扰《美国破产法》的难题。[3]

与之相反，如果法律不合理地偏向于债权人，截然不同的情形就会发生：有着好点子且能干的经理将过快地失去对困境企业的控制。他们失去控制是因为，即使只有很小的亏损风险，并且有很大的可能性结束亏损并马上恢复盈利，债权人也会出售或清算企业，以避免资产损耗。据称，这一问题一直困扰着《德国破产法》。[4]（一些观察家相信，《瑞士破产法》通过运用市场价格来评估失败企业及其资产，比美国或

---

〔3〕 最近，学者相信第十一章破产重组使得不称职的管理层保留对美国企业的控制权太久，令企业资本消耗殆尽。举例而言，当东方航空公司（Eastern Airlines）申请第十一章项下的破产时，公司已经因管理层和破产受托人试图使公司重组而损失了 10 亿美元。重组成功将使债权人获得全部清偿，但重组造成的迟延将使许多债权人一无所得。然而，更完善的再融资合同已经基本解决了这一问题。参见 Jagdeep Bhandari, S. Lawrence, and A. Weiss, "The Untenable Case for Chapter 11: A Review of the Evidence," *American Bankruptcy Journal* 67 (1993): 131。

〔4〕 一个惊人的例子是博格瓦德公司（Borgward）的破产，它是当时最成功的机动车生产商之一。在 1963 年的一次流动性危机之后，大银行成功地将公司变现，以收回他们对公司的贷款。公司变现显示其市场价值超过了银行贷款总额。银行显然不想在企业向他们清偿时承担任何风险。另外，他们还想在竞争中倾向其他的汽车制造商。参见 G. Cestone and L. White, "Anti-Competitive Financial Contracting: The Design of Financial Claims," *Journal of Finance* 58.5 (October 2003): 2109-2142。

德国更好地解决这些问题。)[5]

某些债权人比其他人更平等

我们讨论债权人时,好像所有的债权人都是一样的。实际上,他们在两个方面存在差异,这对破产法而言非常重要。首先,法律区分了有担保的债权人和没有担保的债权人。例如,一家企业的资产由现金和一辆水泥搅拌机组成。企业提供水泥搅拌机作为一笔贷款的担保。如果企业后来破产,则被担保的债权人可出售水泥搅拌机以偿还债务。相反,那些没有担保的债权人必须按照企业对他们的债务比例分配现金。[6]一家企业失败的时候,其资产价值通常比未清偿债务要少。就像10只秃鹰争夺1只死兔子,企业缺乏足够的资产来满足没有担保的债务人。

通过一辆水泥搅拌机或类似的东西来担保债权,明显降低了债权人风险。除了降低风险外,担保同样简化了债权人对债务人的监督。在上述例子中,有担保的债权人只需要监控水泥搅拌机,这相对容易。凭借低风险和低监督成本,有担保的债权人能以较低的利率发放贷款。相反,没有担保的债权人必须监控企业的现金,这相对困难。

---

[5] 瑞典法律似乎比其他法律体系更充分地利用了市场价格。在瑞典,破产受托人必须将整个企业标价出售,同时必须将企业资产分别标价出售。如果对企业的出价高于对其资产的出价,受托人要将企业出售给最高出价人。相反,如果对企业的出价低于对其资产的出价,受托人要清算企业,并将资产出售给那些最高出价人。因此,破产受托人必须比较企业的出售价值和变现价值。在运用这些规则时,瑞典的受托人使用了市场价值。他不必使用利益相关者的估价来确定他对公司的估价。大多数经济学家相信竞争市场的价格能够比政府官员更精确地给资产估价。需要注意,如果没有给企业提供一个稳健的市场以形成对困境企业的出价,瑞典模式不可能付诸实施。

学者们已经提出了富有远见的法律改革建议来改善破产程序,在使用市场估价方面,这些程序甚至超过了瑞典模式。Bebchuk 就建议法院为困境企业组织拍卖,不同群体都能提出清偿企业债权人的方案。最高的出价人将获得企业,除非没有一个人的出价足以清偿债权人,在这一情形下,企业将清算。

[6] 为了用数字阐明,假设 A 向一家企业贷款10元并用企业的水泥搅拌机作为该笔贷款的担保。B 向该企业贷款15元,可没有任何担保。C 贷款5元,也没有担保。该企业破产并对其借款违约。其净资产由6元的现金和价值12元的水泥搅拌机组成。A 公司扣押并以12元的价格出售了水泥搅拌机,实现其10元的债权后将2元返还给企业。现在企业拥有8元的现金,但其欠款20元。B 和 C 的每一方可以获得他们欠款的8/20,即40%的偿付。具体来说,B 得到6元,C 得到2元。

在近十年中，新型担保（new securities）的发明革新了美国的企业融资。不同于用水泥搅拌机等有形物担保贷款，许多贷款通过无形物来担保，如应收账款（应该付给企业但未收款的账单）、农民还未种植的农作物以及住房抵押应付利息。在过去10年中，新型担保为美国公司债务的激增提供了资金。高企的债务具有内在风险，特别是在作为基础的担保并不健全时，如美国的住房抵押贷款证券。（最糟糕的情形体现在2008年开始的金融危机中，不过，那是另外的故事了。）

除了担保，债权人之间影响破产法的第二项差异是"优先权"（priority）。债务人必须在全部清偿高优先级的债权人后才能向次优先级的债权人进行偿付。因此一家企业可以借钱购买一栋建筑物，并用建筑物作为该笔贷款的担保，这就是"第一顺位抵押权"。然后，企业可以用该栋建筑物作为次优先级的另一笔贷款的担保，从而借更多的钱，这就是"第二顺位抵押权"。如果企业破产，第一顺位抵押权将在对第二顺位抵押权进行任何偿付之前获得全部清偿。[7]

企业和其债权人之间的融资合同使某些债权人获得了担保和优先权。因此融资合同可以规定特定贷款人享有出售企业水泥搅拌机的排他性权利，以实现其未偿付贷款。或者合同可以明确，优先股股东必须在股息向其他股东分配之前得到全部清偿。总的来说，含有优先权或担保的融资合同会将这些权益排他地赋予某一方。因此，合同赋予担保或优先权时必须克服信息障碍。新的贷款人怎样知晓企业是否已经给其他人提供了担保或优先权？例如，假设一家困境企业在寻求新的贷款，而贷款人要求企业用其水泥搅拌机作为担保。企业只有尚未将水泥搅拌机用做其他债权的担保时，才有法定权利设定这种担保。新的贷款人需要获

---

[7] 举例而言，假设一家企业以100元购买一家店铺，其中使用第一顺位抵押借款60元，使用第二顺位抵押借款40元。抵押文件规定第一债权人优先于第二债权人。该企业破产了，该店铺是唯一资产且以80元价格出售。第一顺位抵押权人能得到60元的偿付，而第二顺位抵押权人能得到20元的偿付。

得借款人之前贷款的相关信息。

一些国家采用登记方法记录担保和优先权以克服信息障碍。通过核查登记,新的贷款人能发现企业是否已经将它的水泥搅拌机用来担保其他人的债权,就如大多数国家中土地的购买人就契据中的"物权担保"(lien),去核查不动产登记一样。[8] 大多数欧洲国家存在不动产、船舶和飞机的登记,但并不包括卡车。如果缺乏国家登记制度或类似的机制,贷款人就必须依赖于借款人对担保和优先权的陈述,并需要打击欺诈的刑事制裁作为后盾。

担保和优先权使债权人地位不平等。法律应该允许不平等还是强制平等?第五章解释了国家强制执行合同普遍促进了繁荣和增长。这一原则同样适用于融资合同,后者赋予贷款人不平等的担保和优先权,而这提高了贷款的数量,从而为经济增长提供了资金。用一些数字可以说明其中的缘由。假设一家创业公司需要 100 000 欧元、日元、比索或在创业国家中使用的其他任何货币来发展它的新业务。家庭和朋友借给企业创立人 40 000 元,他们需要从外部人士那里借 60 000 元。一名外部贷款人可能会合理地坚持他的借款应优先于家庭和朋友的借款,因为他们有更多的信息,并对借款人有更强的影响力。如果法律要否定优先权并坚持债权人平等,那么企业将不能从外部人士那里借到它需要的 60 000 元。在这一情形下,所有的人——企业创立人、家庭和朋友以及外部人士——都要求法律执行那些赋予外部债权人优先权的合同条款。

为推动经济增长,国家应执行提供担保或优先权的合同,并且为人们获取与之相关的信息提供便利。

然而,不同于执行提供担保或优先权的合同,法律有时对一切类型的债权人一视同仁。罗马法论述了这一债权人平等原则[9],在当今的一些国家中,该原则的影响依然存续。因此,意大利人不能同时使用

---

[8] 不动产登记解答了"买方怎样才能知道房屋的卖方事实上拥有这栋房子"的问题。不动产登记同样包括为贷款而把房屋作为担保物所产生的房屋担保内容。

[9] Par condicio omnium creditorum.

"第一顺位抵押"和"第二顺位抵押"购买房屋。[10] 即使不严格要求平等,法律有时也会限制不平等。因而,沿袭法国传统破产法的发展中国家,可能保证没有担保的债权人获得最低比例的企业变现价值。[11] 债权人之间的强制平等具有某些优势[12],可它通常降低了刺激经济增长的贷款供给[13],因为当不承认担保或优先权时,债权人借出的钱会减少,或者贷款条件更加苛刻。[14]

---

〔10〕 第一借款人担心法院将平等对待第二借款人,因此,首位借款人的合同将排除第二次抵押。一些数字可以说明这一点。假设一个拥有 15 元钱的人为了购买一栋要花费 100 元的房子,需要借 85 元。在美国,银行可以提供 80 元的第一顺位抵押贷款。此外,买方可以使用第二顺位抵押再借款 5 元。如果买方违约且房子值 50 元,美国法院会给银行 50 元,而第二位借款人得到 0 元。然而,如果意大利法院适用平等原则,则银行得到 50/85×80 元,第二借款人得到 50/85×5 元。

〔11〕 拿数字来说,假设 A 向一家企业贷款 10 元,以该企业的水泥搅拌机担保,B 向该企业贷款 20 元,可没有担保。该企业破产,唯一的资产就是水泥搅拌机,其可以 12 元出售。如果法院执行融资合同的担保条款,那么 A 获得 10 元的偿付而 B 获得 2 元的偿付。如果法院适用强制性法律,保证无担保的债权人至少获得破产企业变现价值的 1/3,那么 A 就能获得 8 元的偿付而 B 获得 4 元的偿付。

〔12〕 举例而言,通过第二顺位抵押或者甚至第三顺位抵押形成的金字塔式贷款,促成了 2008 年美国金融危机。基于债权人平等,就第一顺位抵押与借款人缔结的合同将排除第二次抵押。因此,债权人间的平等有时能抑制 2000 年之后出现在美国房地产市场中的高风险借款欺诈。

请注意平等的另一个优势:贷款人的利益趋于一致,所以他们就如何解决企业的财务困境能更容易达成一致。相反,由担保和优先权形成的、债权人之间的差异造成他们的利益趋于偏离,所以他们无法就如何解决企业困境达成一致。因为有担保的债权人想要企业维持用来担保贷款的特定资产的价值,而无担保的债权人则想要企业保护作为一个整体的企业资产。

〔13〕 这里是一个数字化的例子:一家企业想用 10 元购买一台新水泥搅拌机。该企业想用它自己的 2 元支付,再从一家银行借 8 元。水泥搅拌机的再次出售价格是 8 元,因此该搅拌机能完全担保这笔贷款。然而,除非法律彻底执行担保条款,否则该银行不愿意借款。相反,假设法律包括这样一条强制性规则,即破产时只有水泥搅拌机再售价值的一半还给银行,另一半必须还给无担保的债权人。作为该强制性规则的结果,银行可能拒绝贷款,或者要求更严苛的条款。

〔14〕 这些条款可以在几个方面上更不利:更少的贷款、更多的担保、更高的利率或者费用更高的信息披露。请注意银行经常要求借款人通过其在该银行的账户开展日常交易。通过监控交易账户,如果企业状况恶化面临财务危机,银行就能提前获得预警。在此情形下,银行能在其他债权人意识到危机之前,要求企业立即全额清偿贷款("加速到期")。

实施救治的三种方法

如表 10.1 所描述,有三种方法对财务危机实施救治:关系性的、私人性的和公开性的。家族所有企业的重组、再融资或清算经常发生在内部,基本不涉及国家法律。所以陷入困境的亚洲家族企业的债权人,偏向于私下和解,而不是通过法庭程序。[15] 类似地,协商性和解(contractual workout)在中欧和东欧也很普遍。[16] 隶属于商会的违约债权人经常试图在不损声誉的前提下解决财务困境。[17] "关系性破产"——这个特意创造的术语——最小化了包括法官在内的政府官员介入的需求。

与之相反,财务困境的私人性解决依赖于各种合同,以完成再融资、重组或清算一家企业。理想地说,私有市场能在财务困境深化前解决它,比如在一家成功企业对一家困境公司进行善意或敌意收购的时候。[18] 企业与其投资者之间的融资合同常常规定了如何解决财务困境,或者谁有权力解决它。因此,硅谷创业公司的融资安排常常允许优先股股东取得一家失败公司的控制权,更换经理,改变业务或清算企业。当硅谷创业公司失败了,就像它们经常做的那样,融资合同取代了破产法规定的、但企业很少使用的正式程序。

在英国,解决财务困境的"生人合同"被合并到一个名为"伦敦规则"(London Approach)的模式中,它是银行和企业使用的一套标

---

[15] Atijn Claessens, Simenon Djankov, Leora Klapper, "Resolution of Corporate Distress, Evidence from East Asia's Financial Crisis", World Bank Policy Research Working Paper No. 2133, World Bank, Washington, DC, 1999.

[16] William Pyle, Resolutions, "Recoveries and Relationships: The evolution of payment disputes in Central and Eastern Europe," *Journal of Comparative Economics*, 34.2 (June 2006): 317-337.

[17] 同前注。

[18] 一项收购是善意还是敌意,取决于被收购企业的管理层是否同意被收购。在敌意收购中,外部人士购买足够的公司股票,以获得对董事会的控制权并解聘管理人员。为了成功进行,敌意收购要求背景性法律的支持。大多数国家使用法律和传统压制而非支持这种收购。因此,敌意收购在美国和英国习以为常,在其他国家则很罕见。

准化私人破产合同。伦敦规则包括所有债权人"停止催付"（standstill，在规定的期限内所有债务无需偿付），向享有"特别优先权"（super priority）的新贷款人再融资，对未来收益或损失的共担规则，建立债权人会议作出决定、变更相关合同标准条款须经全体债权人一致同意的要求，等等。[19]

我们已经讨论了关系性和私人性破产，现在考虑一下公开性破产。在公开性破产中，法院将适用破产法规则，而其并不必然规定在融资合同里。财务困境的公开解决需要法院或者类似法院的政府组织，对再融资、重组或清算加以监督。破产程序通常会在一定期限内中止债务偿付，这阻止债权人使企业立即破产，并令它得以重组。

承受财务困境的企业再融资时，其合同条款通常赋予新投资人在企业无法扭亏为盈时对企业完全的控制权。因此，美国破产法典的第十一章允许企业在实施解决困境的方案时，暂停偿还债务。企业需要将方案提交法院选任的"破产受托人"，后者在解决困境的过程中对企业进行监督。[20] 该方案可以建议通过向新投资人提供董事会席位以及先于之前投资人偿还债务的优先权，来获得新的资本。作为另一种选择，除了第十一章项下的再融资和重组外，企业还可以按照破产法第七章的规定进行清算。在清算中，法院选任的破产受托人将拍卖企业的资产。

总之，解决财务困境的关系性程序几乎不依赖于国家；私人性解决依赖于国家执行合同条款，来完成再融资、重组或清算企业；而公开解决依赖于法院批准债权人的行动方案或实施一项国家方案。图10.1 描述了国家在从关系性破产到私人性破产再到公开性破产的动向中，介入

---

[19] J. Armour and S. Deakin, "Norms in Private Insovency Procedures the 'London Approach' to Financial Distress", University of Cambridge, ESRC, Center for Business Research, Working paper No. 173, 2, 1999, 2.

[20] 当一家美国企业申请《统一商法典》第十一章项下的破产重组时，法院必须批准其计划，并确保每一类别的债权人得到公平对待。管理人员和大债权人一般比法官或受托人知悉困境企业的更多信息。通过要求利益相关者就困境企业提交方案，法律程序允许他们运用其信息优势。通过要求法官批准，法院努力确保公平对待各方。

程度不断加深的过程。

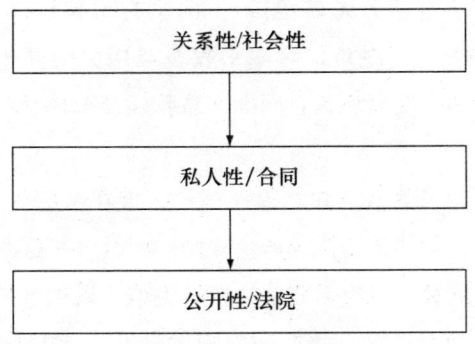

图 10.1 解决财务困境的程序

来源：*World Development Indicator* 2009。

发展中国家（地区）的破产

之前的章节区分了通过银行贷款的私人性融资与通过股票和债券市场的公众性融资。经验研究表明：依赖银行融资的发展中国家对财务困境同样依赖私人性解决。[21] 由于银行拥有如此之多的信息和对企业的控制权，这一做法完全可以理解。当企业遭遇困境时，企业能通过私下和解与缔结合同自救，而无需仰赖国家。相反，广泛、大量的外部人士持有股票和债券的所有权结构，增加了企业债权人之间通过谈判达成合同的交易成本。公众性融资由此更加依赖于公开的破产程序。

在理想的情形下，法律通过帮助利益相关者解决企业的财务困境以促进经济增长。但实际上，法律在可预见的几个方面上通常都无法完成

---

[21] 私人性解决在孟加拉、加纳、毛里塔尼亚、白俄罗斯、危地马拉、莫桑比克、玻利维亚、印度尼西亚、巴基斯坦、巴西、伊朗、巴拿马、哥斯达黎加、牙买加、葡萄牙、埃及、马来西亚、土耳其、格鲁吉亚、马里、乌拉圭等国居于主导地位。参见 World Bank, *Doing Business around the World* (Washington, DC: World Bank, 2004), 79; 亦参见 Stijn Claessens and Leora F. Klapper, "Bankruptcy around the World: Explanations of its Relative Use", *American Law and Economics Review*, 7.1 (2005): 253-283。

任务。财务困境要求在企业资产损失殆尽之前迅速地解决。对困境企业而言，迟到的公正不是公正。[22] 如果公开破产程序过于迟缓，债权人就不会使用它。破产程序的持续时间长短不一，在新加坡和芬兰是数月，在中国台湾地区是1.9年，在巴西是4年，在印度是7年。[23]

除了迟延，破产程序还非常昂贵，这阻止了人们对它的使用。因为如果企业使用破产程序，它将比其他解决方法花费更多。世界银行搜集了破产程序平均费用占破产财产价值百分比的相关数据。如表10.3所显示的，各个国家（地区）被归入3组。括号中的数字表明破产程序的平均费用占破产财产的百分比。

表10.3 破产程序的平均费用占破产财产的百分比

低费用	中等费用	高费用
挪威（1）	阿根廷（12）	中国大陆（22）
新加坡（1）	巴西（12）	埃及（22）
加拿大（4）	玻利维亚（15）	加纳（22）
日本（4）	智利（15）	意大利（22）
荷兰（4）	匈牙利（15）	肯尼亚（22）
韩国（4）	西班牙（15）	尼日利亚（22）
中国台湾（4）	土耳其（15）	坦桑尼亚（22）
英国（6）	越南（15）	泰国（36）
阿尔及利亚（7）	印度尼西亚（18）	菲律宾（38）
美国（7）	墨西哥（18）	委内瑞拉（38）
乌拉圭（7）	南非（18）	乌克兰（42）
澳大利亚（8）	波兰（20）	
德国（8）		
法国（10）		
印度（9）		
俄罗斯（9）		
瑞典（9）		

来源：世界银行，*Doing Business 2010*，统计附录（括号内为费用占资产的百分比）。

---

[22] 这一短语来源于19世纪的英国首相威廉·格莱斯顿（William Gladston）。
[23] 参见 *Doing Business*（2010），载 http://www.doingbusiness.org/ExploreTopics/ClosingBusiness/。

为什么一些国家（地区）的破产程序比其他国家更昂贵？许多经济学家认为"偏向债务人的法律"是原因所在。第六章提供了巴西的一个例子，描述了从违约业主那里收回土地和住房所面对的法律障碍，这大大降低了抵押贷款的供给。总的来说，法律对待债务人当下过分的仁慈会减损借款人的未来信用，而这降低了投资并扼杀了发展。

有些经济学家试图将偏向债务人的法律追溯到私法的法系渊源。一项研究列出不同国家的破产法，根据它们的法系渊源加以比较，发现具有法国民法传统的国家相对偏向债务人，而具有英国普通法传统的国家相对偏向债权人。[24] 如果该解释是正确的，那么有着英国破产法模式的发展中国家比有着法国模式的国家显得优势显著。

另一项研究发现，强有力的法官会增加破产程序的成本。在有些国家，法律将所有的权力都分配给法官：法庭不受制约地任命和更换破产

---

[24] 参见 C. Wihlborg and S. Gangopadhyay, *Infrastructure Requirements in the Area of Bankruptcy Law*, Wharton School Center for Financial Institutions, University of Pennsylvania, Center for Financial Institutions Working Papers No. 01-09, 2001, p. 50。亦参见 Philip R. Wood, *Principles of International Insolvency*（London：Sweet & Maxwell, 1995）。下述表格总结了上述结果：

排名	国家
1 = 最偏向债权人	南非和津巴布韦以外的前英国殖民地
2	英国、澳大利亚、爱尔兰
3	德国、荷兰、印度尼西亚、瑞典、瑞士、波兰
4	苏格兰、日本、韩国、新西兰、挪威
5	美国、加拿大（魁北克省除外）
6	奥地利、丹麦、捷克、斯洛伐克、南非、博茨瓦纳、津巴布韦（最后3个国家基于荷兰法）
7	意大利
8	希腊、葡萄牙、西班牙、大多数拉美国家
9	前法国殖民地、埃及、比利时和扎伊尔
10 = 最偏向债务人	法国
没有破产法	利比里亚以及许多阿拉伯国家
未归类	俄罗斯、白俄罗斯、乌克兰、哈萨克斯坦

管理人，破产受托人只向法庭报告而不向债权人报告，法庭自行决定重组公司的方案。在另一些国家，利益相关者则有更大的话语权。数据表明，破产程序的平均成本与法庭对破产程序的权力正相关。反之，破产程序的平均成本与利益相关者对破产程序的权利负相关。这一事实表明（但没有证明），对破产程序掌握更大权力的法官增加了破产的成本。[25]

破产中的政治

政治对私人企业破产程序的干涉有两种不同的方式。其一，政客有时利用破产程序对企业进行征收。最臭名昭著的例子是俄罗斯最大的私有石油公司，尤科斯公司（Yukos）。像很多20世纪90年代的俄罗斯天然资源出口商一样，尤科斯公司开展过各种法律上有问题的业务。政府最终指控尤科斯公司偷税，这使公司处于破产边缘并压低了它的股票价格，然后政府收购了它。政府同样指控尤科斯公司最大股东和首席执行官米哈伊尔·霍多尔科夫斯基欺诈和贪污。他被定罪并判处8年监禁。霍多尔科夫斯基曾是俄罗斯总统普京直言不讳的反对者。政府最深层次的动机是抓住商业中的罪犯，还是惩罚总统的政治反对者，并将其财富转移给总统的朋友？专家们对此意见不一。

俄罗斯政府在2000年以后对20世纪90年代私有化的企业重新确立国家所有权，而尤科斯公司只是这一普遍做法中的一例。这里我们将说明它是如何操作的。在社会主义时期，企业系统性地夸大它们的产量，以期满足中央计划者分配给它们的指标。到1990年，随着社会主义经济的解体，情形发生了逆转，企业开始系统性地低报它们的收入来避税，因为设定的税率经常高得离谱。对许多俄罗斯企业而言，偷税漏税是商业上的必需品。在西欧，私有债权人而不是税务机关发动了大多数的破产程序。然而，在俄罗斯和其他东欧国家从社会主义向资本主义转

---

[25] Oliver Hart, Tatiana Nenova, and Andrei Shleifer, "Efficiency in Bankruptcy", *working paper*, Department of Economics, Harvard University, 2003.

型的期间，税务机关发动了大多数的破产程序。[26] 通过以调查偷税为威胁，政府当局提高了企业破产及其管理层被捕的可能性。在这样的威胁下，企业很容易就同意按照国家要求进行重组，并变更它们的管理层，或者以便宜的价格向政府出售它们的股票。因为有非常多的企业欠税，税务机关能够随意挑选威胁的对象。尤科斯公司就是如此，谁能说清它们如何选择？

政客有时用破产对企业进行征收，可有时政客也用破产补贴企业。当一家具有政治影响力的组织用完了资金，它就去游说政客以得到更多的钱。在软性预算制约下，效率导向的破产变得难以实行。因而印度1985年的《危机产业法》（Sick Industry Act）旨在通过向现有管理层提供低成本信贷以令失败的企业复活。有些国家对财务困境的政治干预限于巨型企业。巨型企业有时自恃规模，利用它们的政治影响力迫使政府将它们从财务困境中拯救出来。[27] 在2008年美国抵押贷款危机中，借款人游说政客以延缓偿付期限。[28] 但是，在其他一些国家，政治干预蔓延到财务困境解决的常规操作中，而不论它们的破产是否危及经济。

国家认同也能影响破产中的政治。在发展中国家，国内企业经常向国外的贷款人借款。在破产时，外国人是债权人，而本国人是债务人。

---

[26] K. Pistor, "Who is tolling the bells to firms? Tales from Transition Economies," Paper given at the Comparative Law and Economics Forum, 2005.

[27] 政治影响力可能来自于其幅射多个行业并危及经济的相互依存性，就像2008年美国金融崩溃时出现的情况。或者企业雇用了许多工人，为他们提供医疗、教育和住房等社会服务，政治影响力由此产生。当这样的企业破产，其工人失去的不只是他们的工作。就此而言，巨型社会主义企业类似于美国或其他地方在工业革命的早期阶段由私人企业建造的"企业城"（company town）。在社会主义或资本主义下，企业城对工人具有巨大的威胁：核心产业企业的失败将危及工人的工作和他的住房、医疗和教育。相反，一个小企业的失败只危及他的工作，而不必然危及他的社会保障系统。在企业城里，失业和失去社会保障密切关联，这在有活力、始终变化的社会中非常危险。（类似的缺陷也是工人所有制企业的特征。）就业和社会保障的关联为巨型企业的雇员开展政治动员，保护他们免遭破坏性创新提供了动力。

[28] 关于债务免除的政治游说在美国有长久的历史。在19世纪的初期，债务人试图阻止国家银行创立，而在19世纪末期，债务人想要纸币以黄金和白银为后盾（"复本位制"），而不仅仅以黄金为后盾（"金本位制"）。

政客通常偏向他们国内的支持者而不保护外国投资者。[29] 只要预见到这样的事实，外国人就不愿意对国内企业投资。[30] 为了打消这一顾虑，发展中国家的政府有时向外国贷款人做出国内借款人不会违约的保证。

因而，一家德国银行贷款给坦桑尼亚的开发者的时候，坦桑尼亚政府可以保证该笔贷款的清偿。政府的保证，使得国内开发者能从外国人那里以较低的利率筹措资金。德国银行的利率反映了"国家违约"的风险，而不是"债务人违约"的风险。贷款人、借款人和政客都从保证中获益，受损的却是纳税人，因为如果债务人违约，他们必须偿还贷款。

政府对贷款保证的危害是潜藏着的，这是因为，除非一场像2008年美国抵押贷款崩溃那样的危机迫使民众面对他们潜在的税收负担[31]，否则，普通民众对它们一无所知。实际上，新近的研究已经表明，负债过多的发展中国家支付的国际贷款利息"挤出"了社会支出和投资，从而影响经济增长与贫困状况。[32]

破产国家与恶债（Odious Debt）

就像企业，国家也会陷入财务困境。当一个国家宣布其无法偿还债务时，"主权破产"便发生了。但是，与企业不同的是，国家不能通过出售或清算自己解决财务困境。相反，破产国家必须重组其债务，或者

---

[29] 这发生在印度尼西亚的亚洲金融危机余波中。一些印度尼西亚的大型企业负有数十亿美元的外债，可在数年的破产程序之后，管理人员和大股东仍然以牺牲外部人士为代价控制着企业。参见 R. Tomasic, "Some Challenges of Indonesian Bankruptcy Reform in Indonesia", Forum for Asian Insolvency Reform, Bali, Indonesia, February 7-8, 2001, 19。

[30] 为解决这一问题，有些发展中国家在20世纪90年代制定了对投资者友好的法律，但法律制度的缺陷使得对它们的适用受挫。参见 K. Gelfer, G. Raiser, and S. Gelfer, "Law and Finance in Transition Countries", Economics of Transition 8 (2) (2000): 325-368。

[31] 我们不知道有任何一个国家的国民经济核算项目中包括了政府保证私人贷款偿还的风险成本。直到风险成为现实，之前潜在的责任才会对预算发生影响。

[32] 关于该研究的调查，参见 Boileau Loko, Montfort Mlachila, Raj Nallari, and Kadima D. Kalonji, "The Impact of External Indebtedness on Poverty in Low-Income Countries," IMF Working Paper 03/61, Washington, DC, International Monetary Fund, 2003。

明确拒绝履行其债务。国家可以从下述三种程序中选取一种来重组其债务。其一，陷入困境的国家可以与其他国家谈判以达成特别协议，就像商定一项国际条约。[33] 其二，陷入困境的国家可以遵循既有程序与其他国家磋商，例如"巴黎俱乐部"（Paris Club）确立的程序。[34] 其三，陷入困境的国家可以请求国际货币基金组织援助。国际货币基金组织几乎囊括了世界上所有的国家，并向遭受财务困境的成员国发放贷款。

国际货币基金组织是财务上的消防队：它负责浇灭国家财务困境燃起的火焰。消防队是必不可少的，但它们也增加了对玩火的激励。政府给财务困境企业贷款，产生软性预算制约，这使企业变得无效率和不顾后果。国际货币基金组织给财务困境国家的贷款也是相同的道理。为消除这一影响，国际货币基金组织常常苛加稳定币值、提高出口、减少进口、限制政府开销等条件。国际货币基金组织声称的目标是保持宏观经济稳定，但经验研究发现，其贷款几乎没有稳定的作用，但却为大型私有贷款人——尤其是美国和欧洲的银行——提供了更强的保障。[35] 例如，金融危机期间，国际货币基金组织在希腊运用上述政策，于2010年5月提供了1 350亿欧元的一揽子紧急救助。这一救助把经济调整的风险和成本完全转嫁到国际货币基金组织、欧洲的纳税人以及希腊人民身上。受益的则是希腊国债的持有人，特别是那些通过购买高风险资产

---

〔33〕 一个例子是伦敦1953年债务合同，在该合同中，同盟国免除了德国战前国际债务的50%。

〔34〕 巴黎俱乐部是由富有的经合组织国家组成的、向其他国家贷款的小团体。其成员是代表并服从其国家政府的政府官员。贷款对象包括了政府债务或获得政府保证的债务。

〔35〕 现有证据表明：从1914年之前的时代到目前，新兴市场中金融危机的严重性几乎没有变化。一项针对1973—1978年危机期间接受国际货币基金组织帮助的国家和同区域未接受帮助的国家所开展的"有无（with-without）比较研究"表明，前者的真实表现可能比后者还要差。参见 M. D. Bordo and A. J. Schwartz, "Measuring real economic effects of bailouts: historical perspectives on how countries in financial distress have fared with and without bailouts," *Carnegie-Rochester Conference Series on Public Policy*, 53. 1 (2000): 81-260. 亦参见 J. Frankel and N. Roubini, "The Role of Industrial Country Policies in Emerging Market Crisis," NBER Working Paper No. 8634, National Bureau of Economic Research, Cambridge, MA, 2001.

而获得高利率的大银行，因为救助降低了它们的风险。[36]

国际货币基金组织不应该一刀切地停止向穷国借款，但它应当改革其操作。[37] 如果银行能依赖国际货币基金组织对债务人的救助，那它就会肆无忌惮地发放贷款。为了改善激励，国际货币基金组织为一个国家提供贷款，要以重新安排该国对私有债权人债务的期限为前提，以此迫使银行和债权持有人在大规模救援行动中承担更多的职责。根据这一建议，私有银行将帮助国际货币基金组织挽救陷入困境的国家，而不是国际货币基金组织帮助陷入困境的国家去挽救私有银行。[38]

具有"道德困扰"（morally troubling）问题的政府债务形式被称为"恶债"（odious debt）。[39] 根据国际法，一名独裁者能够在没有获得公民同意的情形下为他的国家借款，且能够花费这笔借款而无需使国家获益，但国际法并不允许后续政府拒绝偿还独裁者造成的国家债务，而不论这些债务有多"邪恶"。因此，伊拉克未经选举产生的独裁者——萨达姆·侯赛因——在20世纪90年代从国际上借到了钱，特别是

---

〔36〕参见 www.spiegel.de/wirtschaft/soziales/0,1518,691847,00.html。

〔37〕A. Meltzer,"Asian Problems and the IMF,"Testimony Prepared for the Joint Economic Committee, U.S. Congress, 1998.

〔38〕一种提议是将国际货币基金组织的贷款限制在债务可以持续的水平上。实施这一提议要求界定"不可持续的债务"的基准。参见 International Monetary Fund and International Development Association,"Debt Sustainability in Low-Income Countries-Proposal for an Operational Framework and Policy Implications,"Prepared by the Staffs of the IMF and the World Bank, Approved by M. Allen and G. Nankani, February 3, 2004。

第二种提议呼吁设立一套对主权信贷的正式破产程序。2001年，国际货币基金组织第一副总裁安妮·克鲁格（Anne Kruger）建议设立针对主权债务的强制性破产程序。国际货币基金组织至今没有接受这一提议。但是，主权破产法仍通过像伦敦规则那样的融资合同中的标准条款继续发展。目前的争论涉及国家是需要来自国际货币基金组织的强制性破产条款，还是通过市场力量和私人性合同发展破产程序。

第三种提议是本章简要讨论的，其使得国际货币基金组织的贷款以国家重新安排其对私有债权人的债务期限为前提。根据该提议，私有银行应帮助国际货币基金组织挽救陷入困境的国家，而不是国际货币基金组织帮助陷入困境的国家挽救私有银行。

参见 M. White,"Sovereigns in Distress: Do They Need Bankruptcy?"*Brookings Papers on Economic Activity*, 1（2002）: 287-319。

〔39〕我们受益于对 Yvonne Wong 关于恶债的伯克利分校博士论文以及 Stefanie Bonilla 的汉堡大学博士论文的阅读，后者以 *Odious Bebt: Law-and-Economics Perspective* 为名出版（Wiesbaden: Gabler Verlag, 2011）。

俄罗斯和法国。在美国于2003年入侵伊拉克和推翻萨达姆政权之后，根据国际法，伊拉克仍对萨达姆·侯赛因所缔结合同产生的债务负有责任，尽管他对民众实施了恐吓并对国家进行掠夺。[40]

改革者想通过对"邪恶政府不能创制由其公民承担的国家债务"这一原则的认可来改变国际法。[41] 该原则的适用需要界定"恶债"。界定这一术语的一些先例，已经存在于国际实践与法律之中。[42] 然而，最困难的问题不是定义，而是谁来适用它并决定一项债务是否"邪恶"。[43] 大多数的提议想要一家国际机构——如联合国设立的一家国际法院、国际

---

[40] 虽然不是法律要求，巴黎俱乐部还是于2004年11月免除了伊拉克对其成员的大部分债务，涉及伊拉克370亿美元的"国与国间"债务的80%。国际货币基金组织就巴黎俱乐部的报告指出，其对伊拉克债务的免除主要考虑到这些债务的长期持续性，而不是它们的邪恶性。对于一个拥有国际上第二大原油储备的国家来说，这一理由不足为信。

[41] P. Adams, *Odious Debts: Loose Lending, Corruption, and the Third World's Environmental Legacy* (London: Earthscan. 1991).

[42] 美国曾使用这些理念来免除在南北战争中试图脱离联邦的蓄奴州的合同债务。美国宪法的第十四修正案规定："联邦和各州不承担、不支付因援助针对联邦的暴动和叛乱而引起的债务和责任……所有这类债务、责任、索赔等，应被视为非法和无效。"在对抗西班牙的战争（1898年）之后，美国使用显失公平原则免除了古巴对西班牙的欠付债务，因为"它们是未经古巴人民同意且被武力强加给古巴人民的"。《凡尔赛条约》（1919）使用同样的原则免除了波兰欠付德国和俄国的所有债务，后者已瓜分和占领波兰长达一个多世纪。在20世纪20年代，一家仲裁法院否定了哥斯达黎加的债务，因为其独裁者出于私人目的使用该笔贷款，且贷款人并未秉承诚实信用而行事。当美国最高法院首席大法官塔夫脱（Taft）仲裁一项关于哥斯达黎加债务纠纷时，他使用了两种检验方法：非法牟利和诚实信用。他采取"非法牟利检验"来确定债务中用于挥霍或非法目的使用的比例。他运用"诚实信用检验"来核查债权人是否知情。20世纪20年代，巴黎的一名教授兼前沙皇大臣Alexander Sack发展了"恶债"（dettes odieuses）概念，从而为俄国革命后免除沙俄外债进行辩护。

恶债原则植根于显失公平、诚实信用、同意自由、公平交易和普通法伪抗辩权等合同法原则中。然而，所有的定义都面临重重困难。例如，根据首席大法官塔夫脱的做法，国家法需要关注非法牟利检验："国际借款是否令债务国的公民受益？"然而，"非法牟利检验"似乎并不可行，因为包括民主国家在内的"很多"政府都在挥霍金钱，而没有使其公民受益。

[43] 制裁进路与合同进路是两个可相互替代的实施方法。参见 S. Jayachandran and M. Kremer, "Odious Debts," Discussion Paper, Conference on Macroeconomic Politics and Poverty Reduction, IMF, Washington, DC, 2005. 在制裁进路下，一家国际权威机构能够宣布"将来"向特定国家提供贷款的合同无效。根据这一进路，债权人明确知道当他们向一个政府贷款时，该政府是否"邪恶"。作为另一种选择，在合同进路下，一个新政府可以要求一家法院确定之前政府的债务是否为"恶债"。根据这一进路，直到一个新政府继承债务并起诉，债权人才能明确知道国际法是否会执行政府的债务。1997年，国家货币基金组织和西方国家与罗地亚断绝经济关系，但银行仍继续借款20亿美元。关于该政府"邪恶"的声明本可以缩减此等贷款规模。

货币基金组织或者世界贸易组织——来决定。令人叹息的是，这些机构都有着政治组织惯有的缺点和脆弱性。[44] 一个更现实的观点是：同意恶债不是一个纯粹的法律概念，而必然是一个需要各国权力予以承认的政治概念。一项债务的"邪恶"与否及其豁免，应由债权人之间的政治谈判来决定。这一目标可以把我们从地狱中拯救出来，但不能让我们进入天堂。[45]

结论：资本的再利用

据说，温斯顿·邱吉尔曾言，"为了赢得战争，必须提拔那些打胜的军官，贬斥那些打败的军官。"[46] 除了胜利和失败，难道还有别的标准能让国家首脑区分军官的好坏？与之相似，一个经济体应当把资源置于最好的企业家的控制之下。尽管存在随机性的偏差，可随着时间的推移，盈利能力如何终会显现出来。在创新性经济体中，有些企业获得了惊人的成功，而更多的告诸失败。为了加速创新，资本必须从失败者那里迅速再循环到成功者那里。

正式法律在很多贫困国家中没有像在富裕国家中那么有用。在一些发展中国家，破产法是如此没有作用且费用昂贵，以至于没有企业用它来化解困境。相反，它们通过当事人之间的关系处理企业困境。当法律变得更有效且用起来更便宜时，私人性破产制度就会成为关系性破产制

---

[44] 因此，最近一项关于国际法院的研究得出如下结论：

数据表明，国家偏见对于国际法院的决议做出有着重要影响。法官投票支持他们祖国的情况大约为 90%。当并不涉及他们祖国时，法官会投票赞成那些在财富、文化和政治制度的维度上与他们祖国相似的国家。

参见 E. A. Posner, "Is the International Court of Justice Biased？", John M. Olin Law and Economics Working Paper, No. 234 (2D Series), Chicago, 2004。

[45] 据称，温斯顿·邱吉尔曾言："联合国的创立并非让我们进入天堂，而只是将我们从地狱里拯救出来。"

[46] 他说过这句话吗？我们不能确定地获知。Nelson Polsby 说出了这一普遍的困难："佳句总会转到伟人之口。"

度的补充。对企业财务困境而言，最好的法律就是执行利益相关者之间的私人协议，从而让企业家可以迅速地重新利用资本的法律。

不同于金属废料的重新利用，资本的重新利用改变了企业利益相关者的地位和财富。可人们不会顺从地失去地位和财富。企业的利益相关者基于各自的角色——管理人员、员工、股东、一般债权人、有担保的债权人或政客——无法就如何解决财务危机达成一致，这是一个系统性的问题。当利益相关者无法就解决企业财务困境的私下计划达成一致时，他们将求助于法律的指示。国家的破产法应当迅速地解决财务困境，并且适用透明的规则将明确的权利分配给利益相关者中的每一群体。理想情形下，权利的分配要把由于利益相关者无法合作造成的损失降到最低限度。[47] 不幸的是，在有些国家，政治干预蔓延到财务困境的解决中。偏袒债务人而不顾债权人，会使商业贷款的源头干涸；偏袒无担保债权人而不顾有担保债权人，会减少高风险贷款的供给；偏袒内部人员而不顾外部人士，会抑制外部的投资；最后，偏袒管理人员和员工而不顾纳税人，会让企业永远失败下去。

---

[47] 使不合作的损失最小化被称为"规范的霍布斯定理"，参见 Robert Cooter and Thomas Ulen, *Law and Economics*, 6th ed. (Saddle River, NJ: Prentice Hall, 2011) 第四章。

第十一章 腐败：毁基之蠹

在20世纪70年代的格鲁吉亚苏维埃社会主义共和国，病人为了更好的治疗向国营医院的医生行贿，高中学生为了更高的分数向老师行贿，农民为了在城镇市场里兜售向警察行贿，建筑者为了让检查员不查看房屋内部结构而向其行贿。公民普遍期待通过向国家官员行贿来获得许可证、执照、服务、豁免以及对其有利的决定。腐败的后果大多是悲剧性的：劣质的商品、高昂的价格、不平等的公共服务、不安全的建筑物、环境恶化和增长迟缓。而有些腐败的后果也会有喜剧性效果，例如，官员允许建造一所犹太会堂，却要求在牌子上写明："此处不得祈祷。"[1]

"腐败"通常指对国家官员的不当影响。这种不当影响有时是非法的，例如向政府采购官员行贿，有时是合法的，例如向控制政府采购部门的政党捐款。本章将集中讨论非法的腐败，特别是贿赂。所有国家中的一些官员以及一些国家中的几乎所有官员都接受贿赂。我们之所以对20

---

[1] 这些事实生动详尽地展现在：D. Levy (2007), "Price adjustment under the table: Evidence on efficiency-enhancing corruption," *European Journal of Political Economy*, 23. 2 (June 2007): 423-447。一个著名的美国喜剧演员 Will Rogers 说过："当你让整个政府都为你工作时，你很容易成为一名幽默大师。"

世纪70年代的格鲁吉亚加以描述，是因为它的腐败已经成为历史并被记录下来。当代许多国家与格鲁吉亚类似，但却难以用文献呈现，因为它们的腐败隐藏在人们的视线之外。害怕被追诉的政客们掩盖了这些事实。由此，尽管贿赂问题让很多大规模的援助项目深受其害，世界银行起初却对此并不考虑，因为这种考虑被认为违反了禁止银行干涉受援国家政治的原则。

苏珊·罗斯-阿克曼（Susan Rose-Ackerman）估计世界上每年支出的贿赂约等于全球国内生产总值的3%，或大概是10 000亿美元。[2]这个贿赂金额太大，根本无处隐藏。1996年，世界银行行长詹姆斯·沃尔芬森（James Wolfensohn）打破组织的禁忌，指出了发展中国家的"腐败之癌"。两年后，世界银行发表了一篇富有影响力的论文——《评估援助》（"Assessing Aid"），其论述了除非将援助给予有着清廉政府的国家，否则援助是无效率的。[3]如这一故事所表明的，世界对腐败的容忍度已经随着人们对腐败引发社会成本的认识提升而降低。[4]

尽管腐败是隐藏着的，但无所不在的腐败蚀了经济发展的法律基础、物质基础和社会基础，就像白蚁蚀了房屋的地基。丰富的经济学

---

〔2〕 引自J. Svensson, "Eight Questions about Corruption", *Journal of Economic Perspectives* 19.3（2005）: 19-42。

〔3〕 John Cassidy, "The Next Crusade: Pual Wolfowitz at the World Bank", *The New Yorker*, April 9, 2007, 36-51。Jan van Dijk 发现腐败对于国家财富有着实质上的消极影响。参见 Jan van Dijk, *The World of Crime: Breaking the Silence on Problems of Security, Justice and Development Across the World*, (Newbery Park, CA: Pine Forge Press, 2007), chapter. 12。

〔4〕 对过去做法的一个显著改变是，美国总统奥巴马在2009年访问加纳并在演讲中表示善治（good governance）"已经在太多的地方太久的失去了……只有改变才能释放非洲潜力，而且这一职责必须由非洲人民所承担"。加纳演讲，2009年7月11日，参见Peter Baker, "IN Ghana, Obama Preaches Tough Love," NYUTimes. com, July 2009, 载 http://www. nytimes. com/2009/07/12/world/africa/12prexy. htm? _ r = 1&chp。

文献解释了腐败是如何减缓经济增长的,并且提出了应对这一问题的策略。[5]

事 实

为了评估隐藏的腐败,一个名为"透明国际"(Transparency International)的组织调查了熟悉情况者的意见。根据这些调查结果,它发表了以这些观察者对他们国家公共部门的腐败感受为基础的"腐败程度指数"。下述表格给出了一个排名从低到高的国家样本。根据该数据,新西兰被视为调查中腐败程度最低的国家(排在第1位),索马里则被视为最腐败的国家(排在第180位)。

表 11.1 腐败感受指数,Transparency International,2009

就部分国家从腐败最少到最多排列					
1	新西兰	55	纳米比亚	106	阿根廷
2	丹麦	63	意大利	111	印尼
3	新加坡	69	加纳	146	俄罗斯
14	德国	75	巴西	158	柬埔寨
17	日本	79	中国	162	委内瑞拉
19	美国	84	印度	168	伊朗
25	智利	89	墨西哥	180	索马里

一般来说,观察者倾向于认为高收入国家的腐败程度低,中等收入国家的腐败程度居中,低收入国家的腐败程度高。经过我们计算,2009

---

[5] 关于对腐败和经济关系的调查,参见 Toke S. Aidt, "Economic Analysis of Corruption: A Survey," *The Economic Journal* 113 (2003): F632-F652; J. C. Andvig, "The Economics of Corruption: A Survey," *Studi Economici* 43 (1991): 1320-1346.; P. Bardhan, "Corruption and Development: A Review of Issues," *Journal of Economic Literature* 35 (1997): 1320-1346; S. Rose-Ackerman, *Corruption and Government: Causes, Consequences and Reform* (Cambridge University Press, Cambridge 1999); Arvind K. Jain, "Corruption: A Review," in *Issues in New Political Economy* (*Surveys of Recent Research in Economics*) ed. S. Sayer (Cambridge: Blackwell, 2001), 241-292。

年,一个国家在腐败感受指数上的排名与其人均收入排名之间的简单关联系数是0.75。[6]不过,由于一些富国——如意大利——被认为比纳米比亚那样的穷国更腐败,所以,该关联性并不完美。

并且,在总体上被视为高度腐败的国家中,一些重要部门并不腐败。因而观察者们同意:印度选举和西方国家一样廉洁;印度最高法院(APEX)因正直的法官享有盛誉;印度航天局(OSRA)成功发射多枚火箭和卫星,这也要求廉正的管理。然而,专家们却估计印度政府为了穷人获得廉价食物而支出的费用中,高达2/3通过腐败被挪作他用。[7]同样,有些严厉惩罚国内腐败的国家对其企业在国外行贿予以容忍。[8]

不像"感受到的"腐败,关于"实际发生的"腐败几乎不存在有意义的国际性数据。多方面的推断结果试图间接地解决这一问题。[9]联合国和其他国际组织搜集了来自各国司法部门记录在案的犯罪数据。这些记录在案的犯罪数据大多数对于国际层面上的比较没有用处。若把从

---

[6] 斯皮尔曼等级关联系数(Spearman Rank Correlation),175个国家,双尾重要度1%:0.81。

[7] E. Luce, *In Spite of the Gods: The Strange Rise of Modern India*,(London:Abacus, 2006), 87.

[8] 透明国际还出版了一种"行贿指数",其根据世界上最富有和经济上占主导地位的国家的企业在海外行贿可能性,对上述国家进行排名。该指数是基于发展中国家和发达国家中数千名高级企业主管人员有依据的观察结果而形成的。在德国,贿赂一直可以在计税前扣除,直到这一做法在印度等发展中国家抗议后被废除。参见 V. von Nell (2006), "Korruption-individuelles Handeln im Zeichen der Globalisierung," in *Korruption im Internationalen Vergleich*, ed. Von Nell, Schwitzgebel and Vollet, (Weisbaden, Germany:Deutscher Universit? tsverlag, 2006), 17. 经合组织已发布相关行为规范,但它并没有强制力。参见 K. Gordon, "The OECD Guidelines and other Corporate Responsibility Instruments: A Comparison," OECD Working Papers on International Investment, Number 2001/5, Paris, 2001. 真正的进步发生在2005年的《联合国反腐败公约》(United Nations Convention Against Corruption)里,它强制所有签约国把向"外国政府官员"行贿作为刑事犯罪加以惩处。截止2009年,已经有135个国家批准了该公约。United Nations Convention against Corruption, 载 www. unodc. org/pdf/crime/convention _ corruption/signing/Convention-e. pdf.

[9] 货币方法提供了一个能间接测量的例证:如果我们知道货币的数量和它循环的速度,我们就能计算出所有交易的总货币价值。从这一价额中扣除计税交易的价值,我们可以得到未计税交易的规模。在许多税收体系中,未计税交易都是黑市或灰色市场的活动。使用瑞士和国际数据进行的估算,参见 B. Torgler and F. Schneider, "Shadow Economy: Tax Morale, Governance and Institutional Quality: A Panel Analysis," Berkeley Law and economic Workshop, Berkeley, CA, 2007.

入店盗窃到凶杀的所有记录在案的犯罪综合在一起，就每 100 000 人的犯罪率，德国和新西兰在各国中最高，而俄罗斯和印度最低。人们真的觉得在莫斯科或加尔各答街道上，而不是法兰克福或奥克兰街道上步行更安全？[10] 这些数据反映了犯罪记录上的差异，而不是犯罪实施上的差异。[11]

相反，关于凶杀案的统计多少是可信的[12]，所以我们可以使用它们来获得一个观察非法行为的视角。表 11.2 展示了部分国家（地区）中记录在案的凶杀案率，我们从中可以辨别出一些基本状况。很多中美洲和南美洲的中等收入国家具有高凶杀案率。美国的凶杀案率比欧洲高得多，但低于中美洲或南美洲。在亚洲，我们发现穷国（地区）和中等收入国家（地区）与欧洲国家类似，均具有低凶杀案率。总的来说，凶杀案并没有集中在穷国（地区），更多的财富和更低的凶杀案率之间也没有紧密的相关性。各国（地区）贫困与谋杀案之间的关联系数是 0.43[13]，这比"感受到的腐败"与贫困之间的相关性更弱。

表 11.2 2008 年部分国家记录在案的每 100 000 人的凶杀案率

委内瑞拉	39.5	伊朗	2.93	澳大利亚	1.45
南非	38.6	印度	2.82	波兰	1.28
哥伦比亚（1996）	33	孟加拉国	2.64	尼日尔	1.28

---

[10] 参见联合国关于犯罪趋势与刑事司法系统运作的一系列调查报告。
[11] 数据搜集从受害人向警察报案开始。然而，不同国家的人们对于刑事报案的利弊有着不同的观点。当警察不廉正时，刑事报案可能给受害人带来麻烦。当警察不称职或工作负担过重时，刑事报案就是浪费时间。另外，警察有着管理上和政治上的激励去扭曲报案数量，从而使得他们看上去比其表现得要好，或者掩饰他们实际上比其表现的还要差的事实。
[12] 这一类犯罪通常直接向当局报案。即便如此，不同的政府在它们对死亡原因如何分类时也存在分歧，特别在那些有着国内暴动或内战的国家中。
[13] 皮尔逊等级关联系数（Pearson rank correlation），133 个国家（地区），双尾重要度 1%：0.232。

（续表）

巴西	25.7	中国大陆	2.36	叙利亚	1.14
俄罗斯	16.5	马来西亚	2.31	越南	1.08
墨西哥	10	韩国	2.18	意大利	1.06
巴基斯坦	6.86	英国	2.03	印尼	1.05
土耳其	6.23	智利	1.9	沙特阿拉伯	0.92
美国	6.8	以色列	1.87	德国	0.88
肯尼亚	5.72	加拿大	1.8	阿尔及利亚	0.64
埃塞俄比亚	5.48	约旦	1.75	日本	0.44
阿根廷	5.27	法国	1.59	新加坡	0.39

有些如毒品交易、卖淫、敲诈勒索的犯罪通常涉及几名犯罪分子的合作，这就需要组织。在一项广泛的跨国（地区）研究中，杨·范·戴克（Jan van Dijk）根据2005年的数据建构了一个有组织犯罪指数。各国（地区）在0到100中评定数值，更高的数值意味着更少的有组织犯罪。表11.3中的数字说明：在更富裕的国家（地区）中，有组织犯罪指数往往更低，可也存在显著的例外。作为一个富国，意大利的有组织犯罪指数很高，作为一个穷国，冈比亚的有组织犯罪指数却很低。该表的有组织犯罪指数与人均收入之间的关联系数是−0.7。[14]

表11.3 杨·范·戴克建构的有组织犯罪指数（2005）[a]

冰岛	100	美国	76.4	越南	36.3
瑞典	98.1	中国台湾	72.6	阿尔及利亚	31.8
马耳他	96.2	韩国	70.7	巴西	31.2
澳大利亚	94.9	朝鲜	68.2	墨西哥	30.6
瑞士	94.3	日本	65	巴拉圭	24.2

[14] 皮尔逊等级关联系数，112个国家（地区），双尾重要度1%：0.232。

(续表)

冰岛	100	美国	76.4	越南	36.3
挪威	93.6	以色列	64.3	南非	18.5
德国	90.4	加纳	62.4	印尼	17.4
英国	89.2	坦桑尼亚	61.1	菲律宾	16.6
冈比亚	88.5	摩洛哥	54.1	孟加拉国	14.6
比利时	87.3	意大利	51.6	肯尼亚	12.7
荷兰	86.6	印度	51	尼日利亚	10.8
加拿大	86	土耳其	47.1	俄罗斯	9.6
突尼斯	85.4	波兰	43.9	委内瑞拉,RB	8.9
智利	82.2	中国大陆	38.9	乌克兰	7.6
法国	77.1	阿根廷	38.2	海地	3.8

ª 源自戴克所著 *The World of Crime*（2007）第 11 章注 3。

通过使用国际性数据，我们发现在国家（地区）财富和感受到的腐败、记录在案的凶杀案和有组织犯罪之间存在大致的负相关。是腐败造成贫困还是贫困引发腐败？之前的章节解释了有效的财产法、合同法和商事法能令经济增长。腐败却会使这些法律不那么有效，这导致了国家（地区）的贫困。通过这种方式，腐败造成了国家（地区）贫困。然而，一个简单的经济学理论表明，该因果关系也能在相反的方向上展开：因为人们变得更富裕，他们就能花费更多来清理腐败，就像他们能花费更多来清洁空气。总体而言，收入的增多提升了对公共用品（public goods）的需求，其中也包括"廉政"。[15]

---

〔15〕 我们简要的讨论忽略了许多影响国家（地区）财富和腐败关系的重要变量。财富增加了腐败的机会和回报，所以，财富增加固然使得可以花更多的钱来防范腐败，腐败却可能还会增多。这一情形类似于工业化固然使得可以花更多的钱来减少污染，污染却仍在加重。人们有更多的可偷，而富有的所有者可能对丢失少量东西的警惕变低了。然而，成为一名罪犯的机会成本在那些为合法工作提供更高回报的国家（地区）中往往更高。同样，财富分化也发挥着作用。如果一个非常贫困的国家（地区）开始发展，增长通常集中在特定的区域和部门。这使得一些人非常迅速地变得非常富有，而其他很多人的收入并没有改善。财富的集中同样引发更多的犯罪。正如你所见，论证很快变得复杂起来。

强政府和弱政府的腐败

腐败与国家贫困相互作用,这一恶性循环可能维持了两者之间大致的相关性。然而,数据同样表明有些国家在每个领域都挑战了这种相关性,并且,每个国家的有些部门亦挑战了这种相关性。为了理解它们如何做到这一点,我们需要思考一下政治权力结构是如何影响腐败的。一个现代国家由在高层的政务官["内阁"(government)]和下层的事务官["公务员"(civil service)]组成。当高层的政务官而非事务官控制贿赂时,贿赂集中于高层。反之,当事务官而非高层的政务官控制贿赂时,贿赂弥散于各处。正如我们将解释的那样,集中化和弥散化给腐败造成了重大的分别。

控制贿赂的高层政务官能采取两种不同的方式向企业索取贿赂。其一,高层的政务官能直接接受企业行贿。当少数高层政务官和少数大企业一起合作时,直接贿赂最能发挥作用。在一个只有少数大企业的集中型行业中,高层政务官可以通过防止下级事务官索取贿赂而最大化他们自己的贿赂。因而大企业不得不向内阁部长行贿,然后该部长会保护企业免受下级官员的盘剥。这是一个政治腐败而行政廉洁的体制——政务官能够取得贿赂可事务官不能。金大中治下的韩国就是这样的例证——一个有着腐败的高层政务官和基本清廉的事务官的强威权国家。与之类似,在社会主义的苏联,腐败虽然普遍,但仍牢牢由上层控制。[16]

其二,除了直接索取贿赂,高层政务官还能利用事务官作为他们的代理人来索贿。当小企业产生大量国家财富时,高层政务官就需要事务

---

[16] A. Shleiffer and R. W. Vishny, "Corruption," *Quarterly Journal of Economics* 108 (1993): 599-617. 苏联社会主义制度在20世纪90年代的终结造成了腐败的弥散化,并导致国家财富重新分配给管理人员和寡头们。其他可能的亚洲案例包括马科斯统治下的菲律宾和苏哈托统治下的印度尼西亚,虽然这些国家中的高层政客也容忍下级官员的腐败。

官来索贿。在一个有着众多企业的分散型行业中，高层政务官通过激励事务官索贿并分享收入来最大化他们自己的贿赂，这就像大企业通过雇用按佣金计酬的销售员来最大化它的销售额。因而小企业必须向下级的事务官行贿，后者再将大部分贿赂暗中转给内阁部长。之后，部长将保护小企业免遭其他人的进一步盘剥。这就是代理型腐败（delegated corruption）体制。[17]

在政务官需要选民广泛支持的国家中，"代理"对于获得贿赂是必不可少的。[18] 在菲律宾，承包商将高达合同价值1/3的款项，作为贿赂非法地支付给过国家发展署（state development agencies）。[19] 据报告，在阿富汗，省一级的资深警察和缉毒人员需要向任命他们的政务官支付高达150 000美元的贿赂。[20] 威权政府要求军队和警察彻底的忠诚，因而政务官们需要忠诚而无视腐败，就如当代的俄罗斯。[21]

高层政务官可以直接索取贿赂并禁止公务员索贿，或者高层政务官可以利用公务员作为他们的代理人来索取贿赂。直接方式可能在一个国家或一个行业中盛行，特别是在经济高度集中以及容易直接索贿的情况下。间接方式可能在另一个国家或另一个行业中盛行，特别是在经济高度分散以及难以直接索贿的情况下。

---

〔17〕 在博弈论中，这即是"委托—代理问题"。参见 James Cohen, *The Application of Principal-Agent Theory to Security Sector Reform in Fragile States* (Geneva: IUHEID, 2008)。

〔18〕 Root 认为民主比独裁要求更广泛的支持，所以民主制度下的政客愿意广布恩泽来获得众多的投票，而独裁者愿意集中地重点赏赐，以便从更少的人身上获得更大的忠诚。参见 Hilton Root, *Capital and Collusion: The Political Logic of Global Economic Development* (Princeton: Princeton University Press, 2005)。

〔19〕 参见 inquirer.net，载 http://opinion.inquirer.net/inquireropinion/columns/view/20090522-206417/Pork-barrel-is-root-cause-of-corruption。

〔20〕 Anthony Loyd, "Corruption, bribes and trafficking: a cancer that is engulfing Afghanistan", *The Times*, November 24, 2007.

〔21〕 "国际研究机构之所以把俄罗斯列为世界上最腐败的大型经济体，部分因为与执法人员相联系的贿赂问题。但长久以来，俄罗斯高级官员似乎把警察官的忠诚看得比他们的正直更重要。" Clifford Levy, "Videos Rouse Russian Anger toward Police," *New York Times*, July 28, 2010, sec. Europe.

无论受贿是直接的还是间接的，只要强索贿赂的高层政务官感到足够安全从而秉持细水长流的态度，那么经济所承担的负担将保持适中。长远来看，相比于失败的企业，他们能从兴旺的企业中获得更多的贿赂。为了企业兴旺，政务官必须攫取适当的贿赂，而不是掠夺式的贿赂。高层政务官必须像教父，而不能像强盗那样行事。为了保持贿赂适中，高层政务官必须约束公务员，这样他们就不会竞相索贿和攫取得过多。在一个有着集中型腐败的稳定国家中，商业投资与19世纪莱茵河上的贸易很类似。民族国家的出现，使得少数政府官员取代了之前从过往船只中索取通行费的众多强盗，莱茵河上的贸易由此昌盛。

相反，当国家不稳定且政务官感觉不安全时，他们可能目光短浅。不稳定的政治缩限了官员们的时间维度，他们开始攫取掠夺式的贿赂，从而摧毁效益好的企业。这样的政府像强盗，而不是像教父那样行事。因此，刚果的塞塞·塞科和津巴布韦的穆加贝通过允许他们的效忠者从财富的生产者那里窃取国家财富，以延长他们失败的独裁统治。

相似地，软弱的中央政府为腐败在下级官员中蔓延提供了机会。为了运营一家制造企业，公司不得不向负责企业注册、生产许可、收缴税款和关税以及实施环境监管的官员行贿。不止如此，公司还要向诸如警官、电力公司和供水单位等等行贿。当一家公司需要许多不同官员的帮助时，商业活动类似于中世纪时期莱茵河上的贸易，那时贵族们向每条经过的船只都索取过路费。就像大量船只不再航行于莱茵河上一样，即便是高效益，企业也不会再建立。[22]

以下是一些当代的例证。硅谷吸引了各国的工程师，而他们经常将生产外包给他们自己的国家，特别是中国和印度。我们认识的一名埃及

---

[22] 参见 Michael Heller, *The Gridlock Economy: How Too Much Ownership Wrecks Markets, Stops Innovation, and Costs Lives* (New York: Basic Books, 2008).

工程师为其他在硅谷的埃及人管理一只投资基金。因为担心埃及官员要求掠夺式的贿赂，他不愿意外包给埃及。就腐败弥散的软弱政府，非洲国家提供了更多的例子。在肯尼亚，一个多头审批体制监管着企业，这使得每一个经营领域都要求独立的批准。[23] 与之相似，在印度，做一件像开茶铺、在街上兜售商品、拉人力三轮车或者当铁路搬用工这样的小生意，都需要执照。沙阿（Shah）和萨内（Sane）发现，甚至在经济自由化之后，新德里大约 500 000 辆人力三轮车中超过 80% 还都是非法的。满足审批要求非常困难，以至于看起来这些要求的唯一存在理由就是为了检查员和警察能攫取贿赂。[24]

现代国家部分通过发展公务员系统来实现廉政。公务员系统保护了政府的行政免受不当的内部影响（任人唯亲）、不当的上级影响（政治干预）或不当的外部影响（企业或民众）。为避免不当影响，公务员系统用官僚制（bureaucracy）取代了个人关系。在聘用和升迁过程中，公务员系统最大限度地依赖于考试、资历和绩效评价。这一做法让外界的观察者相对容易地发现不当的影响。因而当升迁遵循资历原则时，若一名政治密友提前得到升职，则他很容易就会被发现。

除了一般规则，公务员系统还有其他一些方法来降低腐败。腐败要求经由持续关系所发展起来的信任。为了动摇这一信任，公务员系统经常让公务员在一些敏感职位上轮岗。或者，公务员必须以团队形式工作，这样成员之间可以相互监督。给公务员的高薪同样也增加了对抗贿赂的力量。有些像新加坡那样的国家通过向法官支付丰厚的薪水，几乎

---

[23] C. Abuodha and R. Bowles, "Business license reform in Kenya and its impact on small enterprises", *Small Enterprises Development* 11.3（September 2000）: 16-24.

[24] Parth J. Shah, and Renuka Sane, "India: The Elephant in the Age of Liberation," in *Making Poor Countries Rich: Entrepreneurship and the Process of Economic Development*, ed. Benjamin W. Powell（Stanford: Independent Institute, 2008），309-341, p. 324.

完全杜绝了法官贿赂。[25]

高薪是如何消除新加坡的司法腐败的？不是因为富人比穷人更少腐败，而是因为高薪让官员不愿意接受可能让他失去工作的贿赂。免去一名被怀疑受贿的公务员，远比宣判他有罪容易。公务员的高薪与不当行为免职的集合，给受贿以有力的威慑。然而，正如印度尼西亚的经验所表明，当法官并不害怕因不当行为被免职时，提高他们的薪水并不能减少腐败。[26]

一个（直接或间接）索取贿赂的稳定的高层政策群体，愿意将攫取保持在一个适中的程度，以便商业繁荣。为保持贿赂适中，他们必须抑制贿赂的竞争，并约束下级官员。反之，不稳定的高层政务官或无纪律的底层官员将引发破坏性的竞争和掠夺式的贿赂，这将摧毁企业。

然而，在某些情形下，对贿赂的竞争降低了，而不是增加了企业的负担。为理解这一差异，我们必须区分串联式（conjunctive）审批和并联式（disjunctive）审批。当批准的作出必须从官员甲到官员乙到丙到丁……那么对该活动的许可就是"串联式"。在串联式的行政许可下，活动开展需要众多官员的同意。他们中任何一个都能阻止整个项目，因此他们中每一个人都能要求贿赂。同样，想要制止竞争者进入市场的企业只需要向一个官员行贿即可。除非中央政府能约束下级官员，以确保

---

[25] 1994 年《法官薪俸法》（Judges Remuneration Act）将上诉法官的年薪定为 253 000 新加坡币（当时为 166 000 美元）。1997 年，"高等法院法官还有（获得）835 020 澳大利亚元，另外还有其他津贴和特别权利，例如汽车、政府以低廉的租金提供的别墅。首席大法官每年获得 1 260 000 澳大利亚元（相当于 700 000 美元），另外，除了其他可观的津贴和办公特别权利外，还有官邸（或者以住房补贴作为其替代）、专任司机驾驶的汽车等。的确，他所获得的比英国大法官（Lord Chancellor of England）以及美国、加拿大、澳大利亚最高法院首席大法官所有薪俸加起来都要多"。参见前新加坡总检察长 F. T. Seow, "The politics of judicial institutions in Singapore," lecture given in Sydney, Australia, 1997. 尽管法官不会受贿，但他们据说在一些案件中听从政客的指示。

[26] 印度尼西亚在 1998 年改革了破产法，引入了特别商事法院。新任命的法官获得了特别的训练以及更高的工资，但对其不称职和腐败的指控依然存在。Romas Tomasic, "Some Challenges for Insolvency System Reform in Indonesian," Forum for Asian Insolvency Reform in Asia, An Assessment of the Recent Developments and the Role of Judiciary, Bali, Indonesia, 7-8 February 2001.

贿赂维持适中而不是掠夺式的，否则，这种情形会令商业活动陷入瘫痪。

作为另一种选择，当批准的作出可以来自官员甲或官员乙或丙或丁……那么对该活动的许可就是"并联式"。在并联式的行政许可下，活动开展只需要众多官员中的一名同意即可，而禁止某人开展该活动，则需要向众多官员行贿来换取他们的不同意。因而一名投资者为注册他的企业不得不向一名官员行贿，但他可以选择索取贿赂最低的官员。[27]在并联式的情形下，官员之间的竞争压低了贿赂的成本和企业的负担。[28]巴西、加拿大或印度等联邦政府体系创造了监管竞争，其允许企业在相对低贿赂的州设立。当更多的企业在低贿赂的州设立，国家的总体腐败水平就会降低。因而一项跨国比较发现，腐败和测算监管竞争的指标之间存在负相关。[29]相似地，国际竞争也会迫使国家政府抑制腐败。因而跨国分析表明，腐败水平随着进口货物占国民生产总值比例的升高而显著降低[30]，并且，因为小国有着更开放的经济，它们往往比大国更少腐败。[31]

串联式行政许可和并联式行政许可的区分说明了压制腐败的策略。在负责审批有利社会的活动的官员之间创造竞争，正如在美国和欧盟由

---

〔27〕 Bardhan, "Corruption and Development: A Review of Issues", *Journal of Economic Literature*, 35 (1997): 1320-1346.

〔28〕 几名学者已经提议，允许官员竞争以消除一些类型的腐败。参见 Rose-Ackerman, *Corruption and Government*。

〔29〕 对联邦制而言，这一指标是指由州和地方政府所承担的政府支出份额。参见 R. Fizman and R. Gatti, "Decentralization and Corruption: A Cross Country Analysis," *Journal of Public Economics* 83 (2002): 325-345。

〔30〕 A. Ades and R. Di Tella, "Rents, Competition, and Corruption," *American Economic Review* 89.4 (1999): 982-993.

〔31〕 2008年透明国际数据。

各州或各国负责公司的设立[32]，或如在伦敦创立信托。[33]相反，开展有害社会的活动应该取得多名官员的许可，如破坏环境的行为。

不幸的是，大多数被监管的活动可能是有益的，也可能是有害的。举例而言，当旅行者是一名合法的商人时，签发护照是有益的，而当旅行者是一名军火商人时，签发护照则是有害的。如果一种新药经过严格试验，那么对其批准是有益的，如果没有试验，那就是有害的。当一种活动可能有益也可能有害时，监管竞争也可能有益，也可能有害。对这一问题的充分探究，需要一个比我们在此所能论证的更为详细的集权和分权理论。[34]

最优的腐败？

为什么国家应该把努力减少腐败作为目标？这要考虑一下腐败的成本和收益。诸如财产法、合同法、公司法等许多法律和政策都在支持商业活动，或者提供机场、港口等基础设施，或者供应健康、教育、安全、环境保护等公共产品。这些法律的有效实施提升了国家财富，可腐败却有着相反的作用。国家应该使用其资源来制止好的法律和政策被腐败侵蚀。

然而，国家同样会制定有碍经济的坏的法律。阻碍商业发展的法律包括抑制竞争的限制性执照、排斥竞争的国家合同投标、大多数的交叉

---

[32] 一家企业可以在美国任何一个州设立，而不论其总部或经营活动的所在地。该事实造成了企业设立的竞争，其胜利者基本上都是特拉华州。许多学者相信该竞争总体来说是良性的。参见 Roberta Romano, "The State Competition Debate in Corporate Law," Faculty Scholarship Series, Paper No. 1947, 1987. 载 http: // digitalcommons. law. yale. edu/ fss_ papers/1947。

[33] 信托存在于普通法系，而不是大陆法系。随着欧盟的创立，许多大陆法系国家的欧洲人已经去伦敦设立信托，这给法兰克福和巴黎的银行施加了压力，迫使其在大陆法系下构造出可以代替信托的工具。参见 Henry Hansmann and Hogo Mattei, "The Functions of Trust Law: A Comparative Legal and Economic Analysis," *NYU Law Review* 73 (1998): 434-479。

[34] 就一个更复杂的政府集权和分权理论的完整概况，可参见 Robert Cooter, "Part III: The Optimal Number of Governments," *The Strategic Constitution* (Princeton: Princeton University Press, 2000); Robert Inman and Daniel L. Rubinfeld, "Rethinking Federalism," *Journal of Economic Perspectives* 11 (1997): 43-64。

补贴和掠夺式的税收。理想状态下，国家应废除或改革有碍经济的劣法。在废除或改革法律后，人们不再需要向官员行贿来获取许可、执照、豁免、交叉补贴以及其他国家提供的公共产品。然而，废除在政治上经常是不可行的。通过将财富再分配给他们的追随者，政客们创制劣法来奖励忠诚。[35] 为了报答他们的朋友，政客们对竞争苛加限制，实施补贴，将供给限制在需求之下致使"购买"成为"特权"，提供"插队"机会，诸如此类。[36] 同样，官员们创制劣法来使效益好的企业为了做成某些事而行贿。在许多国家，坏的法律是好的政治。[37]

无法废除劣法，颠覆劣法的贿赂就能帮助人们做成某些事。该等贿赂有时被称为"加速费"（speed money），因为它们能让事情进展得更快。在埃尔南多·德·索托（Hernando de Soto）的团队在秘鲁首都利马的一项研究中，研究者试图合法地开办一家服装厂而不支付任何贿赂。他们发现："一个普通人需要在官僚程序上花费289天。"[38] 总的来说，数据显示行政监管对做生意的妨碍在国与国之间存在非常大的差异。[39] 在很

---

[35] "对于在任者来说，只要坏的政策能把资源用在对忠诚投资上，那它就是好的政治。"参见 Hilton Root, *Capital and Collusion*, 36。

[36] V. Tanzi, "Corruption around the World: Causes, Consequences, Scope, and Cures," *IMF Staff Papers* 95. 4 (1998): 559.

[37] 这一短语出自 Hilton Root, *Capital and Collusion*。Root 认为向政治盟友的再分配打造了坚定的效忠者。

[38] Hernando de Soto, *The Other Path* (New York: Basic Books, 1989), 151.

[39] 下表使用了世界银行的数据，展现了在各地区开办一家最多50名员工的企业，所需程序数量和成本的差异。我们应该谨慎对待这些数据，因为其聚集度过高，定义也并不清楚。参见 World Bank, *Doing Business* (Washington, DC: World Bank, 2010)。

地区或国家	程序（数量）	成本（占平均国民收入的百分比）
东亚及太平洋地区	8.2	25.8
东欧和中亚	6.7	8.3
拉丁美洲和加勒比地区	9.5	36.6
中东和北非	7.9	34.1
经合组织国家	5.7	4.7
南亚	7.3	27
撒哈拉以南非洲	9.4	99.7

多国家，贿赂是合法生意的一部分。

除此以外，国民生产中的一部分存在于灰色市场，该市场通过向官员行贿来换取他们无视其存在，而得以生存。在无证经营的街边摊那样的灰色市场中，税收、劳动法、健康和安全监管、公司法、银行法都不再有用。因为这些生产者欠缺合法资格，所以他们属于"非正规部门"，在贫困国家，这一部门比在富裕国家占据着经济体中更大的份额。[40]根据一项估算，在富国，非正规部门的产出不到国内生产总值的17%；而在穷国，其产出在国内生产总值的25%到40%之间。灰色市场占总就业人口中的份额甚至比其占国内生产总值的份额更高。非正规部门在非洲撒哈拉以南地区雇佣了3/4的非农劳动力，而在部分亚洲重要国家，其雇佣了2/3的非农劳动力。[41]

在非正式部门中，摆脱监管需要付出高昂的代价：行为人不愿意因为向国家寻求保护而引起注意。他们必须使用私人手段保护财产、执行合同和追索债务。有组织的犯罪集团保护和掠夺他们。因而西西里的黑手党在一定程度上开创了保护小农免于犯罪侵害的先例[42]；哥伦比亚的

---

[40] 参见 Delhi Group on Informal Sector Statistics, "The Contribution of Informal Sector to GDP in Developing Countries: Assessment, Estimates, Methods, Orientations for the Future," Geneva, August 28-30, 2000。又见 Edgar L. Feige, "Defining and Estimating Underground and Informal Economies: The New Institutional Economics Approach," *World Development* 18.7 (July 1990): 989-1002。

[41] William E. Cole and Bichaka Fayissa, "The Urban Subsistence Labor Force: Toward a Policy-Oriented and Empirically Accessible Taxonomy," *World Development* 19.7 (July 1991): 779-789.

[42] Bandiera 在西西里黑手党兴起的论述中说明了这一点。在拿破仑时代，拿破仑国王废除了封建体系并将土地分配给小农。因为以前的大农场主需要更少的警察，丰收时期的盗窃和抢劫变成了比之前更大的问题。由于警察力量对于土地改革不感兴趣，小农向逐渐形成的黑手党寻求庇护，黑手党则就保护他们的财产收费。参见 O. Bandiera, "Land Reform, the Market of Protection, and the Origins of the Sicilian Mafia," *Journal of Law, Economics, and Organization* 19.1 (2003): 218-244。

贩毒集团也保护了非法种植古柯的小农；在包括俄罗斯[43]、印度尼西亚[44]、加纳[45]在内的许多国家，犯罪集团也大量参与到追索债务活动中；日本的破产法制定得如此不切实际，致使黑帮在财务困境解决中发挥作用。[46]在软弱的政府下，犯罪分子的执行代替了法律的执行，但这是一种令人厌恶的替代。[47]如果国家能承认非正规部门中的企业、保护它们的财产并执行它们的合同，非正规部门的生产率会急剧提升。然而，诱使企业脱离灰色市场，进入合法市场，要求降低繁重的税收和监管。

企业变得越大，逃避法律就越困难。因此，大多数大公司都隶属于"昂贵"的正规部门。它们必须缴税，遵守行政许可法（licensing law）和劳动法等监管法规。作为回报，正规部门的企业享有法律带来的更多优势，例如财产保障、合同执行和银行服务。表11.4总结了正规部门和非正规部门的一些特征。

---

[43] 参见 J. O. Finckenauer and Y. A. Voronin, "The Threat of Russian Organized Crime." U. S. Department of Justice, National Institute of Justice, 2001，载 http：//www. ojp. usdoj. gov/ nij。

[44] 参见 S. Christiansen, "Violent Youth Groups in Indonesia：The Cases of Yogyakarta and Nusa Tenggara Barat," *Journal of Social Issues in Southeast Asia* 18（2003）：110-138。

[45] 参见 M. Fafchamps, "The Enforcement of Commercial Contract in Ghana," *World Development* 34. 3（1996）：427-448。

[46] 日本律师联合会估计在1995年有超过1000名的非法"调停者"在破产程序中提供服务。"调停者"（seiriya）能中止或加速"扣押"（foreclosure），恐吓债务人或债务催收人，或者驱逐法律试图保护的租户。参见 C. J. Milhaupt and M. D. West, "The Dark Side of Private Ordering：An Institutional and Empirical Analysis of Organized Crime," *University of Chicago Law Review* 67（2000）：41。

[47] 参见 Geneva Declaration, "The Global Burden of Armed Violence," Geneva, September 2008。基础性的理论问题关注的是自然垄断和公共福利。有效的财产保障与合同执行需要一家机构比与之竞争的其他机构更有权力。因此，除非一家黑帮比其地盘内任何竞争者更强大，否则它无法有效地保护财产。在保护财产与合同执行中的权力并非是收益递减的，而是收益递增的。除了具有自然垄断的特征外，这些执法活动同样有着公共福利的特征。举例而言，使一条街道安全的警察保护了街上的每一个人，而不论他们是否纳税。由于人们无需支付就能获益，人们很难主动地负担安全保障活动的费用。国家通过税收供给安全保障活动的经费，而黑手党则用敲诈来为安全保障活动提供资金。作为获得规模经济和解决财产保障与合同执行的公共产品难题的不同途径，敲诈与黑帮斗争比法院与税收更加原始粗劣。

表 11.4　正规和非正规企业的特征

	正规部门	非正规部门
企业规模	大	小
法律状态	已注册	未注册
所有权	公司	家庭、合伙
政府角色	促进、保障	不保障

相对富裕国家而言，非正规部门的小企业和正规部门的大企业之间的区隔，改变了贫困国家的增长模式。在西方国家，一家企业通常从小生意开始，然后在几年之内失败，但也有一些企业成长成像谷歌那样的大型公司。然而，在发展中国家，小企业很难从非正规部门跨越到正规部门。非正规性减少了小企业获得信贷的机会，而它们需要用这些信贷来投资和成长。在贫困国家，大多数的大型企业并不是从非正规部门的小企业开始，而是从正规部门的相对较大的企业开始[48]，特别是在非洲撒哈拉以南地区。[49]

我们已经解释过，贿赂通过颠覆良法摧毁财富（损失）。贿赂同样通过颠覆那些抗拒被废除的劣法创造了财富（收益），并且，防范贿赂的成本昂贵（防范成本包括向警卫、审计师、警察、公诉人、法官、改

---

[48] 参见 J. van Biesebroeck, "Growth and Productivity Growth in African Manufacturing," *Economic Development and Cultural Change* 53.3 (2005): 545-583, 546; G. Ranis, "Analytics of Development: Dualism," *Handbook of Development Economics*, ed. H. Chenery and T. Srinivasan, vol. 1 (New York: North-Holland, 1988), chapter 4。还要注意的是，大公司很少上市。

[49] 参见 Van Biesebroeck, "Growth and Productivity Growth in African Manufacturing"。就一些家族企业而言，引人注目的反例确实存在。肯尼亚的恩德戈瓦集团（Ndegwa Group）和乌干达的穆卡瓦诺集团（Mukwano Group）就是从非常小的企业发展起来的。同样，较诸世界上其他地区，非洲（南非除外）的上市公司数量非常之少。2004 年，按照每百万人口计算的上市企业数量，加纳是 1.2，肯尼亚是 1.8，尼日利亚是 1.5，乌干达是 0.1，而南非是 12。世界平均值是 277。参见 S. Djankow, "The Law and Economics of Self Dealing," World Bank Research Papers 1—80, World Bank, Washington, DC, 2005。

革委员会和监察人支付的工资）。[50] 上述三个因素的综合，给腐败的社会净成本提供了一个简单的测量工具：

腐败的社会净成本 = 损失 + 防范成本 - 收益

当法律和公共政策最小化上述总和时，经济学家便认为该腐败是"最优的"。这一看似怪异的短语引发了对防范腐败成本和规避劣法收益的关注。

若反腐的努力将最大限度地降低这一公式所述的社会成本，则反腐应当成为国家目标。防范腐败上的支出，应集中在改进那些促进经济增长的法律的实施上，例如财产登记，合同执行，债务追索，企业设立、清算破产企业以及政府合同的竞争性招标；同时，也应集中在阻止危害活动上，例如防范盗窃，起诉欺诈，执行安全法规，削弱企业同盟、查封非法药品和向排污者征税。

反之，防范贿赂的支出不应集中在改进那些抗拒废止的劣法的实施上，例如为限制竞争而授予排他性许可的法律，或者有助于企业同盟协调价格的法规。同样，防范贿赂的不应集中在改进那些促进危害活动的法律的实施上，例如补贴露天矿，砍伐原始森林，或者为使农民不种植小麦而给予补偿。无效率地实施劣法胜过有效率地实施劣法，这样法律就无法实现其有害的目标。

政府应当更进一步，以至于要容忍贿赂破坏有害的法规和危害的活动？如果你能用行贿来和一名政客的朋友竞争，或者不论你花多少钱都

---

[50] Osterfeld 区分了增加产出的腐败和降低产出的腐败。参见 D. Osterfeld, *Prosperity versus Planning: How Government Stifles Economics Growth*（New York: Oxford University Press, 1992）。对这一区分的实证运用，参见 Douglas A. Houston, "Can Corruption Ever Improve an Economy," *Cato Journal* 27（2007）: 325; Mushfiq us Swaleheen and Dean Stansel, "Economic Freedom, Corruption, and Growth," *Cato Journal* 27（2007）: 343。阻碍企业发展的法律实施得没有效果，反而能提升国家财富。举例而言，国际贸易委员会允许国家在面对外国人不公平竞争时补贴国内生产者。塞克斯（Sykes）认为该法应当被废除。若无法废除，则他偏向于对"不公平竞争"采用前后不一致的检验方法，从而使该法不发生作用。参见 Alan O. Sykes, "The Economics of Injury in Antidumping and Countervailing Duty Cases," *International Review of Law and Economics* 16.1（March 1996）: 5-26。

不能和一名政客的朋友竞争,哪一种法律体系更糟糕?容忍贿赂将让法律失去尊重,而执行劣法也会如此。概括地讲,我们不能说哪一种更糟糕。废止或改革是最好的做法,其他任何政策都是有问题的,就像压制青霉素黑市交易的政策。

引发"猜疑"

涉及交换的大多数合同都是继续性的,而不是一时性的。或许买方现在支付而换取卖方将来履行的承诺,或许卖方现在履行而换取买方未来支付的承诺。对于继续性交换而言,当事人需要相互信任。合同法使人们能做出"说到做到"的合法承诺,这给信任奠定了基础。就像合同,很多贿赂也是连续性的而非一时性的。或许一名建筑商现在支付贿款来换取一张将来许可证的承诺,又或许一名官员现在发放许可证来换取未来贿赂的承诺。然而,贿赂是不合法的,因此国家不会执行当事人做出的这些承诺。甚至,贿赂为当事人相互盘剥提供了良机:或许一名官员先凭借建设许可证索取贿赂,而后凭借使用许可证索取另一笔贿赂,或许一方当事人用去警察局告发的威胁来敲诈。

大部分情况下,国家通过惩罚来遏制贿赂。[51]另一个替代策略是通过加深猜疑来瓦解贿赂。[52]犯罪分子之间的猜疑是"囚徒困境"的主题,它是第一个也是最著名的博弈论运用。共同犯下一桩罪行的两人被逮捕并被分开审讯。每个人都知道如果他们都不认罪,则他们就不会被定罪;每个人同样知道如果只有一个人认罪,他将得到宽大处理而另一人将受到严格惩罚。据此,对囚犯的分开审讯创造了一个信任困境。如

---

[51] 相关综述参见 Johann Graf Lambsdorff, *The Institutional Economics of Corruption and Reform: Theory, Evidence, and Policy* (Cambridge: Cambridge University Press, 2007)。

[52] 我们关于加深猜疑来防止贿赂的讨论基于 Robert Cooter 和 Nuno Garoupa: "The Virtuous Circle of Distrust: A Mechanism to Deter Bribes and Other Cooperative Games," Berkley Olin Program in Law and Economics, Working Paper Series, 2000,载http://repostitories.cdlib.org/blewp/32。

果他们充分信任彼此，没有人会认罪。如果他们相互猜疑，两人都会认罪。

这一逻辑也适用于贿赂。在双方都不举报的情况下，行贿者和受贿的官员都可以从贿赂中获益。如同上述囚犯，每一方必须信任另一方不会认罪。由于行贿和受贿都是非法的，贿赂包含了一个双边信任难题。如果合同法、公司法、劳动法和刑法能够解决商事组织的双边信任难题，那么，逆转这些法律所提供的激励就能引发猜疑，从而阻止许多贿赂发生。[53]

为了瓦解贿赂，国家可以对举报"贿赂未遂"（attempted bribe）的官员予以奖励。为了获得恰当的激励，奖励应当超过该官员接受贿赂的所得。因而，若一名官员的举报让一个向官员主动行贿100美元来换取非法驾照的人定罪，那么该官员可能收到125美元的奖励。预见到该等激励，就没有多少人愿意试图贿赂官员。最近，印度财政部首席顾问考什克·巴苏（Kaushik Basu）做出了非常相似的提议。他建议，为了合法和必需的服务而向官员行贿在印度不应该再是刑事犯罪。相反，行贿者在举报该贿赂之后，应当从国家那里获得贿款的返还。[54]

为了让这种方法更有效，法律可以给第一个举报行贿或受贿的人豁免或奖励。行贿者和受贿的官员都会害怕一旦贿款支付，对方就会飞速

---

[53] 特别参见 G. Fiorentini and S. Peltzman, The Economics of Organized Crime (Cambridge: Cambridge University Press, 1995), 1-30; C. Aubert, W. Kovacic and P. Rey, " The Impact of Leniency and Whistleblowing Programs on Cartels," International Journal of Industrial Organization 24 (2006): 1241-1266; G. Spagnolo, "Optimal Deterrence Mechanisms against Cartels and Organized Crime," mimeo, Mannheim University, 2003。我们没有讨论有组织犯罪的其他原因。例如，犯罪组织可以将犯罪活动分配给黑帮中预料能获得最宽大处理的成员，从而减少了刑罚加重的情形。除了减少刑罚加重情形，犯罪组织还能将刑罚分散到其成员中去，就像保险分散了事故的成本。参见 N. Garoupa, "The Economics of Organized Crime and Optimal Law Enforcement," Economic Inquiry 38 (2000): 278-288。

[54] 参见 The Wall Street Journal, 30 March 2011。

奔向警察局。面对这样的激励，便很少有人愿意行贿或受贿。[55]

确实有法律体系使用了这一奖励措施，通过引发猜疑来反击腐败。一个特别有趣的例子是一项名叫"告发人诉讼"（qui tam）的古老法律制度。在1861—1865年的内战（Civil War）期间，美国复兴并拓展了这一制度，以减少军队供给中猖獗的腐败。告发人诉讼允许个人向欺诈政府的某人提起诉讼，要求其赔偿损失。如果胜诉，政府将一部分的赔偿金支付给提起诉讼的个人。因而，诈骗政府1 000万美元的承包商的一名员工，可以向他的雇主发起一场成功的诉讼，并从1 000万美元的赔偿金中获得200万美元。[56]

"告发人诉讼"激励了不满的员工们提供企业不当行为的大量信息。在《举报人法》（"whistle-blower" statute）保护指控人免受报复后，上述激励甚至得到进一步增强。免受报复的保护包括匿名、豁免责任、工作保障以及向媒体披露政府信息的权利等。类似地，警察经常通过豁免责任或减少刑期，以奖励举报犯罪组织的歹徒。有时，警察使用重新安排住所和改变身份来保护线人免遭报复。污点证人（accomplice-witness）制度的引入有助于增加追诉的数量，并把意大利黑手党的凶杀案数量从1991年的约700宗降低到2007年的约200宗。[57]

第七章解释了无效的合同法将交易引向有着持久关系的人群之间的

---

[55] 用数字举例，一个为了一张非法驾照给官员100美元的行贿者应该能够举报犯罪，提交非法驾照和其他可以让官员定罪的证据，然后获得豁免以及125美元的奖励。类似地，受贿的官员也应该能够举报犯罪，提交贿款和其他可以让行贿者定罪的证据，然后获得豁免以及125美元的奖励。首先成功上报的一方将获得豁免和奖励，而另一方将被追诉和定罪。除了严重破坏信任外，这一方法减轻了证据压力。对贿赂未遂的举报经常缺乏证据；确凿的证据经常来自于既遂的贿赂。通过向首先报告其自身行贿或受贿的一方提供豁免和奖励，法律克服了这一难题。

[56] 作者库特的一名学生——David Kwok正在撰写他关于"告发人诉讼"的博士学位论文。相关初步的结果，参见 David Kwok, "Coordinated Private and Public Enforcement of Law: Deterrence under Qui Tam," Annual Meeting, American Law and Economics Association, May 7-8, 2010.

[57] Antonio Acconciay, Giovanni Immordinoz, Salvatore Piccolo, and Patrick Rey, "Accomplice-Witnesses and Organized Crime: Theory and Evidence from Italy," Discussion paper, Center for Studies in Economics and Finance, Naples University Frederico II, 2009.

重复交易。类似地，腐败的非法性也把贿赂引向了关系型交易上。在一个小团体中，人们能够建立行贿和受贿所必需的信任。在有着持久纽带的人群中，国家通过诱发猜疑来抑制腐败的任务更加难以完成。除了建立信任，关系还让贿赂的"不道德性"陷入争论。假设一名警察迫使一辆超速的汽车停住，而司机把驾照及其下面的 20 美元一起向警察出示。这当然是一次贿赂。可是，假设司机没有在其驾照附上 20 美元，而是提议向警察的教堂捐赠 20 美元，或者，向警察询问他是否喜欢一瓶葡萄酒作为圣诞节礼物，或者，司机说他最近为警察的表兄弟弄到了房屋建造许可证，又或者，司机谈及他们曾在同一支部队服役。人们能够同意边界清晰（sharp-edged）的贿赂是不道德的，可捐赠、帮忙、礼物和拉近乎（appeal to solidarity）模糊了贿赂清晰的边界。由于亲属、种姓、种族和友谊，互惠的义务战胜了不得行贿和受贿的义务，或者改变了贿赂的道德意义。[58]因此美国商人有时把馈赠礼物看做贿赂，而日本商人却把同样的行为看做忠诚的黏合剂。

其他的对策

就像白蚁，贿赂也会在阳光中死亡，所以用光照亮腐败就能终结腐败。因为人们都爱读与腐败相关的报道，媒体可以从报道中获益。独立媒体能把腐败置于聚光灯之下，特别是如果它能不泄露信息来源以实现对其保护的话。[59]根据我们的计算，国家的腐败感受指数（透明国际）和新闻自由指数存在着强负相关性（ -0.72 ）。[60]

腐败官员稍稍改变了他们的工作，使得它们不那么显眼。在公开采

---

[58] Christopher Kingston, "Parochial Corruption," *Journal of Economic Behavior and Organization* 63.1 (2007): 73-87.

[59] A. Brunetti and B. Weder, "A Free Press Is Bad News for Corruption," *Journal of Public Economics* 87.7-8 (August 2003): 1801-1824.

[60] 这一结果根据数值计算而得。按照惯例，这里有一些异常值，例如新加坡，其不存在感受到的腐败，可只有有限的新闻自由。

购中，与没有市场价格的专用商品相关的回扣比具有市场价格的标准商品更容易掩饰。所以，腐败官员更偏向于建筑一座巨型水坝而非开挖许多水井的灌溉项目，或更偏向于建造一栋新建筑而非生产孩子们校服的学校项目，或更偏向于兴建一艘战列舰而非生产更多来复枪的军事项目。

为了不让外界知晓内幕，腐败官员同样偏好于模糊的法律原则而不是明确的规则。任命一名法官的法定资格可以是"从一所经认可的大学获得法学学位"，也可以是"足够的法律经验"。当一名政客任命一名法官时，媒体容易发现被任命者是否从一所被认可的大学获得法学学位，但观察者们却难以对被任命者的法律经验是否"足够"达成一致。与之类似，侵权法可以规定失去一根手指应判给1 000美元的赔偿，或者法律也可以规定"合理的赔偿"。查明法院是否判给了1 000美元远比确定法院判决的赔偿是否"合理"容易。为了让腐败曝光，法律应当更多依赖于明确的标准，更少依赖于模糊的原则。

瑞典在其公务员中杜绝了所有腐败，其公务员像其著名的女高音安·索菲·冯·奥特（Anne Sofie von Otter）的嗓音一样清澈，可印度却有着普遍的腐败。有些观察者认为文化差异造成了不同国家中腐败的差异。在2001年之前的纽约市，联合国官员受到外交豁免的保护而不会被停车执法。尽管每名外交官被平等地豁免，一项调查却发现，来自高度腐败国家的外交官累积的未支付的违法停车罚款大大超过来自低度腐败国家的外交官。[61] 老习惯被带到了新地方。

腐败是一种顽强的文化特质还是一种可改变的习惯？感受到的腐败非常参差不齐地分布在各国和各部门中——在一个国家或部门中很高，而在另一个国家或部门中很低。因而，不像其他阿拉伯国家，约旦的腐败指数接近于法国。类似地，在博茨瓦纳，感受到的腐败显著低于其他

---

[61] Raymond Fisman and Edward Miguel, "Corruption, Norms, and Legal Enforcement: Evidence from Diplomatic Parking Tickets," *Journal of Political Economy* 115 (2007): 1020.

的非洲国家。同样，在智利，感受到的腐败显著低于其他的拉丁美洲国家。新教的拉脱维亚的腐败程度与天主教的波兰及穆斯林的土耳其一致。最近，新加坡改写了历史，成为足以和北欧国家相比的世界上"最清廉"国家之一。

我们知道没有任何一种理论能彻底解释这些高低变化，但是社会规范的经济分析提供了一个重要的洞见。假设甲国的大部分公务员都期待其他公务员廉正，为了获得他们同行的认可，他们将为那些索贿的公务员感到羞耻而加以举报。预见到这一事实，恐惧制止公务员索贿，贿赂从而消失。甲国之所以有着廉正的公务员系统，就是因为其官员们期待彼此都是廉正的。当廉正持续下去，它就被看做一种文化特质。

反之，假设乙国的大部分公务员都期待其他的公务员不廉正，为了获得他们同行的认可，他们将不会为那些索贿的公务员感到羞耻而加以举报。预见到这一事实，公务员不再担心惩罚，所以他们进行索贿，贿赂从而蔓延。乙国之所以有着不廉正的公务员系统，就是因为其官员期待彼此都不是廉正的。当不廉正持续下去，它就被看做一种文化特质。

腐败消失或持续，取决于人们帮助国家去惩治贿赂的意愿，而人们这样做的意愿则取决于每一个人对其他人如何行事的期待。用经济学行话来说，这一情形有着"多重均衡"（multiple equilibria），有些像甲国一样有着低度腐败，而有些像乙国一样有着高度腐败。

除了预测腐败在各国参差不齐地分布之外，社会规范的经济分析还能预测减少腐败的改革何时能够成功或失败。既然期待可以自我实现，那么行为的改变就需要一种被证明属实的期待的改变。之前的内容解释了为什么"告发人诉讼"和《举报人法》需要奖励举报贿赂的官员。有了该种奖励，人们就能出于自利举报不当行为，所以每一个人都正确地期待其他人将举报不当行为。因而，新加坡对腐败的迅速涤除，需要在公务员系统内创造一种其他人不会受贿的期待。

为抑制腐败而做出的一个小改变，有时会事半功倍。假设有如此多的官员受贿，以至于他们每一个都觉得继续这么干足够安全。可令每个人惊讶的是，警察突然宣布了一项新目标——每个月查明和追诉一起贿赂。在第一个月，有人举报一起对警察的贿赂，这名受贿的官员被开除。每名官员开始相信索贿比他以前所想的更危险。不止如此，每名官员都知道其他官员也在这么想。如果许多官员停止受贿，那么受贿将变得非常危险。由于这些相互依存的期待，可能所有人都会突然间不再受贿。[62]

反之，为抑制腐败而做出的一个大改变有时也会收效甚微。假设有如此多的官员受贿，以至于他们每一个都觉得继续这么干足够安全。可令每个人惊讶的是，警察宣布：他们的目标是每个月查明和追诉25起贿赂。为了达到这一目标，警察需要许多公务员一起合作。每名公务员并不相信其他公务员会合作，所以没人合作，警察不出意料地失败了。警察的失败让每个人确信受贿就像过去一样，足够安全且有利可图。警察在抑制腐败上投入了大量努力，却收效甚微。除非每名官员有理由相信其他许多人会与反腐运动合作，否则反腐运动很少成功。

追诉一个只是打破窗户或跳过地铁验票闸门的人能防范抢劫和盗劫吗？也许，小的犯罪和大的犯罪能通过期待联系到一起。当犯罪分子观察到他们无法从小的犯罪中逃脱，他们可能就会推定，他们也无法从大的犯罪中逃脱。举报者有时能够帮助当局通过追诉逃税、洗钱等不那么严重的犯罪来消灭更严重的犯罪。[63]纽约市遵循了这一理念，并在20世纪90年代后极大地降低了它的犯罪率。

---

[62] 多重均衡是社会规范模型的特征。参见 R. Cooter, "Three Effects of Social Norms on Law: Expression, Deterrence, and Internalization," *Oregon Law Review* 79 (2000): 1-22. 就这一观念在腐败中的运用，参见 P. Bardhan, "Corruption and Development".

[63] 一项对107个国家的法律统计学研究说明了资产没收制度（assets forfeiture programs）对于打击有组织犯罪的有效性。Edgardo Buscaglia, "The Paradox of Expected Punishment: Legal and Economic Factors Determining Success and Failure in the Fight against Orgagainst Organized Crime," *Review of Law and Economics* 4.1 (2008): 290-317, 载 http://www.bepress.com/rle/vol4/iss1/art14.

结　论

　　贿赂是削弱经济的毁基之蠹。腐败减缓了经济增长，而缓慢的增长进一步降低了在反腐上的开支。然而，这一恶性循环并非牢不可破：有些穷国有着可与富国相比的低度腐败，反之亦然。反腐的努力应集中在改进那些促进经济发展的法律的实施上，而不是改进那些阻碍经济发展的法律的实施上。当高层的政客感到安全，他们就可以对腐败秉持细水长流的态度，攫取适中的贿赂，从而让企业兴旺。不过，他们必须禁止下级官员竞相索贿。当高层的政客感到不安全时，或者他们不能约束下级官员时，掠夺式的贿赂将扼杀经济增长。为了约束官员，现代国家依赖于一个遵循官僚制规则的公务员系统，这让腐败难以隐藏。腐败通常需要行贿者和受贿者之间的信任。为了防止腐败，法律和政策应加剧行贿者和受贿者之间天生的猜疑，一个特别的方法就是对一方提供让另一方定罪的信息加以奖励。

第十二章 事故责任法：贫困是危险的

铁丝网使都灵到巴塞尔的公路免受岩石崩落的危险，而兴都库什山（Hindu Kush）中从喀布尔（Kabul）到白沙瓦（Peshawar）的公路却没有这样的保护。在贫困国家驾车，在工厂做工，给电冰箱插电，喝牛奶，住院或者生活在任何笨重、高速、不稳定或腐蚀性的物体周围，都比在富裕国家更加危险。统计证明贫困带来危险。发展中国家及转轨国家中每10 000辆机动车的交通事故死亡率比发达国家高很多——亚洲国家每10 000辆机动车的交通事故死亡率大约是17%，拉丁美洲国家高达26%，而西欧只有2%。[1]发展中国家及转轨国家的工伤事故同样发生

---

[1] 1999年，全世界交通事故死亡事故估计是543 000起，其中99 000起发生于高度机动车化的国家，其余全部发生在发展中国家和转轨国家。如果考虑到人身伤害事故，这一鸿沟将成倍地扩大，因为每一起死亡事故都伴随着30起到45起人身伤害发生。这些数字是将质量参差不齐的数据合并起来所做的估算。所有数字都来自于G. Jacobs, A. Aeron-Thomas, and A. Astrop, *Estimating Global Road Fatalities* (London: Transport Research Laboratory, Department for International Development, 2000)，载http://www.esafetysupport.org/download/eSafety_Activities/Related_Studies_and_Reports/Estimating%20Global%20Road%20Fatalities%20report.%20TRL.pdf; WHO, *World Health Statistics*, various issues (New York: WHO)。如果有人因统计漏报偏差而对上述数据加以修正，那么对于西方国家，数值固然将大大增加，可对于发展中国家，数值更会增加约200 000起到300 000起。*The World Health Report 2000*得出了一个高得多的道路交通死亡事故数字。(世界总数是123万，欧洲总数是129 000。)（参见统计附录，表3，第168页）。

得更为频繁。[2]根据一项估算,在 2002 年全世界发生的 351 000 起工伤死亡事故中,超过 95% 发生在发展中国家及转轨国家,而只有不足 5% 发生在西方工业国家。[3]人为事故引起的死亡也同样如此。2000 年到 2004 年间,世界经历了约 1 725 件灾难性的人为事故,大多数是工业事故或交通事故,例如有毒气体泄漏、火车脱轨和建筑物垮塌。很显然,由此造成的死亡 90% 发生在发展中国家及转轨国家。[4]

为什么贫困国家的人民遭受更多的事故?穷人没有多少钱花在安全上,就像他们没有多少钱花在蔬菜、保险、家具及其他所有东西上。一名理性人会平衡事故造成的损害与为避免事故支出的成本。当穷人找到平衡时,事故便相对地多发,预防的花费将相对地低廉。

收入是造成贫困国家事故更多的部分原因,而非全部原因。自利促使人们为他们自己和他们的家庭购买保险,但不会为别人购买保险。很多人将他们自己的支出看得比别人的风险更重。阶层、宗教、种族、民

---

〔2〕 参见 International Labor Organization, *World Day for Safety and Health at Work: A Background Paper*, ILO, Geneva, 载 http://www.ilo.org/public/english/bureau/inf/download/sh_background.pdf.

〔3〕 同前注。

〔4〕 这是根据国际紧急灾难数据库(EM-DAT: The OFDA/CRED International Disaster Database, Université Catholique de Louvain, Brussels, Belgium, 载 http.em-dat.net)计算而得。一起灾难要列入该数据库至少需要满足下述任一标准:10 人或更多人据报死亡;100 人或更多人据报受到影响;宣布进入紧急状态;请求国际援助。下表展现了 2000 年至 2004 年间,一些因人为灾难引起的每 1 000 万名居民中有着大量死亡事故的国家:

国家	每1000万名居民死亡事故	国家	每1000万名居民死亡事故
尼日利亚	10.76	泰国	2.65
伊朗	9.23	孟加拉国	2.60
埃及	6.96	印尼	2.30
土耳其	5.14	中国	2.24
扎伊尔	4.42	巴基斯坦	2.19
俄罗斯	3.53	巴西	2.09
菲律宾	2.72		

来源:EM-DAT: The OFDA/CRED International Disaster Database, Université Catholique de Louvain, Brussels, Belgium, 载 http.em-dat.net.

族或性别的分裂加剧了这一问题。除了道德，很多人要靠物质来激励他们保护别人免遭事故伤害，这包括了来自赔偿责任法（liability law）的激励。对责任的恐惧使很多人提高了对他们房屋、车辆、办公室、工厂和产品的保险。除了上述收入的影响之外，赔偿责任法的影响是解释为什么贫困会带来危险的另一个原因。

要钱还是要命

美国喜剧演员杰克·本尼（Jack Benny）曾扮演过一名吝啬鬼。在一个著名的桥段里，本尼正在夜里步行回家，这时一名男子从巷子走出来，拿着枪问他："要钱还是要命？"我们中的大多数人都会立即放弃我们的钱。本尼却犹豫了，然后回答："我想想，我想想。"

就像杰克·本尼，经济学家已经在思考人们对他们生命的估值。经济学家基于为了安全所支出的花费，采用一种巧妙但有争议的逻辑来推算（impute）这一价值。举例而言，假设我想买一个报警器以免我的古董车失窃。我在报警器上花费越多，我的安保等级就越高。假设我花费了 100 美元，这使得失窃的几率降低 1%。观察者从这些事实中就能够估算我对这辆车的主观价值。如果我是一名理性人，我对车的估值乘以降低的失窃几率大致等于我在安保上的花费：

$$我对车的估值 \times 0.01 = \$100$$

这一等式说明我对车的估值是 10 000 美元。[5]

运用这一逻辑，经济学家根据人们愿意为降低死亡风险支出的数额来推算死亡风险的主观价值。[6]因此，一名业主可以通过搬到一栋更安全的房子，或者通过安装昂贵的烟雾探测器、总电源箱（breaker box）

---

[5] 通过求解该等式，可得汽车的价值等于 100 美元/.01 或 10 000 美元。

[6] 拿最简单的推理方式来说，若一个人愿意花费 100 美元以降低 1‰的死亡事故风险，则死亡风险就价值 1 000 000 美元。经济学家将这种死亡风险的主观成本称为"生命的统计学价值"。

和安全的电缆线来降低死亡事故的几率。工人可以通过辞职并寻找一份更安全的工作来降低工伤死亡的几率。更安全房子的市场价格、业主为了房子更安全的花费以及给更危险的工作支付的工资溢价,都揭示了死亡风险的主观成本。[7]据此,假定我花了10 000美元,使我的死亡几率降低了1‰。经济学家可以推算出我默示的生命估值乘以降低的死亡几率大致等于我在安全上的花费。

$$我对我生命的估值 \times 0.001 = \$10\,000$$

这一等式说明,当我购买安全时,我所默示的生命估值等于1 000万元。我们把这一估值称为"死亡风险的主观成本"。

尽管对死亡风险主观成本的估计是不精确和彼此不可比的,但它仍然具有启发意义。对人均国内生产总值在25 000美元到30 000美元之间的富裕国家而言,上述成本的典型数值是300—900万美元。换言之,富裕国家的人们愿意在保上花费300—900万美元,以避免一次统计学含义上的死亡。在一个国家中,相对更富的人比相对更穷的人为降低死亡风险花费更多。因此,维斯库斯(Viscusi)估计:收入每提高1%会导致个人将他们防范死亡风险的花费大致提高0.5%。[8]这种估计发现在相对富有的国家(地区)中,死亡风险的成本更高。对20世纪80年代的中国台湾地区来说估值是43万美元[9],对韩国来说估值是80万美元,对印度来说,这一估值在100万到400万美元之间不等。[10]倘若我

---

〔7〕 参见W. K. Viscusi, J. E. Aldy, "The Value of a Statistical Life: A Critical Review of Market Estimates throughout the World," *Journal of Risk and Uncertainty* 27. 1 (2003): 5-76。

〔8〕 同前注。在统计意义上挽救一个生命的最优投资的收入弹性(income elasticity)估计是0.5到0.6。那么,最优安全投资(I)和个人平均收入(y)的关联函数就是$I = 725y^{0.6}$。

〔9〕 J. Liu, J. K. Hammit, J. Liu, Estimated hedonic wage function and value of life in a developing country, *Economic Letters* 57. 3 (1979): 353-358。数据源自20世纪80年代,价值用20世纪90年代的美元价值表示。

〔10〕 参见W. K. Viscusi and J. E. Aldy, "The Value of a Statistical Life: A Critical Review of Market Estimates throughout the World," *Journal of Risk and Uncertainty*, Springer 27. 1 (2003): 5-76, 27-28, 表4。

们从死亡风险转向工伤事故，则后者中收入和花费之间的关系也并无二致。[11]

以上数据关系到个人对于发生在他们自己身上的风险（包括死亡风险）的主观价值。之前，我们观察到自利的人们为他们的家庭和他们自己购买保险，但不会为陌生人购买。许多人需要在赔偿责任法提供的物质激励之下，才会保护其他人免遭事故。理想状态下，来自赔偿责任法的物质激励应促使个人对陌生人像对他们自己那样谨慎小心。如果这一理想状态实现，赔偿责任法将使得贫困国家的人民比富裕国家的人民在保险上花费更少。相对于富裕国家，贫困国家的强制安全标准、环境标准、避免工作事故和工伤的标准，以及应有的谨慎水平都会大大降低。

这个结论和瑞士阿尔卑斯山（Alps）与阿富汗兴都库什山公路上的差异一致。如果阿富汗在保护公路免受岩石崩落上的花费跟瑞士一样多，那它就非常错误地配置了国家财政收入。如果发展中国家试图仿效富裕国家的安全标准，它们的公民将会反对，因为他们的税款有着更迫切的用处。

这一关于政府开销的命题同样适用于私人企业。当发展中国家对企业不切实际地施加健康和安全的高标准，后果完全可想而知：生产将转到监管无从发挥作用的灰色市场（grey market）。[12]许多消费者喜欢由

---

[11] 关于医疗保健的统计学说明了与事故类似的情况。职业病的致死人数是工伤事故的4倍，这些死亡同集中在发展中国家和转轨国家。2005年世界卫生报告表明，在2002年，美国在医疗保健上花费了国内生产总值的14.6%，而其人均国内生产总值超过了27 000美元。请注意，合并计算事故和疾病使世界范围内每年的工伤死亡数量达到220万例。石棉致死大约100 000例，化学肥料和杀虫剂致死另外70 000例，危险的建造工作致死大约60 000例。而人身伤害的数量远高于这些数字。2001年，工伤事故造成的3天或更多天的缺勤数量估计是268 000 000起，其中只有5%发生在西方工业国家。这些数字在大多数发展中国家——特别是在那些具有高速工业增长率的国家——不断增多。印度是以上结果中一个值得注意的例外，这大概因为相对于许多发展中国家，它有着更优秀的法律和监管体系。让我们转到医疗保健的支出上，美国在2002年在医疗保健上大约每人花费4 000美元，这比许多亚洲和非洲国家的人均国内生产总值都高。参见 World Health Organization, *World Health Report 2005*, Statistical Annex 5, 198。

[12] 第十一章详细解释了灰色市场在国家监管之外的运作情况。

非正规部门生产的更便宜但更危险的产品,而不是由正规部门生产的更昂贵但更安全的产品。例如,埃及对食品产业施加了不切实际的健康标准,致使超过80%的食品由低生产率、小规模的供应者非正规地生产出来。[13]执行适中的标准远比宣布高得离谱的标准更能增进安全。

我们已解释,当贫困国家的监管者对企业适用与富裕国家同样的安全标准,前者的市场就会将生意转移到不受监管的企业手中。这一监管命题也适用于私法中有关事故的谨慎标准。法院会判定加害人对因他们过失造成的事故负有责任。如果法院在贫困国家适用与富裕国家同等的过失标准,则前者的生意就会转移到可以逃避责任的企业手中。因此,如果法院要求贫困国家的卡车维护水平与富裕国家相同,卡车运输生意就会转换到非正规部门的企业里。

这一关于私法中谨慎水平的观点同样适用于损害赔偿的水平。计算赔偿金需要估计事故造成的损害。如果法院在贫困国家适用与富裕国家同样的事故赔偿标准,贫困国家的生意就会转移到灰色市场里能逃避责任的企业手上。

有关于此,跨国企业引发了一个在情感上令人痛苦的问题。假定一名印度尼西亚员工在日本企业的雅加达分公司工作中受伤。受害人起诉了这家企业。大阪工厂的平均安全水平比雅加达的高。法院在该案中应当适用哪一种安全标准?法院应该要求日本企业对雅加达的印度尼西亚工人提供的保险水平与其对大阪的日本工人一样吗?或者,法院应该要求日本企业对其在雅加达分公司的印度尼西亚工人提供的保险水平,与在雅加达类似的印度尼西亚企业对其工人提供的水平一样?印度尼西亚人将对认为印度尼西亚人的生命没有外国人值钱的外国雇主产生强烈的愤恨,外国企业则对于在雅加达遵守比类似的印度尼西亚企业更高的标

---

〔13〕 V. Palmade, "Why Worry About Rising Informality? The Biggest and Least Well Understood Impediment to Economic Development," mimeo, The World Bank, Washington, DC, 2005.

准心怀不满。[14]

同样的困境在损害赔偿中也会出现。法院是否应当不考虑受害人是在企业的雅加达工厂还是大阪工厂中工作,而对同等损害判给同等的损害赔偿金?或者,损害赔偿应当因区位不同而不同?

跨国诉讼同样面临这一困境。在雅加达的日本企业中受伤的印度尼西亚工人可能想在大阪起诉这家企业。印度尼西亚工人或许希望日本法院使用更高的标准,判给比印度尼西亚法院更多的损害赔偿金。相同的逻辑也适用于一家美国企业的雅加达分公司,且其程度更甚,因为美国法院比日本法院对待事故受害者更加慷慨。总的来说,发展中国家中被跨国企业损害的工人和消费者,怀着在案件中适用更高安全标准和获得更高损害赔偿的希望,可能想在国外法院起诉。[15]

发达国家的法官应当理解,受理这样的案件将使跨国企业相比发展中国家中与之类似的国内企业,处在竞争劣势。[16]换句话说,将母国的侵权法适用到企业在国外分公司的案件中,会给其所在国有着最不健全的侵权标准和最低损害赔偿金额的投资者带来竞争优势。结果,对发

---

〔14〕 原则上,根据事故发生地国的法律,外国法院可以受理并判决一起侵权案件,但在事实上这非常困难。国际法没有解决这一问题。虽然就安全、健康和环境问题,联合国或国际劳工组织为跨国企业设定了国际性的行为准则,但国际准则是软法,没有约束力。参见 K. Tapiola, *UN Global Compact and other ILO instruments*. (Paris: OECD, 2001); R. Blanpain and M. Colucci, *The Globalization of Labour Standards: the Soft Law Track*, (Leiden: Kluwer Law International, 2004)。

〔15〕 即使发达国家的法院适用与发展中国家的国内法院一样的法律处理案件,受损的工人仍可能想把案件递交到外国法院,因为后者比国内法院更加廉正和有效率。法域的竞争能提升法院的效率,就如市场竞争能提升企业效率一样。几乎所有人都会从更有效率的法院中受益。总体而言,如果国际企业在一个有着腐败且无效率的法院的国家中运营,发达国家的法院就应该审理涉及在该国实施侵权行为的案件,但法院应当适用低收入国家的标准、注意水平和适当的损害赔偿金。在我们的例子中,日本法院应该适用印度尼西亚法,而不是日本法。对于在雅加达运营的工厂,印度尼西亚的安全标准和损害赔偿水平比日本的标准和水平产生更好的激励。

〔16〕 Sykes 在分析 1789 年《国外人侵权请求法》(Alien Torts Claim Act) 时详尽论证了这一观点,该法对外国人诉诸美国法院加以监管。Alan O. Sykes, "Transnational Forum Shopping as a Trade and Investment Issue," *Law and Economics Colloquium*, April 21, 2008, *Northwestern University*, *Chicago*, *Searle Center on Law*, *Regulation and Economic Growth*.

中国家的外国投资发生了扭曲并减少。这一事实可以部分解释为什么法院不愿意接受这种跨国诉讼——虽然有些法院确实受理了这些诉讼。[17]

不怕判决与不受审判（Trail Proof）

在工业革命之前，事故法和安全监管在欧洲法律中只发挥很小的作用。[18]现代的事故法随着工业化、市场扩张、福利国家以及生活水准的提高而在欧洲兴起。这些变化强化了人们给陌生人造成事故的责任。发展中国家从欧洲的民法典、普通法和法规中，"移植"了它们事故法的大量内容。法律很容易起草，但使它们有效的制度必须经过漫长的时间才能发展出来。可以用一个更好的比喻——"嫁接"（grafting）来取代"移植"。就像把一棵桃树的树枝附着到梅树的树干上，来自外国的纸面上的法律被嫁接到现有的法律制度上。为了嫁接成功，嫁接必须克服其宿主的抵抗。当相对贫困的国家从相对富有的国家嫁接事故法时，这些规则需要调整，以适应根基性的制度。

相对富有的国家中对保险更多的需求部分解释了为什么相对贫困的国家更加危险。另一解释则关注了采取预防措施、避免侵害他人的法律激励。较诸富裕国家，贫困国家有多得多的人们无力负担判决的责任或购买责任保险。不论事故受害者是富人还是穷人，都不可能从无力赔偿损害的人那里索要损害赔偿金。因为没有什么可以失去，贫困的被告人不会对责任诉讼怀有任何畏惧。

赔偿责任法对于阻吓非常贫困的被告是无效的，而贫困国家有很多这样的人。购买力低于每天1美元通常被定义为"绝对贫困"。世界银行在2011年估计，发展中国家中22%的人口每天依靠不到1美元生活，

---

〔17〕据此，英国法院已经为发展中国家原告针对跨国企业的损害赔偿请求开放了法庭。参见 *Lubbe and Others v. Cape Plc.* [2000] 4 All ER 268，在一起石棉案件中，被告是英国的母公司而原告是纳米比亚的公民。

〔18〕法国于1804年制定的《民法典》仅仅拿出两个条款来规定侵权规则。

54%的人口每天依靠不到2美元生活。[19]当这些人造成人身损害或死亡时，他们显然无力向受害者支付赔偿。

在隶属于经合组织的富裕国家中，几乎没人生活在上述定义的绝对贫困中。一个更为相关的概念是相对贫困。在2000年，生活在相对贫困——其被定义为收入低于平均收入的一半——中的人口比例大约是10%。[20]在经合组织国家中，法院会对人身伤害或死亡判定高额的损害赔偿金。因此，在经合组织国家里，当生活在相对贫困中的人们意外损害他人或致其死亡时，他们经常无力负担判决的责任。较诸贫困国家，这一不怕判决的问题在富裕国家相对较小，尽管后者判决的责任重得多。[21]

用安全监管来取代赔偿责任能够减少不怕判决的问题。国家官员必须首先发现相对人违反了安全法规，才能予以罚款。处罚是由对法规的违反而非某一次事故所触发。课加小额但高概率的罚款能够为不怕判决的人提供促进安全的有效激励。因此，假定花费1美元的安全预防措施能完全消除事故发生的可能性，同样假定监管者发现违规的几率是50%，未在预防措施上花费1美元的加害人预期会支付1.5美元的罚款。一个理性的加害人将通过采取花费1美元的预防措施，来对罚款的威胁作出反应。另一种情况是，假定法院使用赔偿责任而非罚款以威胁潜在的加害人。不采取预防措施将有10%的几率导致一起事故，并造成200美元的伤害。如果一个理性的加害人有充分的财产支付200美元的损害赔偿金，那他就会采取安全预防措施来对责任的威胁作出反应，

---

〔19〕 World Bank, *World Development Indicators* (Washington, DC: World Bank 2005), Table 2.5.

〔20〕 参见 M. Förster and MM. D'Ercole, *Income Distribution and Poverty in OECD Countries in the Second Half of the 1990s* (Paris: OECD, 2005), 表7.4, 第74页。

〔21〕 S. Rose-Ackerman, "Establishing the Rule of Law," in *When States Fail, Causes and Consequences*, ed. R. Rotberg (Princeton: Princeton University Press, 2003), 182-211.

但如果他的财产只有 5 美元，那他就不会采取任何措施。[22]

正如我们所解释的，无法受赔偿责任威胁的穷人，能够被以违规罚款为后盾的监管所阻吓。因而在贫困国家，赔偿责任可适用的范围较小，监管可适用的范围较大。总体而言，当一个国家根除了贫困，它就能更多地依赖责任和更少地依赖罚款，来制止人们让他人面临不合理的风险。（监禁的威胁是另一种形式的阻吓，对此我们不在这里讨论。）

行政能力限制了发展中国家对安全监管的依赖程度。在发展中国家，非正规部门或灰色市场，平均雇用了约 70% 的劳动人口，产出国民收入总值的 38%。[23] 即便在最佳状态下，监管也难以在非正规部门中执行，因为它们规避了大部分的纳税、劳动法以及健康和安全的监管。更有效率的行政管理和更切合实际的监管能将非正规部门的生产转移到正规部门。

相对于责任，安全监管的另一个限制是监管者可能比法官更容易腐败。制定法律的立法者和适用法律的公务员，可能比法官有更大的活动空间从特别利益群体那里牟利，以此作为帮忙的交换。监管和赔偿责任法之间的最佳平衡，有赖于相关国家中监管者和司法者具有的制度性优势与劣势。

贫困能令穷人不怕判决所确定的责任，而财富则能令富人不受审判。如果富人能负担应诉，而穷人无力负担起诉，那对于穷人，富人就成了不受审判之人。这一情形经常出现在贫困国家的特定几类事故中，例如机动车事故（更富的人们驾车）和工厂事故（雇主比他们的雇员富有）。

---

〔22〕 如果一名加害人的财产只有 5 美元，那么他几乎就是光脚的不怕穿鞋的。如果他没有采取预防措施，他的预期责任是 $0.1 \times 5 = 0.5$ 美元。通过承担 0.5 美元的责任而不是花费 1 美元的预防措施，他节省了费用。因而，在我们的例子中，赔偿责任法不能使一名只有 5 美元财产的理性加害人采取安全预防措施。

〔23〕 相关的全面研究参见 F. Schneider, "Shadow Economies and Corruption All Over the World: New Estimates for 145 Countries," *Open-Assessment E-Journal* 1.9 (2007): 1-66。这些数字显示了 1999 年到 2005 年间的估算结果。

政府机关和非营利组织的法律援助能减少不受审判问题。然而，法律援助通常不能延伸到城市以外的区域，而且，法律援助也受困于那些经常让公共服务苦恼的其他不足。另一方面，风险代理费（contingency fee）给贫困的事故受害人提供了进入法院的机会。如果原告胜诉，赚取风险代理费的原告律师就能获得和解或判决数额的一部分，败诉则他什么都得不到。风险代理费将提起诉讼的财务风险转移给原告律师。律师以风险代理方式承接一个案子是由于其金钱价值，而不是因为原告的财产。事实上，以风险代理方式工作的律师想要起诉富有的被告，而通常不在乎他所代表的原告是富是穷。

在英国和大多数大陆法系国家，风险代理费传统上不被允许。然而，风险代理费的做法似乎正在发展中国家中蔓延。因而在印度，贫困的原告严重依赖赚取风险代理费的律师。风险代理费在客户和律师之间会催生激励问题[24]，但风险代理费也是为许多国家穷人打开法庭之门的唯一一把钥匙。

保　险

我们已经讨论了防范事故的激励。然而，很多事故是不可防范的。现在，让我们从防范事故转向分散风险。事故一旦发生，苦难就会随之产生。化解苦难涉及将事故伤害在人群中分散，而不是将它集中在事故的受害人上。在富裕国家，国家提供的社会保险或者受害人或加害人购

---

[24] 粗略而言，一名按小时工作的律师，会通过增加不必要的工作时间来赚钱，而一名赚取风险代理费的律师，会通过减少工作时间来赚钱。赚取风险代理费的律师可能在案子中努力甚少，并会接受向客户赔偿过低的和解条件，以此获得较高的单位工作小时收入。对这些激励的解释，参见 Robert Cooter and Tom Ulen, *Law and Economics*, 6th ed. (Saddle River, NJ: Prentice Hall), Chapter 10。又见 A. M. Polinski and D. L. Rubinfeld, "A Note on Settlements under the Contingent Fee Method of Compensating Lawyers, International Review of Law and Economics," 22.2 (2002): 217-225。载 http://www. sciencedirect. com/science?_ob=JournalURL&_cdi=5846&_auth=y&_acct=C000047720&_version=1&_urlVersion=0&_userid=1093976&md5=30359928f2da6a4287539ded6222850f。

买的私人保险可以覆盖大多数事故。保险将事故的成本从受害者那里分散到保险单持有人或纳税人身上。然而,在贫困国家,保险购买者实际上通常局限于政府职员、军事人员、公务员、大型私人或国有公司雇员以及富人。穷人——特别是农村地区的穷人——大多没有保险。

"保险外的现款支付费用"("Uninsured out-of-pocket costs"),是指受害人因事故产生的花费减去保险支付的赔偿之后的余额。因而,人身伤害的保险外的现款支付费用包括了受害人不能报销的医疗费用。在低收入国家中,伤害产生费用中现款支付的平均份额很高且不固定。我们同样认为,发展中国家的穷人也用现款支付了大部分的事故成本。

我们没有数据证明上述有关事故成本的事实,但我们确实获得了与所有医疗费用有关的数据。表12.1给出了部分国家中现款支付费用占国家医疗费用的百分比。这些都是病人自己支付,而非保险或国家支付的医疗成本。该百分比衡量了每一个国家医疗行业的风险分散水平。这些数字最低不到5%,最高超过80%。因为更少的保险和更少的国家医疗保健,贫困国家的现款支付费用较诸富裕国家比例更高。[25]

表12.1 部分国家中现款支付的医疗费用占全部医疗费用的百分比(1997)

国家	费用(%)	国家	费用(%)
英国	3.1	南非	46.3
德国	11.3	印度尼西亚	47.4
美国	16.6	菲律宾	49.1
意大利	17.0	墨西哥	52.9
日本	19.9	巴西	54.6
法国	20.4	尼日利亚	71.8
俄罗斯	23.2	中国	75.1
意大利	41.8	印度	84.6

---

[25] 参见 P. Musgrove, R. Zeramdini and G. Carrin, "Basic patterns in national health expenditure," *Bulletin of World Health Organization* 80.2 (2002): 134-146。又见 *World Health Report 2000* (New York: WHO, 2001), 93。

在关于合同的第七章中，我们解释了关系可以取代国家对承诺的执行。关系同样可以取代私人或公共的保险。家庭、朋友和家族可以帮助遭遇事故的个人。经济增长和城市化改变了社会关系，这增加了对保险的需求。虽然关系在农村仍然牢固，可城市化削弱了亲属之间的纽带并降低他们相互帮助的意愿。同时，市场和国家提供的保险取代了被削弱的关系。然而，在分散风险的制度中，鸿沟依然存在，这使穷人更容易遭受事故伤害。例如，贫困的印度家庭中，父亲一旦生病，全家就不得不依赖长子的收入。如果一场事故令长子去世，亲属们将无法长久地提供所需要的帮助，以避免这个家庭流落街头。在印度农村的一项分组调查（panel study）确定，疾病和事故产生的高额现款支付费用是人们沦为绝对贫困的首要原因。[26]

生活比绝对贫困稍好的每一个人都恐惧沦为绝对贫困。为什么保险公司不向这些人中的大多数出售保险？保险公司提供保险的基础是便于收集的信息。众所周知，这些信息很容易操控和编造——正如V. S. 保奈尔（V. S. Naipaul）在其小说《毕司沃斯先生的房子》（*A House for Mr. Biswas*）中所生动描写的那样。一名加勒比海的印度商人借助"先投保后放火"的手段来避免破产。小说中的保险公司对此有所怀疑，但无法证实。真相是这名商人先购买一份保险，而后烧毁了自己的店铺。

为了减少欺诈，一家盈利的保险企业通常有赖客户在日常生活中保留下的书面记录。正规经济部门能够提供这样的记录，非正规部门则无法提供。正规经济中的生意需要使用记录交易的银行，相反，非正规部门的生意很少使用银行。记录的保留是解释为什么相对富有的个人和正规部门的企业拥有保险，而非正规部门中贫困的事故受害人没有保险的一个重要原因。

---

[26] A. Krishna, "Escaping Poverty and Becoming Poor: Who Gains, Who Loses, and Why?" *World Development* 32.1 (2004): 121-136.

发展中国家的赔偿责任法或许应当将事故的成本转嫁到最容易获得保险的一方,而不用考虑过错。为抵消相对贫困人群中的保险匮乏,国家可以让容易获得保险的个人和企业,就其对无法获得保险之人造成的损害承担严格责任。对很多交通和工业事故而言,加害者都是已保险的企业,而受害者都是在非正规部门中未保险的个人。判定这些加害人承担责任将通过保险分散事故的成本,而一项认定加害人无责任的规则将把事故的成本集中在受害人身上。这一对策在加害人和受害人之间没有合同关系(考虑一下"汽车事故")的情形下最有效。这样,富人就不能通过不与穷人打交道来避免责任。

然而,这个对策会遇到一个明显的限制。先前我们解释了操纵和欺诈将保险成本增加到让一部分人无法企及的水平。那些阻碍意外保险的力量同样阻碍了赔偿责任法。就像私人保险公司,法院在民事责任的案件中也会被愚弄和操纵。因此,一个烧毁了自己店铺的破产店主能提出虚假的保险索赔,或者换一种方法,这名店主可以用风险代理费雇佣一名律师,向该店铺的火炉制造商提起虚假的责任诉讼。

事故法的标准

我们已经讨论了监管能够减轻"不怕判决"的问题,风险代理费能够减轻"不受审判"的问题。另一个一般性的对策涉及事故法在贫困国家的法律形式。事故法可依赖于清晰的标准,也可以依赖于模糊的原则。汽车的速度限制或卡车的载重量限制就属于清晰的标准。而要求汽车以合理的速度行驶和卡车应有着合理的载重量则属于模糊的原则。清晰标准的另一个例子是针对不同种类的事故规定不同的赔偿金钱数额(例如,失去一根手指是5 000美元,失去一只手是35 000美元),而模糊的原则会判给"过去的收入加上肉体痛苦与精神创伤"。

清晰的标准使得法院能够迅速作出判决而无需搜集太多的信息,因而缓解了法院特有的迟延。清晰的标准还让教育程度较低和接受训练较少的政府管理者与法官能更容易适用法律。同样，如果标准是清晰的，那么腐败和欺诈就更难被隐藏，更容易被发现。出于这些理由，发展中国家的事故法应多制定清晰的标准，少制定模糊的原则。

例如，考虑一下严格责任规则和过失责任规则的差异。在过失责任规则下，法院必须搜集关于被告为避免事故所做努力的信息，进而将这些努力与法律所要求的谨慎相比较。然而，这些事实对于适用严格责任规则是不必要的。根据后者，责任仅取决于损害是否由事故所造成，而不是加害人是否有过错。严格责任和过失责任的差异，说明了更少的抗辩事由简化了赔偿责任法适用这一普遍原则。我们已经解释，较诸发达国家，发展中国家的事故法应多制定清晰的标准而少制定模糊的原则。发展中国家处理事故应多运用严格责任规则而少运用过失责任规则，就是对以上原则的一个运用。

作为另一个例子，一些发展中国家已经对一些类型的事故引入了统一费率（flat rate）的损害赔偿。当法律规定了统一费率的损害赔偿，法院就不必听取关于赔偿金的辩论。例如，印度 1998 年《机动车法》用清晰标准取代了普通法的模糊原则。该法（第 140—142 条）在死亡和永久性残疾的情形下给予了统一费率的损害赔偿，提供了一份导致永久性残疾的全面损害清单，并且规定了丧葬费、被扶养人的扶养费、医疗费、肉体痛苦和精神损伤以及收入损失的固定数额。印度《机动车法》的明确推行缩短了诉讼时间，减少了对受害人及其继承人赔偿的拖延。同时，该法也降低了对判决责任案件的法官进行培训的要求。该法的一个缺陷是法定的赔偿金容易滞后于经济的变化。为避免这一滞后，一个专家小组应该定期审查并更新具体金额。

结　　论

在贫困国家，生命更容易遭遇危险，这是因为人们在保障他们自己和别人的安全上花费更少。反之，当人们的收入提高，他们会在保障自己的安全上花费更多,并且,当人们预期到责任会增加,他们也会在保障别人的安全上花费更多。然而,赔偿责任法基于两个基本理由,在发展中国家对于阻吓事故起的作用相对较小:其一,非正规部门的加害者无法支付判决所确定的责任("不怕之人");其二,贫困的事故受害人无法向律师付费去起诉他们的加害人("不受审判之人")。为缓解这一问题,较诸富裕国家,贫困国家应该更多依赖监管,更少依赖赔偿责任法来控制事故发生。并且,事故法应该更多地制定清晰的谨慎标准和损害赔偿金的法定条款,而不是模糊的规则。为了把保险延伸到没有保险的事故受害人,针对那些给非正规部门的人们造成损害的正规部门行为人,严格责任应当得到更加广泛的适用。为了增加诉诸法院的机会,国家应允许事故受害人向他们的律师支付风险代理费。

就正在工业化的国家而言,给工人和消费者提供多少保护是最合适的?与19世纪的欧洲国家相似,今天的发展中国家想要迅速地工业化,因而它们在一定程度上通过让工人承受工伤事故的大部分成本,以及让消费者承担缺陷产品的大部分损害成本来促进经济增长。这是一个错误。那些将风险加诸他们的人应当承担由此产生的损害成本。否则,风险的价格就会扭曲,并进而扭曲增长的模式。如果企业支付的比它们造成的事故成本少,它们就几乎没有受到激励来采取预防和创新来降低事故成本。可是,贫困国家比富裕国家在避免事故上花费要少,而且它们这么做有很好的理由。一次事故在贫困国家引发的责任,比相同的事故在富裕国家引发的责任轻,而且情况本该如此。发展中国家的加害者应该承担它们所造成的事故成本,但是,就同等的损害或死亡,贫困国家中责任的谨慎标准和赔偿金数额低于——并且应当低于——富裕国家。

第十三章　学术混客与过时经济学家

18 世纪的医生曾认为血液中的不平衡状态引发了疾病。为了恢复平衡，医生使用过滤器从虚弱的人身上吸出血液。据说，这种治疗方法加速了身体衰弱的作曲家莫扎特的离世。[1]类似地，错误的发展理论会削弱经济，有时还会害死民众。正如之前所指出的，错误的经济学导致民众死亡的例证就是集体化农业。集体农业化导致饥荒和疾病，进而在 20 世纪导致大量人口死亡。[2]错误的经济学同样造成贫困，它使得民众缺乏健康——如今，日本的预期寿命是 83 岁，而赞比亚是 39 岁。[3]

---

〔1〕 Ralph DePalma, Virginia Hayes, and Leo Zacharski, "Bloodletting: Past and Present," *Journal of the American College of Surgeons* 205（2007）: 132.

〔2〕 据说，苏联在"二战"期间有大约 1 000 万名士兵阵亡以及 1 200 万名平民遇难。第二次世界大战使大约 400 万中国士兵及 600 万中国平民死亡。因此，战争死亡总人数加一起大概是 3 000 万。Robert Conquest 估计苏联自 1926 年到 1937 年的饥荒死亡人数是 1 100 万。根据中国国家统计局的正式统计，中国 1960 年全国人口比上年减少 1 000 万。（参见中国国家统计局编：《中国统计年鉴》（1983），中国统计出版社 1983 年版，第 103 页；中国国家统计局国民经济综合统计司编：《新中国统计资料汇编》，中国统计出版社 2010 年版，第 6 页。——译者注）根据来源不同，对死亡人数的估计会有显著的变化，关于对不同死亡人数估计比较的网站，参见："Source List and Detailed Death tolls for the Twentieth Century Hemoclysm", 载 http://users.erols.com/mwhite28/warstat1.Htm. 关于第二次世界大战中各国伤亡清单，参见："World War II casualties" Wikipedia, 载 http://en.wikipedia.org/wiki/List_of_World_War_II_casualties_by_country# Casualties_by_country.

〔3〕 这一 2009 年的数据来自中央情报局，*The World Factbook*, 载 https://www.cia.gov/library/publications/the-world-factbook/rankorder/2102rank.html。

错误的或正确的经济学观念，能在多大程度上影响经济政策？20世纪30年代经济大萧条时期的伟大理论家凯恩斯认为，很少有其他什么东西比经济学观念更重要：

> 经济学家和政治哲学家们的观念，不论它们在对的时候还是在错的时候，都比一般所认识的要更有力量。的确，世界就是由它们统治着。讲求实际的人自认为他们不受任何学理的影响，可是他们经常是某个已故经济学家的奴隶。在空中听取灵感的当权的狂人，他们的狂乱想法不过是从若干年前学术界拙劣学者的作品中提炼出来的。[4]

一部发展经济学的简史展示了经济学家的观念——无论它们是错的还是对的——是如何影响贫困国家经济增长的。

经济发展理论概观

我们将从发展经济学的历史中提炼出三个大的研究思路并概括它们关于增长原因的主张。第一种思路强调了国家在经济中的主导作用。国家能够通过社会主义国家中的中央计划或关键产业国有化，或者资本主义国家中对市场的普遍监管来主导经济。从20世纪30年代到80年代左右，"国家主导的增长理论"（theory of state-led growth）是发展经济学的主流。根据这一理论，自由市场导致发展中国家不充分的资本积累和缓慢的增长。发展中国家的行政官员和政治家们应该选择有前景的产业，并通过国家所有权、补贴或监管，指导资本投入其中。

下面这个假想的斯里兰卡建筑工地说明了国家主导增长的逻辑。这个工地有100名工人，其中99名工人使用手铲开挖土方的数量和一名工人使用铲土机开挖的土方数量相同。如果有第二台铲土机可用，产能将几乎提高50%。根据国家主导的增长理论，自由市场对像铲土机那样

---

[4] John Maynard Keynes, *The General Theory of Employment, Interest, and Money* (London: Macmillan, 1936), 383.

的机器投资不足，而国家计划者能够为社会选择最优投资。

作为另一种选择，发展经济学第二种大的思路强调市场自由化是增长的原因。自由化理论与新古典主义经济学相联系，偏好利用市场进行资本分配。为了有效率地分配资源，自由化理论认为，发展中国家必须消除所有因补贴、监管和贸易壁垒造成的市场扭曲。发展中国家应该私有化，去监管以及采取自由贸易。这是一个与国家主导经济截然相反的对策。在20世纪80年代，特别是在世界银行和国际货币组织的影响下，自由化取代了国家主导增长，成为发展理论的主流。上述两大组织的所在地被用来给自由化理论命名，这就是"华盛顿共识"。

自由化理论带来了对资本市场的乐观预测。根据这一思路，本地市场、全国市场和全球市场都可以引导资本投入到其能赚取最高回报率的地方。由于贫困国家的资本相对于劳动力稀缺，它们被认为会有更高的资本回报率。所以资本市场能使贫困国家比富国较快地获得资本，不同国家的生活水平也将趋于一致。[5]用之前的例子来说，即自由资本市场使得斯里兰卡的建筑公司能购买额外的铲土机，只要它们的产能超过了它们的成本。所以，斯里兰卡的建筑公司将不断购买额外的铲土机等机器，直到它的每名工人资本比率（ratio of caiptial）接近法国或韩国那样的国家。

不同于强调国家主导作用或自由化，第三种思路集中在"制度"上。这一模糊的术语通常是指对政策构成约束的持久性习惯。在道格拉斯·诺斯的话语中，制度性约束是政策制定者的"游戏规则"。[6]因而，

---

[5] 资本的边际收益随着资本数量的增多而下降，所以那些资本最少的国家能从更多的资本中获益最大。而且，边际收益还能测算在一个竞争性市场中借方就资本愿意支付的代价。资本市场将在借方支付最多的地方贷出资本，那地方多半处于资本边际收益最大的贫困国家中。

[6] 参见 D. C. North, *Institutions, Institutional Change, and Economic Performance* (Cambridge: Cambridge University Press, 1990), 3; North, "Institutions and Economic Growth: An Historical Introduction," *World Development* 17.9 (1989): 1319, 1321; North and R. P Thomas, *The Rise of the Western World: A New Economic History* (Cambridge: Cambridge University Press, 1973); Barry r. Weingast, "The Economic Role of Political Institutions: Market-Preserving Federalism and Economic Development," *Journal of Law, Economics, and Organization* 11.1 (1995): 1-31.

"制度"既包括制裁规则破坏者的社会规范和法律规范,也包括维系它们的各种组织。按照这一进路,制度决定了一项经济政策的实际后果。相同的政策——比如产业补贴或市场监管——根据不同的制度设置,会产生不同的后果。因此,限制砍伐的监管措施可能制止了滥砍滥伐,也可能仅仅给森林管理者提供了一项新的贿赂来源。

哪些制度对于经济增长至关重要?我们可以在很多地方找到重要的制度:政府部门、公务员、法院、警察、政党等政府组织;商会、交易所、行会、工会、族群贸易网络及有组织犯罪集团等经济组织;教会、清真寺、寺庙和慈善组织等宗教组织;中小学校、大学和研究机构等教育组织;家庭、婚姻、社团等社会组织。

又或许最重要的制度是法律。当经济学家认真对待法律在金融中所起作用,并比较不同国家在经济上的表现时,开始了当代发展经济学研究向法律的转向。[7]在过去的10年间,研究发展的学者日益聚焦于支持市场的法律制度,特别是财产法、合同法和商事法。在这些法律真正发挥作用时,它们能保障财产权、承诺的执行以及商事组织的商誉。

不同于大多数之前关于法律和经济发展的论著,本书关注的是那些支持创新的法律制度。发展中国家的大部分创新是通过发现新的市场和

---

[7] 这一运动的代表人物是 Andrei Shleifer,其合著者是 E. Glaeser、R. La Porta、F. Lopez-de-Silanes 和 R. Vishny。他们使用跨国的计量经济学得出:较诸大陆法系,普通法法系倾向于向更高的效率演进。但这一论点并没有经受住经济学的检验。参见 Daniel Klerman et al., "Legal Origin and Economic Growth," Working Paper 03-07, Georgia State University School of Policy Analysis, 2009。然而,也可以从他们的研究中挖掘出相关证据,以显示不同融资市场的法律基础在促进增长上的差异。

我们在这里使用了他们的研究,但与他们相比,我们强调了创新而淡化了不同法律体系的普通法起源或民法起源。请注意,一个更早的法律与发展运动在20世纪60年代曾短暂繁荣,随后却失败了。参见 D. M. Trubek, "Toward a Social Theory of Law: An Essay on the Study of Law and Development," *Yale Law Journal* 82 (1972):1; D. M. Trubek and M. Galanter, "Scholars in Self-estrangement: Some Reflections on the crisis in Law and Development Studies in the United States," *Wisconsin Law Review* 4 (1974):1062。相反,当代法律经济分析的兴起就如同一栋坚实建筑的建立:在20世纪60年代由科斯所发掘,如 "The Problem of Social Cost," *Journal of Law and Economics* 3 (1960):1-44;在20世纪70年代由 Guido Calabresi 的 *The Costs of Accidents* (New Haven, CT: Yale University Press, 1970) 和 Richard Posner 的 *Economic Analysis of Law* (Boston: Little, Brown, 1973) 奠基,最后在20世纪80年代掀起高潮。

采取新的组织形态,而不是通过新技术的发明来完成的。市场和组织形态的创新,就像其他创新一样有风险。一家甘冒风险的商事组织把资本和新点子联合起来,这提出了一个信任难题。对该双边信任难题的最佳解决办法来自于私法与商事法的法律结构。

制度主义之前的两个进路要么忽视法律,要么聚焦在错误的法律上。国家主导增长的理论对政策的偏好胜于法律,因为政策比法律更能赋予官员们在处理经济时的灵活性。国家主导增长同样排斥私法(财产法、合同法)和商事法(公司法、金融法、破产法),而偏好于公法(行政法以及各种监管)。自由化理论忽视了法律在创造市场中的作用,只强调废除阻碍市场的公法(去监管)。因而向私法和商事法的历史转向让人回忆起圣经旧约中《诗篇》:"匠人所弃的石头已成了拱顶石。"[8] 表 13.1 总结了发展经济学历史的概观。

表 13.1 发展经济学历史概观

名称	时间	失败	解决办法
国家主导发展	1930—1975	不充足的资本	直接投资
华盛顿共识	1975—1990	错误的价格	自由化
制度主义	1990—2000	拙劣的制度	支持市场的制度
法律	2000—现在	劣法	支持市场和组织的法律

国家主导增长?

为什么国家主导增长的理论最先占据了发展经济学的主流地位?两次历史性发展回答了这一问题。首先,将近一个世纪的经济增长终结于 20 世纪 30 年的大萧条,这沉重打击了世界资本主义经济并激起了对自由市场和自由贸易的疑虑。其次,随着资本主义陷入低迷,许多人认为

---

[8]《旧约·诗篇》118:22。

他们在社会主义苏联和纳粹德国看到了强劲的经济增长。苏联在几乎没有国际贸易的情形下，用国家推动的工业化取得了高速增长。第二次世界大战结束后，其他一些国家尝试建立他们自己版本的苏联。共产主义在中国和部分东南亚地区获得了胜利。正如尼赫鲁（Nehru）时期的印度和恩克鲁玛（Nkrumah）时期的加纳所显示的，非洲和亚洲的新独立国家在不同程度上实行了社会主义制度。在南美，胡安·贝隆利用政府计划重构了阿根廷的经济，而弗朗西斯科·佛朗哥（Francisco Franco）亦在西班牙奉行类似的政策。

在这一政治环境下，发展经济学作为一门学科出现了。在20世纪40年代和50年代，许多杰出的学者指出发展中国家需要政府对经济采取主导。[9] 1957年，诺贝尔奖获得者冈纳·缪达尔（Gunnar Myrdal）简要地总结了那个时代的至理：

> 在众多不发达国家中，国家政策最为重要的一个转变就是这样的共识：即它们全部都应当具备经济增长的国家政策……实际上，它们被一致要求建立包罗万象又融为一体的国家计划。如今，除了少数几个国家还未被大觉醒运动（Great Awakening）*触动之外，其他所有不发达国家都在尝试着为自己制定这样一套计划。[10]

国家主导经济理论真的是大觉醒运动吗？为了回答这一问题，我们将简要回顾和评论这一思想的主要学派。任何一本导论性的微观经济学教科书都解释了国家主导经济背后的基础观念。学生们首先学到的是完全竞争模型，教科书将其描述成一个自我监管的体系。接着，从垄断开

---

[9] 参见 P. Krugman, "Complex Landscapes in Economic Geography," *American Economic Review* 84.2（1994）:412。

* 译者注：大觉醒运动是在美国基督教历史上出现的数次复兴运动。大觉醒亦被视为美国的宗教复兴，延续新教的宗教改革精神。该运动被普遍认为对美国的思想、观念以致社会生活曾产生重大影响，亦确定了美国的宗教文化。

[10] Gunnar Myrdal, *Economic Theory and Under-Developed Regions*（London: Duckworth, 1957），79。

始,学生们会学到对完全竞争的各种偏离,它们引起市场失灵。当生产规模的回报递增使得最大的企业具有最低的生产成本时,垄断自然地发生了。在自然垄断下,只有一家企业能在自由竞争中存活。类似地,当最小有效生产规模(minimum efficient scale of production)相对于市场来说获利较大时,寡头垄断自然地发生了。在自然寡头垄断下,只有少数几家企业能在自由竞争中存活。不像自我监管的竞争,自然垄断和自然寡头垄断需要监管或者其他形式的国家控制,尽管经济学家们对于它们需要多少监管或控制并没有达成一致。

若自然垄断和自然寡头垄断在发达国家与发展中国家同等存在的话,则可以推测,发达国家与发展中国家对它们的管理需要同等的政府经济控制。然而,若自然垄断和自然寡头垄断在发展中国家比发达国家更盛行,那么发展中国家就比发达国家需要更多的政府经济控制。

对上述观念在不同方面上的深入研究产生了发展经济学的几种思想流派,不过,它们都偏向于国家对经济的主导作用。以保罗·罗森斯坦-罗丹(Paul Rosenstein-Rodan)为代表的"不平衡增长"(unbalanced growth)学派认为,企业具有递增的规模收益。若这一看法是正确的,则一家公司在其达到"最小有效规模"(minimum efficient scales)之前会一直亏损,之后将扭亏为盈。为了有利可图,现代各经济部门中的每一家企业都必须达到其最小规模。对于在街上小车中贩卖水果而言,其最小规模较小;对于提炼石油而言,其最小规模很大。根据这一理论,在现代经济中,最小规模应该像炼油厂那么大,而不是像水果小车那么小。

根据这一理论,发达国家的私有企业已经超过了最小有效规模,而发展中国家的企业仍维持在低于最小有效规模的水平。据此,如果发展中国家里不盈利的公司变得更大,那么它们就能实现盈利。发展中国家的私人资本市场无法给企业增长提供充足的资金,以使它们扩大规模并盈利。因此,国家应当补贴国内公司,保护它们免于外国竞争,直至这些企业达到了足以开展国际竞争的最小有效规模。同样依据该理论，在企业到达上述临界点时，就能取消补贴和保护。[11]

一个有影响的对"不平衡增长"的补充性观念是"大推动"（"big push"）。相互依赖的企业集群必须同时达到最小有效规模，才能使一个产业成功。例如，一家汽车制造商必须和其轮胎供应商同时达到最小有效规模，以便让它们中任何一方能在国际汽车市场中竞争。企业之间联接的要求所有企业同时变大。可其所需的资本量对于资本市场来说实在太大。作为替代，国家应当创建一个投资委员会或一个国家垄断机构，以指导资本投入到有前景的产业中。政府同时对许多产业一起投资，就是"大推动"。[12]

就像物理学中的"大爆炸"理论，发展的"大推动"理论至今仍余音绕梁。当下联合国千禧年计划（United National Millennium Project）认为撒哈拉沙漠以南的非洲国家需要依赖大量的外国投资，以便登上增长阶梯的第一级，进而开始它们的攀登。这一项目呼吁将外国对

---

[11] 欧洲主张空客公司需要政府融资，以便达到能和波音公司在组建商用飞机上竞争的必要规模，这与发展中国家的上述主张非常相似。设计大型商用飞机非常昂贵，以至于世界上只可能容纳少数几家制造商。在20世纪70年代，波音公司占据国际市场的支配性地位，而欧盟则设立空客公司向波音公司发起挑战。欧洲政府给空客的创立提供了大量补贴，但一旦其国际市场上获得了重要地位后，"空中客车联盟公司"就被私有化了，补贴据称也被取消。（空客和波音经常相互指责政府违反世界贸易组织规则，秘密给对方补贴。）据称，就空客盈利所需规模而言，私人资本市场没有足够的资金为其融资。

欧盟是否谨慎地使用了政府资金？评论者之间存在分歧。或许，空客是一项对于私人市场而言太大而无法融资的好投资，是一个例外的案例。或许，空客是一次不经济的愚蠢之举，就像运用英国和法国的补贴创建超音速客机——协和。协和的商业服务于1976年开始，可随着2000年一场在巴黎的致命坠机事故而事实上终止。协和创下了飞机速度的纪录，却始终没有可能让政府收回对其巨额的投资。旅客们更喜欢便宜的票价。

[12] 参见 P. N. Rosenstein-Rodan, "Problems of Industrialization of Eastern and Southeastern Europe," *Economic Journal* 53. 210/ 211 (1943): 202-211。当 Leibenstein 断言自我持续的经济增长首先需要国家扶植以确保"临界最小努力"理论（critical minimum effort）时，他持有一个相似的观点。参见 Harvey Leibenstein, *Economic Backwardness and Economic Growth* (New York: Wiley, 1957)。请注意，大推动理论类似于马克思的"原始积累"概念，它在苏联工业化的过程中发挥了重要作用。根据马克思的"Capital: A Critique of Political Economy"（1867），现代工业部门在其能独立存在之前必须取得一个最小规模。资本家通过从行会、农民和其他传统部门窃取财富，而不是通过从他们自己的生产中留存利润，为机器、建筑物、铁路和其他资本品的最初积累提供资金。为了完成"原始积累"，苏联从农业部门攫取资源，以便为工业部门提供资金。

第十三章 学术混客与过时经济学家

非洲的发展援助额翻一番或增至 3 倍,并预期这将逐渐消灭贫困。[13]该项目的基本原理与许多统计研究相矛盾,后者发现发展援助对经济增长几乎没有或完全没有作用。[14]此外,部分非常贫困的非洲国家以及其他地区的国家并没有陷入不可自拔的困局中,反而已经进入快速和可持续的发展时期。[15]

就像"大推动"理论一样,以赫希曼(A. O. Hirschman)和缪达尔为代表的"平衡增长"(balanced growth),肇始于观察到发展中国家的规模经济在供应链上下游间产生了溢出效益,所以,每一家购买生产要素和出售产出的企业都给其他企业带来收益。企业之间相互交易的市场价格低估了这些"前向关联和后向关联"(forward and backward linkages)。[16]在相互关联的产业中,生产的私人收益未达到它们的社会价值,所以自由市场中的产业将不能充分扩张。为解决这一问题,国家应选择有前景的产业并给予补贴和监管优待,以使其避开竞争。平衡增长需要补贴和监管,但不需要大推动。

规模经济(economy of scale)和范围经济(economy of scope)也被运用到国际贸易中。在规模经济下,最大的一家或多家企业享有自然垄断,因为它们能以比其竞争者更低的价格生产。该自然优势来源于这些企业最早做大这一历史偶然,而不是来源于它们内在的实力。在 20 世纪三四十年代,国际贸易中最大的企业都来自最早工业化的富国。这一历史的偶然给了这些企业在国际贸易中的垄断力量。

---

[13] 参见 goal 8 of the United National Millennium Project,载 http: // www. unmillenniumproject. org/ goals/ gti. htm# goal8。

[14] William Easterly, *The White Man's Burden*:*Why the West's Efforts to Aid the Rest Have Done So Much Ill and So Little Good* (New York:Penguin Press, 2006).

[15] D. Rodrik, "Goodbye Washington Consensus, Hello Washington Confusion? A Review of the World Bank's Economic Growth in the 1990s:Learning from a Decade of Reform," *Journal of Economic Literature* 44. 4 (2006):973.

[16] 参见 A. O. Hirschman, *The Strategy of Economic Development* (New Haven:Yale University Press, 1958); G. Myrdal, *Economic Theory and Underdeveloped Regions* (London:Gerald Duckworth, 1957)。

有了自由贸易，发达国家的大企业将驱逐发展中国家的小企业。如果发展中国家允许自由贸易，那么它们国内的企业将无法发展得足够大以参与国际竞争。根据这一观点，为了迎头赶上，发展中国家应当在其"幼稚产业"（infant industries）长大变强期间，拒绝自由贸易以保护它们的企业。因而许多从事国际贸易和发展研究的学者都建议贫困国家应使用关税来限制进口。[17] 由于国内产业在关税壁垒之内成长，消费者将用国内商品取代进口商品，这使得国内企业能发展得更大，并让它们的生产成本降低。直到国内产业达到能与国际竞争的有效规模，这一过程才告一段落，国家从而能在这一时点上取消国际贸易保护。[18]

辛格（Singer）和普雷维什（Prebisch）还认为出口原材料将使贫困国家维持贫困。之所以说原材料出口是一个贫困陷阱，是因为原材料的价格相对于制成品始终在下降。[19] 由于随着时间的推移，原材料价格不断下降，那些主要出口原材料的贫困国家将变得更加贫困。（当代生态学者通常相信与之相反的观点——随着资源耗竭，原材料的价格将急剧上升。）

虽然普雷维什偏向于暂时的关税保护以限制国际竞争，激进的贸易怀疑论者却更偏向于永久保护。激进的怀疑论者认为有着小规模产业的贫困国家不可能开展国际贸易竞争。如果它们尝试着那么做，它们将变

---

[17] 参见 H. J. Bruton, "A Reconsideration of Import Substitution," *Journal of Economic Literature* 36.2 (1998): 903。

[18] Raul Prebisch, *The Economic Development of Latin America and Its Principal Problems*, UN document No. E/ CN. 12/ 89/ Rev. 1 (Lake Success, NY: United Nations, 1950)。

[19] 具体而言，根据普雷维什的说法，对原材料的需求是无弹性的，所以来自发展中国家的原材料供给提升将导致其国际价格的下跌。因而国际贸易的条款始终对原材料出口国不利。所以，不能将一个国家的经济集中在出口原材料上。另外，供应中的随机冲击（random shock）和价格的无弹性结合在一起，会导致大幅价格波动，这使经济陷入混乱。因此需要创立一个政府委员会来缓和国际价格波动。同前注，另参见 H. W. Singer, "The Distribution of Gains between Investing and Borrowing Countries," *American Economic Review: Papers and Proceedings* 40 (1950): 473。

成远离富有"中心"的贫困"外围"。更糟糕的是，如果贫困国家允许外商直接投资，国际企业将剥削它们。富裕国家对贫困国家的剥削是列宁帝国主义理论的核心。[20]为了避免被帝国主义者剥削，当代有些全球化的批评者相信，贫困国家应该减少对国际经济的参与。

除了溢出效益和贸易怀疑主义，发展中国家补贴国内企业的另一个理由来自于发展经济学中另一个不同的思想流派。根据阿瑟·刘易斯（Arthur Lewis）的"二元经济"理论（dual economy），发展中国家有着迥然有别的两个部分——现代部门和传统部门。[21]传统部门中每名劳动者产出很少，因为他用以工作的工具太少，比如只能用手铲挖掘。相反，现代部门中每名劳动者产出很多，因为他用以工作的工具很多，比如可以用铲土机挖掘。根据这一观点，当劳动者从传统部门转移到现代部门，传统部门的产量下跌少许，而现代部门的产量大为增长。

为了具体说明，假设一名农民雇用他的儿子耕种家里一小块地。劳动者如此之多，土地如此之少，以至于儿子的劳动无法产出很多。父亲向儿子支付了维持刚够养家糊口的工资，而这也超过了他儿子的产出。因而儿子的工资包括了他父亲的补贴或馈赠。在这一情形下，如果儿子离开农场，搬到城市，得到一份工厂的工作，然后养活自己，那么儿子和父亲的收入都将会提高。[22]（用经济学的专业术语，这一论断可以阐

---

[20] 1917年开始的俄国共产主义革命的领导人列宁，认为富国和贫困国家处在和马克思理论中资本家与工人一样的相互关系中——前者剥削后者。参见 V. I. Lenin, *Imperialism: The Highest Stage of Capitalism* (New York: International Publishers, 1984)。

[21] W. A. Lewis, "Economic Development with Unlimited Supplies of Labor," *Manchester School of Economic and Social Studies* 22. 2 (1954): 139; J. J. C. H. Fei and G. Ranis, *Development of the Labor Surplus Economy: Theory and Policy* (Homewood, IL: R. D. Irwin, 1964); D. W. Jorgenson, "The Development of a Dual Economy," *Economic Journal* 71 (1961): 309-334; A. K. Sen, "Peasants and Dualism with and without Surplus Labor," *Journal of Political Economy* 74 (1966): 425-450.

[22] 观察前资本主义的封建领主遵从"身份高贵必责任重大"规则（noblesse oblige），不考虑农奴的劳动边际产出而保证其养家糊口的收入，我们可以得到相同的观点。

述得更加精确。)[23]

当传统部门的就业萎缩而现代部门的就业增长时,整个社会就会获益,这是二元市场理论最重要的政策运用。[24] 自由市场无法获取这一收益,所以传统部门往往太大,现代部门往往太小。为了纠正该扭曲,国家应向传统部门征税,给现代部门补贴,从而将贫困的农业劳动者的钱转移给相对富有的工业劳动者。在 20 世纪 80 年代,很多发展中国家通过使用最高限价、出口限制、多元汇率对农业加以歧视。因此,发展中国家的农民就其农作物的所得低于国际价格。[25] 这是城市向农民征税这一悠久历史中的最新篇章。[26] (在今天富有的民主国家,该情形通常是反过来的:城市会向农民补贴。)[27]

---

[23] 概括地说,二元经济理论认为,传统部门的工资设置更类似于家庭而非市场。传统部门中,一名劳动者获得的最低收入依赖于每名劳动者的平均产出,而非边际产出。当一名劳动者从传统部门转移到现代部门,留在传统部门的劳动者将会获益。具体而言,他们通过传统劳动者的平均产出和边际产出之间的差额来获益。反之,现代部门的竞争致使一名劳动者的工资等于其边际产出。

[24] 我们没有讨论的另一个政策是关于投资项目评估的。世界银行和国家发展机构常常对贫困国家的投资项目使用成本—收益分析。根据二元经济理论,成本—收益分析应将来自传统部门的劳动力成本定得很低。这一会计操作对劳动力的定价低于现行工资,这使得世界银行与国家发展机构所开展的项目看起来更有价值。事实上,从传统部门向现代部门的迁移取决于两者之间的工资差额。在迁移自由的前提下,传统部门的影子工资(shadow wage)大约等于市场部门的市场工资。参见 Raaj Kumar Sah and Joseph E. Stiglitz, "The Social Cost of Labor and Project Evaluation: A General Approach," *Journal of Public Economics* 28 (1985): 135。

[25] 在 50 个发展中国家中,相对于主要原料的国际价格,付给农民的价钱在下降。说明该事实的表格参见 Daphne S. Taylor and Truman P. Phillips, "Food-Pricing Policy in Developing Countries: Further Evidence on Cereal Producer Prices," *American Journal of Agricultural Economics* 73. 4 (1991): 1036。

[26] 1756 年,在著名的《狄德罗百科全书》(Diderot Encyclopedia)中,魁奈(Francois Quesnay)对这一法国重商主义特征作了如下批评:"错误的承诺把人们从农村引向了城市,在那里,提供廉价劳动力的必要性导致了对小麦价格的政治压力……(这)已经击垮了农业,让其落入悲惨的生存状况中。"参见 F. Quesnay, "Grains," *Encyclopedie de Diderot et d' Alambert* (1757),由作者译自法语。

[27] 一个可能的解释是,农民很少的富国对农场的补贴仅使相对很少的人获益,所以他们能克服搭便车(free-riding)问题,并能把资源用在影响政客上。反之,贫困国家农民人数众多,农业税给很多人苛加了很少的成本,所以他们无法克服搭便车问题,亦无法把资源用于影响政客。

表13.2 国家主导经济的一些理论

名称	支持者	政策
大推动	罗森斯坦-罗丹	国家动员资本和劳动力
平衡增长	赫希曼和缪达尔	国家补贴有前景的产业
进口替代	普雷维什	用关税抑制进口
帝国主义	列宁	从国际贸易中退出
二元经济理论	阿瑟·刘易斯	补贴工业及向农业征税

表13.2总结了这些理论。作为对它们的回应，很多发展中国家的政府通过执照、补贴、关税、贷款、操纵的汇率以及官方价格，来主导它们的经济。国家主导增长理论在20世纪50年代成果斐然，但到了1970年代，它在很多国家显而易见地失败了。[28]缺乏竞争提高价格并降低商品质量，过分监管窒息创新并增加腐败，国家在经济中占有的支配地位引发了争取政治影响力，而非创造财富的努力。举例而言，当贝隆1946年在阿根廷掌权后，他向农民征税，向工业补贴，还建立关税壁垒以对抗外国商品。结果，他削弱了农业，也创造了无法在全球市场中竞争的工业。[29]在恩格鲁玛统治加纳时期（1957—1966），类似的政策将财富和权力从种植可可的农民手中重新归还给城市精英阶层。[30]朱利叶斯·尼雷尔（Julius Nyerere）治下的坦桑尼亚（1960—1986）同样奉行这一战略。

除了影响经济组织和经济表现外，国家主导经济理论还对阶级和意识形态产生了重大影响。在过去的数个世纪中，欧洲的贵族一直看不起

---

[28] 一本展现失败及其原因的重要著作是 Bela Balassa and Associates, *The Structure of Protection in Developing Countries* (Baltimore: Johns Hopkins University Press, 1971); 亦参见 H. J. Bruton, "A Reconsideration of Import Substitution," *Journal of Economic Literature* 36 (1998): 903.

[29] 请注意贝隆在阿根廷的政策，其后果类似于18世纪法国的重商主义，后者早已遭到了亚当·斯密的批评。

[30] Daron Acemoglu, Simon Johnson, James Robinson, and Yunyong Thaicharoen, "Institutional Causes, Macroeconomic Symptoms: Volatility, Crises, and Growth," *Journal of Monetary Economics* 50 (2003): 49.

商人。对于贵族来说,"资产阶级"(bourgeois)是一个蔑称。对于印度的高级种姓阶层来说,几乎亦是如此。在20世纪,贵族对资产阶级文化的势利眼转变成了知识分子对资本主义的愤怒。知识分子反资本主义的愤怒有着物质上自利的基础。20世纪以前,许多知识分子以贵族的赏赐为生,并且分享了他们的保守观点。然而,20世纪现代国家的创立,需要发展一套公务员系统,该体系内的聘用和升迁都必须建立在诸如受教育水平等相对客观的基础上。知识分子在公务员聘用与升迁所依凭的学校教育和书面考试中表现良好。通过给知识分子提供工作,公务员系统打破了他们对贵族赏赐的依赖。例如,16世纪伟大的丹麦天文学家第谷·布拉赫(Tycho Brahe)担任了神圣罗马帝国鲁道夫二世(Rudolf II)的皇家天文学家,可21世纪的物理学家阿尔伯特·爱因斯坦首次阐明其革命性观念时,他正作为审查员在伯尔尼的瑞士专利局工作。

知识分子天然地被国家应主导经济增长的信念吸引。难道最聪明的一群人不应该掌管经济吗?对经济的主导为知识分子创造了更多的、薪水更高的政府职位。左倾的意识形态令国家官员对于他们能成功地主导经济发展信心满满。因而,这些观念和物质利益汇聚在一起,推动了国家主导经济增长的发展。

为什么要自由化?

我们已经解释,国家主导增长依赖于计划者指导资本投入到最有前景的产业中,并保护它们免于外国竞争。在20世纪下半叶,很多发展中国家奉行的产业政策偏向资本积累而非消费,偏向于制造业而非农业,偏向于重工业而非轻工业,偏向于污染工业而非清洁工业,偏向于捕鱼和伐木而非可持续生产,偏向于进口替代而非出口。非洲和南美洲的进口代替政策造成了比出口主导增长政策更差的结果,而后一种政策已在日本、韩国取得了显著成功。从波兰到印度,国家主导增长培育了反应过于迟缓以至于无法自己生存的企业。依靠补贴和保护，不能自立的幼稚产业成长为软弱的青年。现在，大多数经济学家认为这些政策是阻碍经济增长的错误。

国家主导经济的失败有着三个普遍原因。第一个是动机。通过主导发展，公务人员加重了他们的职责，这增加了他们的薪资与贿赂的机会。公务人员能够保有他们从薪资和贿赂中取得的财富，但却没能用正确的方式做好他们的工作以保有国家的财富。产业政策充斥着政治倾斜、欺诈、任人唯亲和腐败。比起商人们拿自己的钱投资，政客们和官员们受到强烈激励，拿国家的钱进行更低效益的投资。

失败的第二个原因是信息。那些受到为国家创造财富激励的官员们并没有指导产业发展所需的信息。一个经济体生产从别针到发电厂的一切东西。国家官员不能集中足够的信息来管理这一复杂局面。企业里的人出于逃税、吸引补贴或获得政治影响力等策略性目的，会向官员歪曲或隐瞒信息。这一策略性抵抗使得官员的经济主导权难以落实。20世纪40年代，经济学家基于信息和动机提出了上述反对国家主导经济的论点[31]，可直到1980年代，他们才更充分地认识到这一问题。[32]

失败的第三个原因是资本积累的重要性。表面上看，资本积累似乎像一把打开国家财富宝库的钥匙。在德国的建筑工地上，一些就像给恐龙补牙用的钻头一样的机器挖掘着建筑物的地基，而其他一些机器则把泥土运走，完全无需人手触碰。由于每名工人的资本很多，德国工人的生产率很高。相反，在印度的建筑工地上，工人使用锄头和铲子开挖地基，而妇女们用顶在头上的篮子把土移走。由于每名工人的资本很少，

---

[31] 两部影响深远的著作都出版于1994年：Abba Lerner, *The Economics of Control* (New York: Macmillan, 1944) 和 Friedrich A. Hayek, *The Road to Serfdom* (Chicago: University of Chicago Press, 1944)。

[32] 2001年，斯宾塞、阿克洛夫和斯蒂格利兹凭借对信息经济学的贡献而获得诺贝尔奖。

印度的生产率很低。

为什么印度工人拥有更少的资本？在市场经济中，家庭决定存多少钱，而企业决定买多少机器。贫困国家的人们会自愿地多存钱。[33]像印度这样的国家能通过迫使人们多储蓄和多投资，以便发展得更快并变得像德国一样富有？在20世纪四五十年代，为了加速发展，苏联试图迫使人们多储蓄，从而把他们的存款投资到机器和其他资本货物（capital goods）上。20世纪50年代的增长率很惊人，但这被证明是不可持续的。[34]苏联的故事完全符合"边际生产率递减规律"（law of diminishing marginal productivity），该规律预测随着资本相对于其他生产要素的增长，总生产率提高的速率会不断下降。

总体而言，考察相关数据的经济学家们发现，增长和资本积累之间的关联比国家主导增长理论所假定的要弱。举例而言，在20世纪60年代，相对富有的英国的人均资本是相对贫困的阿尔及利亚的3倍。在此后的28年中，英国的人均资本提高了大约240%，其人均实际收入的提高超过了80%；而阿尔及利亚的人均资本提高了大约300%，但其人均收入却陷于停滞。资本积累给英国带来了更高的收入，可没有给阿尔及利亚带来相似的结果。[35]（阿尔及利亚并非没有增长的资本积累的唯一

---

[33] 近年来，较诸高收入国家，低收入国家的人们自愿将收入中更多的份额用来储蓄。总的来说，当人们不得不负担自己的退休和医疗，而不是由国家提供社会保险和医疗护理时，他们会储蓄更多。参见 *World Development Indicators*（Washington, DC: World Bank, 2007）。

[34] 20世纪50年代之后，资本不断积累，但生产率停止上升，增长率也开始长期下降，这导致1991年经济的崩溃。参见 M. Harrison and K. B. Ye, "Plans, Prices, and Corruption: The Soviet Firm under Partial Centralization, 1930 to 1990," *Journal of Economic History* 66.1 (2006): 1。

[35] 所有的数据都源自 R. G. King and R. Levine, "Capital Fundamentalism, Economic Development, and Economic Growth," *Carnegie-Rochester Conference Series on Public Policy* 40, 1994。

例证。)[36]

根据边际生产率递减规律,英国的资本积累应造成资本的生产率下降,但其并未发生。[37] 英国是怎样挑战边际生产率递减规则的呢?当资本积累被证明对经济增长不如许多人假想的那么重要时,创新却被证明更加重要。[38] 显然,英国企业的创新对资本生产率的提升,足以抵消由于拥有更多资本造成的资本生产率下降。相反,阿尔及利亚企业的拙劣组织与领导显然使它们浪费了不断增多的大量资本。发展中国家无法通过引入现代机器以及将其置于无效率的组织中来加速增长。比起让人们积累资本,国家更难以让人们创新。

当"华盛顿共识"于20世纪80年代出现时,发展经济学背离了国家主导经济,转向了自由化。[39] 发展经济学的这一理论,偏向于缩减国家所有权——这也的确发生了。表13.3根据收入水平从低到高区分了4组国家。在每一组国家中,国有企业所占国内生产总值的百分比在1980年到1999年间不断下降,这揭示了世界范围内迈向自由化的趋势。然而,这一百分比下降最多的是在低收入国家。在20世纪80年代,低收

---

[36] 自1980年到1992年,哥斯达黎加、厄瓜多尔、秘鲁的人均资本以每年超过1%的速度增长,而人均国内生产总值却下降了。参见 W. Easterly and R. Levine, " It's not Factor Accumulation: Stylized Facts and Growth Models," Central Bank of Chile Working Paper No. 164, Central Bank of Chile, Santiago, 2002, 10。在1980年和2004年间,与低收入和中等收入国家每年1.97%的平均人均资本增长率相比,高收入国家每年是1.93%。

然而请注意,突尼斯在这一时期的经验更类似于英国,而不是其邻居阿尔及利亚。在20世纪60年代,突尼斯的"资本产出比"略微高出阿尔及利亚,而它那时的人均资本存量大约只有阿尔及利亚的一半。在1960年和1988年间,突尼斯的人均资本存量提高了约70%。在这超过28年的期间内,突尼斯经历了约40%的实际人均收入增长。同一时期,其资本产出比大大下降。参见 Easterly and Levine, "It's not Factor Accumulation"。

[37] "资本产出比"衡量了资本的生产率。在英国,在资本积累和收入增长的同时,资本产出比几乎没有变化。参见 Easterly and Levine, "It's not Factor Accumulation"。

[38] 总体而言,一个经济体中每名劳动者的产出提升,能够细分为由每名劳动者资本增加,劳动者受到更多的教育以及表现为更好的组织形式或其他难以测度的改变等其余因素所共同导致的总额。因而,Easterly 和 Levine 分析了60个国家在1960年和1992年间人均收入的增长。他们发现:更多的资本和教育解释了大约40%,还留下60%无法解释。在他们研究中,难以测度的变量,例如更好的组织形式造成了大部分的增长。同前注。

[39] J. Williamson, "Democracy and the 'Washington Consensus'," *World Development* 21. 8 (1993): 1329.

入国家国有企业的产出比高收入国家相对更多，而在 1999 年，低收入国家国有企业的产出比高收入国家相对更少。[40]

表 13.3　国有企业在国内生产总值的份额

国家（按收入分组）	1980	1999	变化
低收入国家	15%	2.5%	-12.5%
中等偏下收入国家	11%	4%	-7%
中等偏上收入国家	10.5%	4%	-6.5%
高收入国家	6%	4%	-2%

数据来源：E. Sheshinski, & L. F. Lopez-Calva, "Privatization and Its Benefits: Theory and Evidence," (2003) CESifo Economic Studies。基于 World Development Indicators, World Bank 估计。

　　国家主导衰落和自由化上升的另一个指标是，从政府发展援助转变为向发展中国家进行私人投资。在 20 世纪 50 年代，对发展中国家的私人直接投资（债权和股权）比政府发展援助（"外国援助"）少得多。在 20 世纪 70 年代，两者大约相等——约 100 亿美元左右。如今，前者已比后者多得多。不幸的是，国际上对股权的投资仍集中在少数几个国家，而且，投资股权的很多是那些不参与公司管理的外部人士［财务性股权投资（portfolio investment）］。在发展中世界里，财务性股权投资的净额中超过 80% 投向 5 个国家：中国、印度、土耳其、巴西和南非。[41] 在一些最不发达国家中，流出的资本比流进的更多，因为恐惧使人们将他们的钱放在最佳保护者而非最佳投资者那里。

---

[40] 关于发展中国家中经济部门的私有化，参见下述论文中的表 2：Pierre Guislain, "The Privatization Challenge: A Strategic, Legal, and Institutional Analysis of International Experience ," World Bank and Regional and Sectoral Studies (Washington, DC: World Bank, 1997)。

[41] 同样，2005 年，在投向发展中国家的所有私人直接净投资（内部投资者的股权资本投资）中，78% 都投向了 23 个国家。参见 World Bank, Global Development Finance (Washington, DC: World Bank, 2006), statistical appendix.

制度与法律

我们可以把自由化的历史与第二章所总结的实际增长率加以比较。[42]自由化和增长在有些国家是正相关。在20世纪80年代的东亚和南亚,以及在20世纪90年代的中欧,自由化加快了经济增长的步伐。在其他一些国家,自由化和增长负相关。当自由化改革废除了东欧、俄罗斯和苏联其他国家的计划经济后,它们的生产率在20世纪90年代之后一落千丈。拉丁美洲在20世纪80年代开始自由化,但较诸之前数年在国家能动主义下的温和增长,其增长却陷于停滞。[43]表13.4总结了这些概况。

表 13.4　自由化经验概观

积极影响	消极影响
中国	非洲
印度	拉丁美洲(不包括智利)
加入欧盟的中欧国家	未加入欧盟的东欧国家(例如俄罗斯)

为什么相同的自由化政策有着因国而异的不同后果?当相同的政策背后实施的制度不同时,便会得到不同的结果,这就像同样提议干一杯葡萄酒,可在天主教的西班牙和在伊斯兰教的伊朗效果就大不一样。[44]为了取得成效,自由化需要背后的制度能够保障财富创造者的财产,执

---

[42] 关于地区和国家增长率的数据,参见 A. Maddison *Monitoring the World Economy, 1820-1992* (Paris: OECD, 1995), *The World Economy: A Millennial Perspective* (Paris: OECD Development Centre, 2001), *The World Economy: Historical Statistics* (Paris: OECD Development Centre, 2003)。

[43] Hugo A. Hopenhayn and Pablo A. Neumeyer, "Latin America in the XXth Century: Stagnation, then Collapse," Department of Economics Working Papers No. 028, Discussion paper 2004, Universidad Torcuato Di Tella, Buenos Aires, Argentine, 1-28.

[44] D. Rodrik, A. Subramanian, and F. Trebbi, "Institutions Rule: The Primacy of Institutions over Geography and Integration in Economic Development," *Journal of Economic Growth* 9 (2004): 131.

行商业承诺以及可预期地分配企业利润。正如表 13.5 所展现，这些制度就是我们所说的发挥作用的财产法、合同法和公司法。

表 13.5　刺激经济增长的制度前提

保障财富创造者的财产 ⇔ 财产法

执行承诺 ⇔ 合同法

分配公司利润 ⇔ 公司法

　　财产法、合同法和公司法通过社会规范、法院、公务员和政治之间的互动来发挥作用。[45] 不同的国家以不同的比例将上述元素组合在一起。[46] 在中欧和东欧，例如 20 世纪 90 年代之后的波兰和波罗的海国家，法院、国家法和受约束的政府共同提供了保障。这些国家为加入欧盟而大大改善了它们的法律制度。在另外一些地方，如中国台湾、韩国、中国大陆和越南，政府官僚体制、中介机构和威权领导人提供了财产、合同和商事组织的保障。[47] 在中国大陆，国家主导下的增长失败了，而国家保障（state-protected）下的增长取得了令世人瞩目的成功。在 20 世

---

[45] 就检验经济增长的法律理论，理想的指数应能测度发挥作用的法律，其可区分为 3 个组成部分：财产法、合同法和商事法。关于测度发挥作用的财产法与合同法、并将该指数用于跨国回归分析的努力，参见 Bernhard Heitger, "Property Rights and Their Impact on the Wealth of nations—A cross-country Study," Kiel Working Paper No. 1163, Kiel Institute for World Economics, Keil, Germany, 2003。他的"联立回归模型"（simultaneous regression model）显示，财产权质量指数翻一番致使人均收入获得翻一番更多的增长。

[46] Rodrik, "Goodbye Washington Consensus, Hello Washington Confusion?" 979。这里将他的研究结果总结如下：

　　各国文献还不能在任何特定的制度设计特征与经济发展之间建立强烈的因果联系。我们知道的是当投资者感觉安全时增长就会发生，但我们不知道的是，在给定背景下，什么样的具体制度蓝图能使他们感觉更安全。关于什么是恰当的杠杆，文献并没有给我们线索。制度功能并不是决定制度形式的唯一因素。

[47] E. L. Glaeser, R. la Porta, F. Lopez-De-Silanes, and A. Shleifer, "Do Institutions Cause Growth?" *Journal of Economic Growth* 9 (2004): 271. 民主和受约束的政府不能解释增长。但根据他们的发现，当增长发生时，其就会产生出更好的制度。与 Robert E. Hall、Charles I. Jones、Easterly 等其他学者的发现相反，他们同样发现人力资本是增长的一个强有力决定因素。Easterly 曾指出制度和社会资本的联系。参见 Robert E. Hall, Charles I. Jones, "Levels of Economic Activities across Countries," *American Economic Review* 87. 2 (1997): 173-177。

纪90年代，印度放松了国家计划并谨慎地分阶段进行自由化。当停滞的国有产业为计算机软件、外包服务等充满活力的新行业让路时，经济开始加速增长。印度的国家计划者没能预见到这些行业的成功，因而几乎什么都没做，既没有抑制也没有刺激它们的发展，这就像美国政府官员没有抑制或者刺激硅谷的发展一样。

反之，在私法和商事法不起作用的国家，自由化的成效甚微。俄罗斯在20世纪90年代初期的"爆炸式"（big-bang）自由化，造就了黑帮资本主义并引发经济衰退。在撒哈拉沙漠以南的非洲地区，法制的缺失摧毁了经济并令其萎缩。在拉丁美洲，没有制度改善的自由化造成经济停滞。在这些国家，在私法和商事法的制度得以强化后，自由化显现出了更好的效果。

结　论

为了结合点子与资本并促使经济增长，企业需要以法律为依凭的自由。[48] 晚近的历史表明，市场自由化只能在具备有效私法和商事法的国家中引发增长。这一事实引出了我们在图13.1所描述的增长对策。

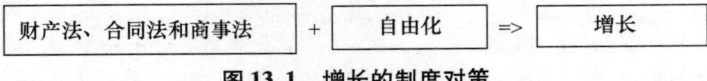

图13.1　增长的制度对策

根据这一对策，国家在经济发展中的首要作用是为市场建立法律根基。在具有法律根基的地方，自由化将促进创新。国家应当采取间接的方式来促进增长，而非通过选择企业和产业给予补贴或特别优待的直接方式。

在制定经济政策时，国家应主要依赖于公开信息。当政府官员使用

---

[48] 一本关于经济发展富有洞见且持有相似观点的书：William Baumol, Robert Litan, and Carl J. Schramm, *Good Capitalism, Bad Capitalism, and the Economics of Growth and Prosperity* (New Haven: Yale University Press, 2007)。

公开信息决策，他们就能向民众解释和证明他们政策的正当性。公众的讨论、争辩和批评造就了政治问责的基础，这抑制了裙带关系、任人唯亲和腐败。反之，政府官员就能轻易将投资秘密地转到他们密友的手中。不管政客们可能就经济增长说长道短，他们通常都会将公众的资金投给他们的支持者，以此建立忠诚。[49] 大多数民主国家的民众有权要求官员为他们的经济政策公开辩护。

在使用公开信息时，政府官员无法预测某一个特定企业或产业的崛起。对创新点子投资的人们保守很多秘密，以期赚取超常利润。就像足球队，企业通过采用不可预知的策略给外界造成突袭。因而经济学家无法预测 IBM 公司在 1981 年发明"个人电脑"，无法预测这一产业随后的爆发式增长，以及 2005 年 IBM 将个人电脑业务向中国联想公司出售而从中退出。与此相似，日本计划者没能预测 20 世纪 60 年代之后汽车制造商的激增，印度计划者也没能预测 20 世纪 90 年代之后电脑公司在班加罗尔的激增。除了凭运气，大多数政府官员无法通过将公共资金投向特定企业来使经济加速，这就像除了凭运气，大多数私人投资者无法从依据公开信息进行的交易中获利。[50] 那些据称将资本转向成长性产业的产业政策，大多浪费了资源，没有带来增长率的提升。[51]

发展竞争与创新的法律架构并不是国家唯一的职责。除此以外，国

---

[49] 举例而言，自 1970 年代到 1980 年，经通货膨胀调整后的石油价格先急剧上升，然后又回落到之前的低水平上，并且，在 2002 年重新反弹之前石油价格一直保持在该水平上。尽管政府官员预测石油价格将急剧上涨，它在 20 年中却始终保持稳定。然而，美国的政客们使用石油价格上涨的预测，来证明对私人公司建设和运营从页岩中提取石油的工厂进行补贴是正当的。这些公司在当时的价格上是不经济的，但政客们和政府官员预测，价格会上涨得足够高从而证明该投资是合算的。实际上，这些工厂从来没有变得合算，在补贴到期后，它们都关闭了。美国的纳税人损失了许多钱，而一些庞大的能源公司却获利丰厚。

[50] 这一观点的技术名称是"有效市场假说"。根据有效市场假说，市场价格包含了所有公开信息，所以在仅依赖公开信息的情况下，没有一个投资者会比碰运气做得更好。这里还有一个"半强式"（semistrong）有效市场假说。（译者注与有效市场假说相比，半强式有效市场假说中的信息公开是不完整的，即存在内幕信息。）为了接受大量商业创新不可能由公开信息所预测的观点，你甚至都不必接受半强式有效市场假说。所以，如果说私人投资者除了凭运气外，不能从基于公开信息的贸易中获益，那政府官员不可能做得更好。

[51] 从前注 49 中提到的美国石油无效投资的例子中，可以清晰地看到这一点。

家必须保持货币和银行业的稳定，提供公共产品（国防、教育、公共医疗、社会保险、扶贫、环境保护等）以及建设基础设施（道路、供水、电力、电话线路、机场、港口、工业园区等）。[52] 通过基础设施建设，国家引导与协调了业务的扩张，而没有刻意注资预期会获得成功的那些企业或行业。舍弃了对经济的主导，国家成功地以更适中的方式协调了经济增长。[53]

既然国家具有如此多的职能，读者可能想知道："为什么你们只强调私法和商事法的制度？"没有一部相机能把焦点集中到图片上的所有事物上。之所以法律属于引人注目的"前景"，是因为它在经济增长中的核心作用。可持续的经济增长来自经济创新。资本和新点子的结合需要解决双边信任困境，而最好的解决措施就需要法律，特别是私法和商事法。如果经济理论具有如凯恩斯所相信的力量，那么，对双边信任困境的理解就能帮助立法者加速经济增长并减少国家贫困。

---

〔52〕基础设施项目经常面临着只有政府才能克服的障碍。举例而言，发展基础设施通常需要从分散的私人所有者那里集中大片土地。因而一条拟建的道路可能穿过由不同人所有的土地。为建设道路而进行的土地自愿购买会遇到一个致命难题：那些以拒绝出售他们土地为要挟（holdout）的所有者能要求更高的价格。为了避免被要挟，大多数法律制度允许政府强制土地所有者出售土地。同样，有些基础设施的形式是自然垄断的。例如，大多数城市最好有连接家庭和企业的单一输电网，连接不同城市的单一高速公路系统，以及几家网络和电话的电缆系统。自然垄断，特别对基础设施而言，通常需要政府作为所有者或（若不作为所有者的话）私人所有者的监管者参与其中。

〔53〕Milhaupt 和 Pistor 把"协调"看做政府促进经济增长的重要作用。参见 C. J. Milhaupt and K. Pistor, *Law and Capitalism: What Corporate Crises Reveal about Legal Systems and Economic Development around the World* (Chicago: University of Chicago Press, 2008)。因而最优秀和最聪明的人配备给了韩国财政部（Ministry of Finance）、日本通产省（MITI）。在20世纪五六十年代，通产省通过迫使公司用交叉许可分享技术创新等方法协调了日本惊人的经济增长。与之类似，Zenishi Shishido 告诉作者库特，通产省与其说是选择产业的胜利者，不如说是调和产业的冲突。因而，在20世纪五六十年代，通产省安排煤矿产业不断削减规模，以便使工人离开这个无效益的行业。新近，通产省和法务省（Ministry of Justice）合作，通过了一项与特拉华州相似的敌意收购行政指导规则。这打开了敌意收购的市场。关于是通产省引发快速增长，还是其他力量引发增长而通产省仅仅"参与"其中，经济专家聚讼纷纭。参见 M. Yishiro and J. M. Ramseyer, "Capitalist Politicians, Socialist Bureaucrats? Legends of Government Planning from Japan," Discussion Paper No. 385, Harvard John M. Olin Center for Law, Economics, and Business Discussion Paper Series, Cambridge, MA, 2002. 可不管怎样，投资银行家们都同意，通产省的经济指导时间随着时代推移不断缩短，直到1990年左右完全终止。韩国也有着相似的历史。与之相反，尽管中国台湾没有和日本通产省或韩国财政部对应的机构，但它自1990年起，仍以大约与韩国同等且比日本快的速度发展起来了。

第十四章 多数如何战胜少数

《科学怪人》(*Frankenstein*) 的作者玛丽·雪莱，出生于 1797 年 8 月 30 日，10 天之后她母亲死于产褥热。那时，一些外科医生正确地相信，医生在医院里一个接一个地接生婴儿而不洗手，以至于传播了这一疾病。另外一些医生却拒绝相信这一事实——即使在巴斯德 (Pasteur) 于 1879 年找到了致病细菌之后仍然如此。[1]产褥热杀死了许多原本只要通过医生洗手就能幸免于难的人。和医学一样，发展经济学中的谬误也抵制着那些挑战既得利益的真理。[2]经济增长使多数人受益，同时也损害了少数人，但是受损的少数人有时掌控了社会的制高点，例如百万富翁、银行家、官僚阶层以及工会首领们。凭借这些制高点，少数人可以阻碍多数人，就像隘口里的神枪手。[3]

自 20 世纪 90 年代起，政府花费巨资在"法治项目"

---

〔1〕 另外一个令人好奇的事实是：在长达千余年的时间里，直到 17 世纪之前，科学家都认为孩子只跟其父亲有着生物学的纽带，而跟其母亲则没有，尽管一个明显的事实是孩子们通常长得像他们的母亲。

〔2〕 法律争议的一方当事人，如反垄断案件的原告，对专家进行面试以找出出庭作证的人选。可以肯定原告会遴选一名证言有利于原告自己的专家证人。政府部长或类似的政府官员聘请一位经济学家提供专家意见，与遴选一名持支持态度的专家证人一样严格。经济学家之所以被选定，就是为了给聘请他的政客或政党的经济政策背书。政客们对经济学观点的选择，主要基于政治上的用途而非其内在的真实性。

〔3〕 Omar Azfar 评论说："政治让经济学家显得过于乐观。"

上,去训练法官和行政官员,促进司法独立,减少法院拖延,改善法律实施,抑制腐败,解决公司治理问题,以及重新制定法律法规。[4] 如果穷国法律体系之所以薄弱是因为人们不知道怎样改善,那么把这些钱都花掉就应该能实现更好的结果。然而,更深层的问题是物质上的自利,而不是无知。改革通常不会符合那些有权实施改革的人们的利益,所以,有势力的少数人会阻碍使多数人获益的、促进增长的改革。尽管如此,改革的策略仍然可以战胜阻止增长的显贵们。

三种类型的改革

20世纪90年代,苏联和东欧国家大多数国有企业的所有权转移到了私人手中。[5] 康斯坦丁·梅金(Konstantin Magin)将复杂的私有化过程分解为几个阶段。[6] 在第一阶段,大致从1990年到1994年,企业管理者攫取国有资产,成为所有者,尤其是在中小型企业中。[7] 餐馆、服装厂、杂货店以及其他小型国有企业,无偿或者以低廉的价格卖给它们的管理者。大约1.4万家苏联中型或更大规模(至少50个员工)的企业,以及多得多的小企业,从国家转移到私人所有者手中。[8]

---

[4] 参见 R. J. Daniels and M. J. Trebilcock, "The Political Economy of Rule of Law Reform in Developing Countries," Manuscript 1-44 (2004)。其后来的修订版以 *Rule of Law Reform and Development: Charting the Fragile Path of Progress* (London: Elgar Press, 2008) 发表。相信问题在于"无知"同样是20世纪70年代法律与发展运动的一个错误。参见 David M. Trubeck and Marc Galanter, "Scholars in Self-Estrangement: Some Reflections on the Crisis in Law and Development," *Wisconsin Law Review* 4 (1974): 1062-1101。

[5] Paul Stephan 认为戈尔巴乔夫(Gorbachev)放弃中央计划,旨在向市场经济体征税以支持共产党的权力,但当经济私有化,他却没能为共产党保持住政治控制。参见"The Fall-Understanding the Collapse of the Soviet System," *Suffolk University Law Review* 29 (1996): 17-49。亦参见"Privatization after Perestroika: The Impact of State Structure," *Whittier Law Rev.* 14 (1993): 403。

[6] Kondtatine Magin, "Corruption in Russia in the 1990s: A Time Bomb and a Necessity of Business," Ph. D. diss., University of California at Berkeley, 2003.

[7] 这被称为"自发的干部私有化"(Spontaneous nomenklatura privatization)。

[8] Andrei Shleifer and Daniel Treisman, *Without a Map: Political Tactics and Economic Reform in Russia* (Cambridge, MA: MIT Press, 2001), 9。这一数字涵盖了1991年至1995年,而梅金把私有化的第一阶段描述为1990年至1994年。

在俄罗斯，相比于受到损害的人而言，中小型企业的私有化使多得多的人受益，并且这一过程获得了更多的政治支持，而不是反对。在重组这些企业过程中，一些员工得到提升而另外一些被解雇。这些新的所有者兼管理者们提升了效率，并令其自身获益。小企业之间的竞争，通过更低的价格和更高的质量，也使得消费者受益。

当我们从小企业转向大型企业时，情况就截然不同了。就像其他中央计划的经济体一样，苏联创造了工业巨无霸。国家部门控制了无法盈利的企业集团，它们生产着钢铁、汽车、冰箱、船舶以及其他资本品和耐用消费品。在20世纪90年代，这些工业部门寻求巨额政府补贴以维持这些企业集团的运营。俄罗斯政府没有通过收税，而是通过印钞票来补贴它们，这引发了1994年到1995年的恶性通货膨胀。

尽管有来自于工业部门的抵制，企业管理者和政府的改革者们还是将许多大型企业私有化。[9]在梅金描述的第二阶段中，政府将大型企业改造为私人公司，并向员工和其他公民分配"股票期权"（"购股证式私有化"）。然而这一私有化过程包含欺诈、恐吓和政治伎俩。在法律不起作用的情形下，企业的内部人员攫取了外部人士所持的股份。[10]由于预见到这一结果，在大公司中拥有一些购股证的外部人士以低廉的价格把它们卖给了内部人员。以分散的股票期权所有形式开始的改革最终以集中的股票所有形式收场。[11]

很多学者相信，对于公有制企业的快速私有化和分散的股份所有形式会推动财产权保障的法律改革。他们基本上都错了。有融资渠道的前企业经理和大亨低价购买并且控制了企业。他们的政治影响力如此巨

---

〔9〕 参见 Shleifer and Treisman, *Without a Map*, 13。
〔10〕 第九章讨论了"控制权溢价"，即某人购买少数股份时的每股价格，与某人购买可控股的大量股份时的每股价格间之差额。
〔11〕 梅金的博士论文描述了集中的几个原因。组织股份拍卖的银行通常也是买家，所以他们操纵了拍卖程序，使股份流入他们自己或者关联公司的手中。通货膨胀使工人变得贫困，并迫使他们将手中的股份卖给富人。通货膨胀同样迫使政府从1995年到1998年借债。作为借款人的寡头们取得作为担保物的股份。当政府违约时，寡头们就保有了这些股份。

大，以至于财产权保障似乎对他们没有必要。相反，他们不但阻碍了资本市场法律的发展，而且阻碍了禁止自我交易和防止掠夺企业资产的法律的发展。对这些被称为"寡头"的大公司私人所有者们而言，只有在俄罗斯政府重新获得权力并运用它去对付他们中的某些人时，才需要财产权。[12]

大公司的私有化产生了复杂的经济影响。有些产业现代化了，不再依赖于补贴，并且以有竞争力的价格销售产品。而在其他一些产业中，不盈利工厂的关闭导致了当地的失业进而损害整个社区，同时买方面临的价格也被具有垄断力量的私人公司抬高。大企业的私有化可能使受益的俄罗斯人比受损的更多，但由于损害广泛存在，这一过程引发了争议、而非共识。

梅金划分的下一阶段，即1998年到2001年，展现了对于这些争议和分歧的回应。在这一阶段，鲍里斯·叶利钦将俄罗斯总统一职让位给弗拉基米尔·普京，后者大力重申中央权威，并将寡头置于政府的控制之下。[13] 凭借更集中的权力，政府拒绝产业界对国家补贴的要求，减缓了难以控制的通货膨胀。

然而在这一阶段，对大企业而言，政治化取代了私有化成为变迁的内在力量。大企业的成功运营现在要求政客们的保护和参与。在俄罗斯，不切实际的税法产生了几乎没有企业能够缴纳的名义税负。凭借这一事实，政客们可以通过指控偷税、欺诈和其他罪名威胁企业主。为了解决他们的税务欠款以及避免刑事指控，企业主有时被迫将其企业或资

---

[12] K. Hoff and Joseph Stiglitz, "After the Big Bang? Obstacles to the Emergence of the Rule of Law in Post-Communist Societies," National Bureau of Economic Research Working Paper No. 9282, NBER, Cambridge, MA, 2002.

[13] 在监禁的威胁下，一些寡头的持股被剥夺，另外一些则被政府买走，尤其是通过给予寡头高收益政府债券购买特权的方式进行。参见 Shleifer and Treisman, Without a Map, 13。

产转让给由政客们控制的另一家公司。[14]

在俄罗斯近期的历史中，改革由小公司和大企业的私有化转到大公司的政治化。福利经济学的几个概念可以解释这3个范例中的本质区别。[15]在小公司私有化的第一个范例中，多数人受益而少数人受损。按照这一逻辑推导其结果，就会实现使一些人获益而没有"任何人"受损的"改变"。这一概念的技术术语——"帕累托改进"——是指有赢家且没有输家。[16]没有法律改革是严格的帕累托改进，因为所有的改革都有输家，不过，有些法律改革近似于帕累托改进，例如俄罗斯的小企业私有化。[17]

大企业私有化的第二个范例有很多赢家和很多输家。从全球范围的经验来判断，在大多数产业中，私人所有企业的最终表现将比国家控制的企业更好。几乎在所有地方，经济都从钢铁、汽车、冰箱、船舶等产业的私有化中受益。当一项法律变革使得赢家获得的收益多于输家遭受的损害，那么按照成本—收益分析的标准，这项变革就是一个净收益。[18]

---

[14] Roman Frydman, Katharina Pistor, and Andrzej Rapaczynski, "Investing in Insider-Dominated Firms: A Study of Russian Voucher Privatization Funds," in *Corporate Governance in Central Europe and Russia*, vol. 1, *Banks, Funds, and Foreign Investors*, ed. Roman Frydman, Cheryl W. Gray and Andrzej Rapaczynski (Budapest: Central European University Press, 1996); and Roman Frydman, Katharina Pistor, and Andrzej Rapaczynski, "Exit and Voice after Mass Privatization: The Case of Russia," *European Economic Review* 40. 3-5 (April 1996): 581-588.

[15] A. Dixit, "On Pareto-Improving Distributions of Aggregate Economic Gains," *Journal of Economic Theory* 41. 1 (1987): 133-153; D. Acemoglu and Robinson, "Political Losers as a Barrier to Economic Development," *American Economic Review* 90 (2000): 126-130.

[16] 维尔弗雷多·帕累托（Vilfredo Pareto）是19世纪意大利的经济学家，他首次认识到这种"改变"在经济分析中的中心地位。

[17] "帕累托改进"在经济学理论中的一个范式就是自由市场里的"交换"。在没有胁迫和虚假信息的情况下，交换创造了交易双方分享的"剩余"，这让他们共同受益。

[18] "净收益"的一个范例是政府对公路等当地公共产品的供给。理想状态下，通勤的人从路上开车获得的收益，远高于纳税人为该公路买单所产生的损失。那些为公路买单但不使用公路的纳税人遭受了损失，例如不开车的步行者。对社会来说这是一种净收益，可有些人受损了。

在第三个大公司政治化的范例中，少数政客获益良多，而经济体在整体上遭受了损失。政治化摧毁了财产法和资本市场，并且将对财富的追逐由创造偏转到攫取。当总成本超过总收益时，那么根据成本—收益标准，该改变就是净损失。[19]

表14.1描绘了这三种俄罗斯法律改革：帕累托改进、净收益和净损失。它们收获了不同程度的政治支持和反对。当大多数人们预期从改革中获益时，他们偏好改革，与之相反，当他们预期受损时，他们反对改革。因为几乎没人在近似于帕累托改进的改革中受损，这种类型的改革激发的反对最少，并且改革者们经常通过共识推动进程，比如俄罗斯小企业的私有化。与之相反，有着净收益的改革将人们分为赢家和输家，并且前者通常多于后者，正如俄罗斯大型企业被私有化时所发生的那样。多数人通常（但并非始终）支持净收益式的改革。最后，当法律改革造成净损失时，输家通常多于赢家，就如俄罗斯大型企业被政治化时所发生的那样。少数人通常（但并非始终）支持净损失式的法律改革。

表14.1 三种类型的改革

技术术语	福利影响	政治支持
帕累托改进	全赢	共识
净收益	赢多输少	多数人
净损失	输多赢少	少数人

即便是在民主体制和其他形式的多头政体中[20]，纯粹的数字并不能

---

[19] "净损失"的一个范例是卡特尔。卡特尔成员从垄断利润中获得的收益少于消费者从更高价格中遭受的损失。

[20] 多头政体是一个由很多人治理的政府，无论这些人的等级或者阶层如何。"通过迫使由利益组织起来的少数人与其他各种群体分享政治影响力，我们或许能够让他们放松对权力的控制。这就是多头政体，也是约略正义（rough justice）——是人类唯一可能体验的正义类型。" S. Holmes, "Lineages of the Rule of Law," in *Democracy and the Rule of Law*, ed. J. M. Maravall and A. Przeworski (Cambridge: Cambridge University Press, 2003), 19-60.

决定政治结果。积极的少数人经常战胜消极的多数人。经济学家们已经分析了政治在何种条件下能发动民众，或者在何种条件能安抚民众。当法律的后果集中在一个人身上时，他就会采取行动。反之，若法律的后果是分散的，人们将退缩并等待其他人行动。[21]因而，当特定法律的收益将集中在一小部分人身上而成本却落到公众身上时，人们便会形成利益集团，并去影响这样的法律。不论这样的法律给社会带来了纯收益还是纯损失，事实就是如此。[22]

将该逻辑应用到经济发展中，一些可持续的发展目标基本上让每个人受益，几乎没人有理由去抵制这样改革。然而更多的情况是，创新破坏了既存的科技、组织和市场。成本的集中激起了发展中输家的积极反对。19世纪上半叶的普鲁士工业改革揭示了成本集中的净收益式改革面临的政治问题。在封建工业体系下，生产商和行会享有限制竞争的排他性行政许可。通过限制竞争，这些权利阻碍了创新，抑制了生产。普鲁士政府在1810年取消了这些排他性权利。所有评论者都同意：这一迈向劳动、资本和土地的自由市场的举措必将有助于19世纪普鲁士和德国的经济增长。然而，1810年的改革是一次净收益式的改革，而非帕累托改进。通过废除垄断权利，这些改革损害了行会和排他性许可的被

---

[21] 对于经济学家来说，这是"搭便车"问题，只要结果需要"集体行动"（人们必须共同行动以便产生某种结果），该问题就会出现。

[22] 这个观点特别与芝加哥经济学派联系到一起。例如，参见 George Stigler, *The Citizen and the State* (Chicago: University of Chicago Press, 1975); Sam Peltzman, "Towards a More General Theory of Regulation," *Journal of Law and Economics* 19 (1976): 211-240。该观点也与"寻租"的概念保持一致，这一术语被用于公共选择理论。一本已成为经典的早期著作是：Mancur Olson's *The Logic of Collective Action: Public Goods and the Theory of Groups* (Cambridge, MA.: Harvard University Press, 1965)。经营造成社会净损失的传统法律例证，包括对进口产品征收的关税、限制进入商业领域的管制以及大部分产业补贴。我们在第四章和第六章关于贷款的讨论描述了一个非传统的例子。当期贷款违约的借款人，通过积极抵制贷款人扣押他们的担保物而大大受益。阻止债权人扣押违约债务人担保物的法律和政策，致使贷款人拒绝了未来的许多贷款申请。但是，未来的借款人是一个分散的群体，他们仅可能对此作出消极回应。

许可人。结果，输家动摇了法律的根基，并将改革的影响推迟了数十年。[23]

关于引发反对的净收益式改革，另一个历史的例证是取消公众使用牧场、森林、鱼塘等自然资源的权利。公众使用权的终结可以制止因过度利用造成的价值耗散，可代价是限制了一些传统上的使用者。因而，圈占公地造成了英国农民在 16 世纪的叛乱，最后赢家用暴力镇压了输家。[24]类似地，1982 年，印度尼西亚对捕鱼区的封闭也损害了少数族裔和宗教少数群体的利益。[25]

除了暴力，经济增长支持者如何克服来自于集中起来的输家的反对？[26]法律改革的艺术是动摇反对的基础，尤其是采取如下三个策略。首先，通过更包容的政治谈判来赎买输家，这将给予输家一定份额的增长剩余。赎买包括补贴、税收减免、贷款或者特别权利。给予每个人一定的增长剩余份额，会把净收益式改革转化为帕累托改进。[27]

---

[23] B. Vogel, "Introduction," in *Preussische Reformen*, 1807-1820, ed. B. Vogel (Berlin: Verlagsgruppe Athenäum, 1980), 1-29; H. Bleiber, "Die Preußischen Agrarreformen in der Geschichtsschreibung der DDR," in *Gemeingeist und Bürgersinn, die Preußischen Reformen*, ed. B. Sösemann (Berlin: Duncker and Humblot, 1993), 109-125.

[24] P. K. Bardhan, *Scarcity, Conflicts, and Cooperation: Essays in Political and Institutional Economics of Development* (Cambridge, MA: MIT Press, 2004) 同样，就穷国中制度发展障碍的精彩探讨，参见 P. K. Bardhan, "Understanding Underdevelopment: Challenges for Challenges for Institutional Economics from the Point of View of Poor Countries," *Journal of Institutional and Theoretical Economics* 156: 216-235。

[25] J. M. Baland and J. P. Platteau, "Wealth Inequality and Efficiency in the Commons, Part II," *Oxford Economic Papers* 50 (1998): 1-22.

[26] "政府为经济开放政策寻求支持，面临着如何让政策可信的挑战（预期）。然而，为了取信于民，政策必须首先获得大量的多元性的社会群体的支持（联合）。没有这些恰当的要素，市场友好型体制将难以建立和生存。" Hilton Root, *Capital and Collusion: Political Logic of Global Economic Development* (Princeton: Princeton University Press, 2006), 18.

[27] 每一种"净收益"都可以通过对剩余的恰当再分配而转化为"帕累托改进"。如果政治掮客在社会上发现一种净收益，那么他们就能提出一项交易，从而让每一个人都能改善。这一论点将科斯定理从法律扩展到政治之中。各种各样的障碍，尤其是交易成本和策略行为，都会阻止这样的交易。此外，每一次交易都会造成双方间再分配剩余的问题。关于剩余分配，经济学家们已经提出了不证自明的、理性的解决方案，最著名的是 Nash 和 Rubinstein。参见 Ariel Rubinstein, "Perfect Equilibrium in a Bargaining Game," *Econometrica* 50 (1982): 97-109; M. J. Osborn and A. Rubinstein, *Bargaining and Markets*, (Leiden: Elsevier, 1990)。然而，这些模型都无法预测，当事人由不能就如何分配剩余达成一致所导致的不能合作的频率。

第二，在一个开放的经济中，"破坏性创新"产生的赢家和输家难以预测。当随机性模糊了未来赢家的身份时，一个"无知之幕"将降下。[28] 有着随机输家和随机赢家的增长就像一个游戏，游戏中两个玩家各付 1 美元去抽签，赢家获得 5 美元。尽管有人实际上输了，可这个游戏为每个人创造了在统计学意义上"可预期"的收益，或一种"可预期的帕累托改进"。[29] 为了战胜反对的声音，应当允许更多阶层的人在这一创新游戏中竞争，这样就会有更多的人预期赢得竞争。有时，一次严重的历史危机能够拓展关于谁将从根本性改革中获益的"无知之幕"。广泛获益的确定性与受益者身份的不确定性，可以软化对于根本性改革的反对。

第三个策略是分散经济增长的成本。当许多人中每一个体都承担一点增长的成本时，他们的反对可能会保持消极的状态。通过将成本传递到纳税人或消费者，分散了成本，安抚了反对者们。[30]

表 14.2 总结了这三种改革政策，它们经常相互结合与彼此配合。因而，加入世界贸易组织要求一个国家降低关税，这一举措促进了整体经济，却让有些产业萧条。为了克服反对，政府可以给受到影响的工人提供再培训（赎买），用税收支付再培训费用（分散成本），以及通过同时降低多种关税来增加不确定性（随机化）。

---

[28] "无知之幕"是约翰·罗尔斯在他权威著作《正义论》(*A theory of Justice* 1971) 中使用的著名短语。罗尔斯将无知与公平联系起来，因为人们当不知道谁会成为赢家和输家的时候，对于法律会更加不偏不倚。阿克曼（Ackerman）认为，当社会面临严重宪政危机以及每个人对未来都不确定时，"无知之幕"会历史性地降落。这就是一种"宪法时刻"。参见 B. Ackerman, *The Future of Liberal Revolution* (New Haven: Yale University Press, 1992).

[29] 在统计学术语中，每一个参与人预期获利 1.5 美元，所以相对于不玩游戏来说，玩游戏可以使每个人在事前得到改善。然而，在事后，一个人赢了 4 美元，而另一个输了 1 美元。

[30] 请注意，成本的分散安抚了反对者，收益的分散安抚了支持者。当分散的收益安抚了支持者时，我们便有了"搭便车"问题：每个人等着其他人带头制订推动增长型改革的方案。

表 14.2 克服对推动增长改革的反对

政策	后果
赎买/帕累托改进	将反对者转化为支持者
随机化/预期的帕累托改进	将反对者转化为支持者
集中收益和分散成本	激活支持者和安抚反对者

中国改革的逻辑

一些重要的历史例证说明了推动增长的改革是如何克服阻力的。如第二章所描述的,中国改革产生了持续超过 25 年、每年大约 9% 的经济增长率,将绝对贫困人口从 25% 降低至不到 5%,并且将预期寿命从 64 岁提高到超过 70 岁。[31] 尽管存在环境恶化和其他一些社会问题,这仍是一项伟大的历史成就。中国是从"双轨制发展"(dual-track development)模式开始的,这里的"双轨制"是指传统社会主义的重工业部门和自由市场的轻工业部门采取的不同路径。[32] 社会主义部门基本上延续着国家计划下的传统道路。在社会主义工业停滞的时期,工人、厂长(director)以及党员保住了他们的工作。同时,中国释放了自由市场部门,尤其是轻工业的活力。自由市场部门摆脱了官僚制的控制并保留了大部分的利润。在"双轨制"下,社会主义部门仍然受到免于竞争的保护,并逐渐衰落;同时,自由市场部门迅速增长,增加了国家收入,并

---

[31] Yingyi Qian (钱颖一), "How Reform Worked in China," University of California, Berkeley, Discussion paper, 2001, 1-63.

[32] Lawrence J. Lau, Yingyi Qian, and Gérard Roland, "Pareto-Improving Economic Reforms through Dual-Track Liberalization" Economics Letters 55.2 (1997): 285-292. 2005 年 7 月,作者库特获得一次和时任中国总理的温家宝简短会谈的特别待遇。温家宝被认为是中国经济政策背后的领导人。作者库特问他:"社会主义市场经济和资本主义市场经济有何差异?"总理回答说:"差异是历史上的(historical)。"

为年轻人和敢作敢为的人创造了更好的工作。[33]

双轨制可以被视做社会主义部门与自由市场部门之间分享增长收益的一桩政治交易。国家慢慢地缩小社会主义部门的规模，而不是将它们骤然私有化。同时，自由市场部门中企业家和成功员工的收入迅速增加。共产党和国家官僚体系把税收和贿赂维持在足够低的水平上，以便自由市场部门中创造新财富的人们可以保留大部分的财富，正如第五章中"创新的产权原理"所要求的那样。

在自由市场部门中，个人通常与当地及更大区域的政府共享公司的所有权。因此，一些企业家同时具备政府官员和党员干部的身份。从共产党和政府中获得政治权力的人们也有机会去获得财富。由于共产党的干部和政府官员能从自由市场部门的增长中获益，所以他们对改革予以

---

[33] 在徐光东于2008年4月7日致作者库特的一封私人电子邮件中，他提供了一个更加微妙的观点，他将中国经济改革分为了两个阶段。

一般而言，中国经济改革全过程可以诠释为由两个主要阶段所构成。第一阶段从1979年到1992年，其以著名的"双轨制"为人所知。"双轨制"是指对于特定商品的分配，传统的计划和市场的渠道并存。"市场轨道"提升了效率，而"计划轨道"通过提供隐性转移以补偿市场自由化的潜在输家，从而实现了帕累托改进。结果，主要社会群体罕有遭受重大经济损失的情形，这一阶段也被称为"没有输家的改革"。在这一时期，农村收入自1978年到1985年以每年15%的速度增长，自1985年到1991年以每年4.8%的速度增长。城市收入自1978年到1985年以每年7%的速度提高，自1985年到1991年以每年4.8%的速度提高。同时，经济改革缩小了城乡差距，并导致中国总体基尼系数在1983年达到0.28，这使得中国成为世界上最平等的国家之一。此外，贫困人口比例也从1981年的53%急剧下降到1987年的17%。

第二阶段大大变革了关键市场部门的管制与管理框架，这包括了银行体制、税收体制、公司治理制度等。该阶段给大量社会群体带来了重大损失，并导致了一种"存在输家的改革"。首先，由于国有企业的重组，数百万工人下岗，可只获得有限的补偿与不充足的社会保险。其次，越来越多的农村土地被地方政府征收，用以支持城市项目，为地方政府运行提供资金，或者甚至于满足官员的私利。不止于此，政府还摆脱了提供教育、医疗、住房等职责，而这些已经成为家庭费用中的最大开销。在这一阶段，农村收入自1991年到2004年以每年4.9%的速度增长，而城市收入以每年7.7%的速度提高。但同时，财政收入自1995年到2007年以每年16%的速度增加，这意味着政府成为经济改革的最大受益人。与此同时，不平等的程度一直在加剧。在2001年，基尼系数已经上升到0.447，这使得中国与最不平等的亚洲发展中国家类似，例如泰国（0.43）或菲律宾（0.46）。更有甚者，从2001年到2003年，贫困人口的收入每年降低了2.4%。

徐光东的观点受到了Barry Naughton的影响，参见 *The Chinese Economy: Transitions and Growth* (Cambridge, MA: MIT Press, 2007) 第4章。亦参见Martin Ravallion and Shaohua Chen, "China's (uneven) Progress against Poverty" *Journal of Development Economics* 82 (2007): 1-42。

支持。如第五章所提到的，党的领袖邓小平用"要共同富裕，必须让一部分人先富起来"的口号推进了改革。这一格言表明，改革造福每一个人，可速度并非整齐划一。随着企业家，包括政府官员和党员干部首先变得比以前富裕了很多，每一个人都比前稍稍富裕。由于创新不可预期，企业家之间开放的竞争自然使得增长的赢家和输家随机化。中国给它的人民提供了大几率获胜的经济彩票，所以他们热切参与其中。

就像在中国大陆，帕累托增长也是日本、韩国、中国台湾、中国香港和新加坡的发展策略。随着它们在 20 世纪 50 年代对内对外开放市场，这些国家（地区）分散了总剩余，从而几乎使每个人都能获益。分散财富的手段包括学校、医院、农村基础设施等公共服务建设，土地改革、司法独立等法律变革，还包括向人才开放机会。东亚的许多人可以开办新企业，并实现社会阶层的跃升。政府保护了新的财富免于掠夺，促进了没有政治动荡的经济转型。其结果近似于有着不平等分配剩余的帕累托改进。[34]

经济增长中的输家困境

我们解释了中国政府如何使用表 14.1 中展现的三种策略，来克服对推动增长型改革（growth-promoting reform）的反对。为什么并非每一个国家都能像中国一样？为什么政府拒绝具有帕累托改进或预期会带来帕累托改进的推动增长型改革？[35]改革通常需要一个消除固有障碍的政治谈判，这个障碍我们称为"独裁者困境"（dictator's dilemma）。

---

〔34〕 用 Campos 和 Root 的话来说，这些国家向财产所有人作出了"可置信的承诺"，从而保障了"经济权利的政治根基"。参见 J. E. Campos and H. Root, *The Key to the Asian Miracle: Making Shared Growth Credible* (Washington, DC: Brookings Institutions Press, 1996), 175。Campos 和 Root 强调了这一政策优势，其不但能造就帕累托改进，还能使公众确信国家对该等政策的承诺。他们关于亚洲成功的论述与我们的非常相近。

〔35〕 经济学家有时通过"没有政治上的科斯定理"这一说法来总结这些事实。科斯定理主张，在交易成本不太高时人们总可以通过交易来取得剩余。相对于公共选择，这一命题在个体选择中更具有真实性。

1973年，奥古斯托·皮诺切特（Augusto Pinochet）将军发动了一起颠覆智利民选政府的军事政变。他囚禁和杀害了一些他的反对者。在作为独裁者统治这个国家长达数十年之后，他逐渐将政治权力交还给民众，并最终于1990年辞去国家首脑一职。在1998年从军队首脑的位置上下台之前，他一直保留该职位。2004年，皮诺切特被捕并受到多种犯罪的指控。在法院审结其主要犯罪指控之前，他于2006年因自然原因去世。

这个故事描绘了一种困境：一个老去的独裁者想放弃权力，但是他害怕受到刑事指控。对其免于指控的唯一有效的保证就是保留他原本想交出的权力。独裁者的困境反映了政治信任这一普遍问题。推动增长型改革的支持者可能想赎买反对者，但是赢家可能无法对补偿输家作出承诺。由于法律维护了政客们出尔反尔的权利，赢家不能确保输家将继续获得补贴、再培训、税收减免以及免于竞争的保护。未来的政府可以合法废除现任政府制定的几乎任何政策或法律。[36] 从增长中获益的多数可能想赎买反对改革的少数，但该政治交易在法律上无法被强制执行。

一个来自印度的历史例证说明了这一问题。在独立之前，印度包含很多小公国，王公们统治着那里并拥有很多土地。一个由一小部分人拥有资本和土地的社会，通常难以制定广泛激发企业家创新的法律规则。对于印度而言，废除这些小公国会带来很多优势，包括消除发展的阻碍。1947年，作为将他们的公国并入印度联邦及其税负收入损失的补偿，王公们被赋予一种叫做"王室专用金"（privy purse）的补贴。然而，该补贴于1975年被废除。[37] 一般来说，当一项交易旷日持久，政治承诺便显得尤其不确定，譬如"王室专用金"。随着时间流逝，政治

---

〔36〕 立法者有时会制定一项禁止被未来立法者推翻的法案，但是，大多数宪法给予立法者以宽泛的权力，从而有效排除这一"锁定"（entrenchment）。

〔37〕 政府试图通过一个行政命令废除"王室专用金"，但其被最高法院在1971年判定为违宪。随后，议会在1975年利用一项印度宪法修正案予以废除。参见 S. J. Sorabjee, "Palkhivala and the Constitution of India," in *Nani Plakhivala: A Role Model for India*, ed. M. G. N. Kuma Kuma (Delhi: Universal Law Publications, 2006), 46-61.

交易创设"祖父条款"（grandfather clause）的记忆逐渐淡漠，维护少数人特权的祖父条款对多数人而言更加无法接受。

平息再分配的争议

正如创新的双边信任困境一样，独裁者困境也是一个没有完美解决方案的信任问题。[38]最好的解决方案要联合改革者们和利益被推动增长型改革损害的群体的利益。为了利益联合，双方进行谈判并达成合意，但这些合意在法律上很少能得到强制执行。政治交易经常需要容纳那些在历史上不断对抗而非合作的群体。独裁者困境比创新者的困境更严重，因为比起商业来说，政治牵涉更多的对抗和更少的合作。[39]为了避免被公诉，皮诺切特需要和被他囚禁和杀害了家人的人进行政治合作。

信任问题没有神奇的解决方案，但是在商业中建立信任的一般策略也可以被运用到政治中。两名企业主管为了商讨两公司的合并问题，同意在每周二共进午餐。他们应该是轮流为午餐付账还是应该各付各的？午餐中的行为可以揭示他们的一些个人特征，从而用于在合并中预测他们的行为。轮流付账的话，每人都会去注意对方在他自己付账的时候是不是点了便宜的葡萄酒，而在另一方付账的时候点了昂贵的葡萄酒。正如第七章曾讨论的，相互性需要得到的利益与给予的利益相当。在多次午餐中形成相互性以后，他们便有可能开始互相信任。建立互信的一般策略就是将信赖分解成许多小步骤，然后随着时间推移而逐步展开。

如同在多次午餐中建立互信一样，财产的保障也需在多年中逐渐建立。因而，加拿大和印度等普通法国家的法官们，通过判例的逐渐累

---

[38] 独裁者困境是一个单边信任问题：独裁者首先放弃权力，然后信任民选政府不会向他提起指控。反之，创新是一个双边信任问题。

[39] 从博弈论的观点看，政治有相对更多的零和博弈（再分配），商业有更多的"正和博弈"（生产）。政治哲学家卡尔·施米特（Karl Schmitt）有一个著名的定义：政治就是人们作为敌人彼此对峙的冲突领域。

积、建立了财产法。财产保障需要平息关于再分配的争议。当大多数人接受由财产法所达成的基本财富分配时，安宁便来临了。如第五章解释的那样，当企业家相信他们能获得其创造的多数财富时，他们就可能开始创新。所以，增长所需要的财产法应当为他们提供这一保障。

一旦民众觉得享有防范他人掠夺自己财产的保障时，他们就能接受由税收、政府开支、法律法规所造成的适度不利的财富再分配。与之相反，一个过于急切再分配财富的政治安排可能会摧毁财产保障所必需的信任，而改革则可能会像一名在起跑线上过于向前倾斜的短跑选手那样倒下。法国国民议会于1789年在一次彻底的改革中废除了封建制。农民不再是农奴，同时在农民中再次分配了贵族的土地，这使得贵族陷入贫困。（除了失去土地以外，很多贵族还失去了他们的生命。）改革创造了土地市场的架构，可也破坏了财产权，并引发了再分配的争议。长远来看，生产量在增长，但很缓慢。1851年，法国每名劳动者的农业生产率仍然只等于英国水平的44%。[40]

相比之下，普鲁士希望进行没有革命的现代化，于是它精心制定了同时使贵族和农民受益的改革计划。在封建制下，农奴保留一部分劳作收获，并将剩余部分交给他们的领主。不止如此，各方还经由限制合同自由的封建纽带绑定在一起。为了让该体系现代化，1807年到1822年的改革运用了一个简单的方法：农民必须通过向领主转让最多一半土地的方式，赎买自己的农奴身份。双方都从劳役等封建束缚中解脱出来。与法国类似，普鲁士的土地改革创造了农业土地和劳动力的市场架构，但与法国不同的是，普鲁士改革通过让领主和农奴都受益，从而争取到了双方的支持。结果，这一转型相对顺畅，生产量亦随之提升。在1800年和1850年间，每名农业劳动者的生产量提高了60%，每单位可耕种农场土地的生产量提高了44%。与之相比，在此前的4个世纪里，农业

---

[40] G. Clark, "Labour Productivity in English Agriculture: 1300-1860." in *Agricultural Productivity in the European Past*, ed. B. M. S. Campbell and M. Overton (Manchester, UK: Manchester University Press, 1991), 211-235.

生产力基本没有提高。[41]

美国有着类似于法国的革命以及类似于普鲁士改革之后的经济成功。在美国，革命产生的不确定性，被通过政治权力分立来保障财产的宪法所平息。[42] 由于宪法的保护被证实行之有效，再分配的争论停止了，经济增长开始飙升。

结　论

马基雅维利在1513年写道："改革者的敌人是所有旧秩序中的既得利益者，而所有即将从新秩序中获益的人只是他三心二意的盟友。"[43] 不过，中欧、南亚和东亚都提供了法律改革引发世人瞩目的经济后果的最近例证。与马基雅维利相反，受益于经济增长的多数人一般能战胜受损的少数人，经济分析展现了该结果是如何发生的。有三个原则可以为激活对推动增长型改革的支持和平息对它的反对提供指南。第一，一个综合运用补贴、税收和特权的政治交易，可以将经济增长的输家转变为赢家（帕累托改进），据此反对者变成了支持者。第二，企业家间竞争的开放给了更多人在创新彩票中获胜的可能性（可预期的帕累托改进）。第三，一个更为广泛的政治交易分散了损失，这安抚了反对者。反之，把经济增长的损失集中在一小部分人身上，就会激发他们的反对。如果他们拥有势力，他们将可能使有利于国家的政策受挫，从而证明马基雅维利是对的。

用分散收益来削弱对经济增长的反对，经常需要在未来支付报偿。在政治中，未来的报偿主要依赖于彼此均等的力量，而非法律上的保

---

[41] 该数字来自于 Gertrud Helling, "Die Entwicklung der Agrarproduktivität in der deutschen Landwirtschaft im 19. Jahrhundert," *Jahrbuch für wirtschaftsgeschichte* 1（1966）：129-141，134，139。后面的数字是指整个德国并限于谷物产品。关于改革在何种程度上有助于这些生产率收益，仍存在争议。

[42] 参见 Federalist Papers 10 and 51。

[43] *The Prince*（1513），第六章。

证。输家困境就在于经济增长削弱了他的力量，这使输家不能以此保障他未来收益的份额。

尽管这一困境没有完美的解决方案，我们仍能有所作为。想有所作为就需要发展制度，而不仅仅是制定法律。法律与社会规范必须编织到相互强化的制度中去，就像编织到绳索中的线。信任从合作与公平竞争的历史中发展起来。通过解决信任问题，法律提供了经由经济创新以战胜国家贫困的架构。

第十五章　结论：将自由付诸法制

可持续的经济增长诞生于开展创新的商事组织。开办一家企业引发了有新点子的创新者和有资本的融资人之间的信任问题（发展的双边信任困境）。为了产生信任，需要一个发挥作用的法律架构，确保人们获得其创造的多数财富（创新的产权原理），需要人们能保证信守承诺（合同协调原理），需要企业家能进入大部分的商业领域并从法定样本中选择他们企业的组织形式（组织自由原理）。财产法、合同法和公司法为化解猜疑和开办创新性商事组织提供了法律架构。

"右"和"左"之间的一个长久分歧引发了关于经济体法律架构的激烈争论：国家应在何种程度上监管市场？这一争论并没有抓住发展中国家面临的主要发展问题。去监管化的成功必须以发挥作用的财产法、合同法和公司法为前提。没有这样的法律架构，去监管化将造成混乱与暴力。有了这样的法律架构，很多监管就不再必要，废除它们也就卸下了商业交易的负担。经济自由存在于市场的法律架构与不必要的监管负担的消解之中。经济增长的第一动因就是经济自由的"法制化"，即创造发挥作用的财产法、合同法和公司法，并废除不必要的监管。

自由的法制化释放了企业家的活力，也让创新活动进入了创造性的、不可预设的轨道。每一次创新都创造出商业秘密，私人信息给创新者带来了超常利润，超常利润吸引了模仿者，模仿者破解了这些秘密，之后创新者的利润回归到正常水平。最终，随着创新传播扩散开去，国家变得生产率更高和更加富有，而下一次的创新也已经在酝酿之中了。通过这一进程，国家脱贫致富。

"右"和"左"的另一个分歧关乎国家推动经济增长的能力。这一争论混淆了领导和竞争。有着新颖点子的创新者把它们披露给少数投资者，从而为其发展融资。私人投资者根据私人信息，决定为哪些创新提供资金，所以他们计划对竞争者保守秘密。与之相反，在理想状态下，使用公共资金的政府官员应当基于公共信息，决定为哪些创新提供资金，这样他们就能向民众解释并为其决定辩护。私人投资者使用私人信息挑选在增长竞赛中获胜的企业，总体而言，他们比基于公共信息挑选获胜企业的政府官员做得更好。当政府努力通过在企业间重新分配资本来谋求快速增长时，它们却常常放慢了增长。政府不应该挑选胜利者，而应该为企业在增长竞赛中提供平等的竞争机会——就像国际足联为足球队在世界杯中提供平等的对抗机会。为了促进经济增长，国家应当提供竞争的规则，而不是挑选胜利者。

除了自由的法制化，国家尚有许多其他工作要做，例如提供国内和国际的安全保障（警察和军队）、基础设施和城市规划（道路、港口、机场、电力、电信、工业园区）、教育（小学、中学、大学）、基础研究（科学实验室、研究经费）、环境保护（排污税、可交易的排污权、对有害化工产品的限制）以及扶贫（社会保障、失业福利、医疗护理）。另外，国家还应当使用来自经济增长且不断增多的赋税收入，让那些收入增长落后于工资增长水平的剩余穷人受益。

"右"和"左"之间的另一个政治分歧关乎公正与平等：多大程度的不平等是公正的？这一争论没有抓住发展中国家人民福利的主要问题。经济的持续增长通过工资提升使工人们摆脱贫困。富裕国家的工资更高，首先因为那里的人们更有生产效率，而不是因为他们更平等。不平等的首要正当化理由是，它通过让人们更有生产效率，从而提升他们的福利。关于公正的理论必须建立在这一事实之上，而不是无视它。

不平等在社会层面的正当性类似于专利。一项专利产生暂时的垄断，这提高了消费者支付的价格。在一件商品的专利存续期间，消费者虽然为其花费更多而有所损失，但他们从专利所激发的新发明中获益。从速度更快的创新中获得的永久性福利收益超过了来自更高价格的暂时性福利损失。类似地，尽管更少的平等暂时降低了社会贫困阶层的财富，但如果他们从速度更快的创新中收益甚至更多（"超越理论"），那么，我们就容易论证不平等的合理性。因而，当允许企业家获得更多其创造的财富时，中国经济在1980年之后迅猛增长。反之，如果更多的平等能提振较贫困阶层的消费，同时加快创新的速度，那么平等就能被双重正当化。显然，当更好的教育和医疗提高了工人的生产效率时，更多的平等加速了北欧国家在20世纪的经济增长。为了改善人类福利，法律和政策应当按照最大化财富和生产效率增长的要求，降低或提升平等的程度。

对社会而言，更多的财富是否就是适当的目标？这一问题同样分裂了"左"与"右"。如果"财富"不包括公共产品、非物质的精神产品和更好的环境，那么，把它作为社会目标就是不适当的。若着眼于增长，国家就不应该盲目迷恋像国内生产总值（GDP）那样局部的财富衡量标准。同样，好的增长是长期的增长。因资源耗竭而土崩瓦解的暂时性增长绝不仅仅是不适当的，更是灾难性的。在这样的条件限定下，一个艰难的问题仍待回答：基于一个全面的财富衡量标准，最大化可持续增长的速度是否就是适当的社会目标？

几乎每个人都渴求财富，可它只是手段，而非如幸福、善、神圣、美、知识或自我满足那样的目的。财富是达到目的的工具，这些目的包括了教育、休闲、修养与心理健康。我们会读一本书，踢一场足球，听一场歌剧，以及参与一次心理治疗。然而，经济学把这些在小说、足球、歌剧或心理治疗上的花费都称为"消费"，就好像这些活动和吃饭完全一样。食物很重要——在中国文化大革命时期物资匮乏，但在 1980 年之后，法制和经济的复苏让中国重新回到烹饪超级大国的地位。然而，人们所能做的比"吃"更多。"消费"一词错误地让人以为增长就像吃饼竞赛，而其奖品是另一张饼。

经济学有很好的理由把"消费"运用到对不同种类事物的家庭花费上。每一个人通常都认为他最清楚如何用自己的钱达到其目的，就像他最清楚如何开车。人们不欢迎别人主动提供关于买什么或怎么开车的意见。（在伯克利——一个把健康食品视同宗教追求的地方，曾有一名在杂货店里站着排队的陌生人批评库特太太购物篮里的东西。）自由地花你看着合适的钱是一种基本的自由权。出于对个人自由的尊重，很多经济学家觉得他们应告诉人们如何致富，而不是如何花费。

经济学的一项悠久传统是限制谋求品评别人该买什么的专长。除了尊重个人自由之外，这一传统还有其他一些理论脉络。有些经济学家认为价值就像个人的品味，例如厌恶芥末酱而喜好番茄酱。类似地，有些经济学家认为满足任何一项需求都是同等的好事，这就像有些功利主义者认为任何一个人的快乐都是同等的好事一样。[1] 如果价值被简化为个人的品味、需求或快乐，那么关于价值就没有那么多争论了。

通过阐释如何提升一个国家的财富，经济学家就一个国家如何满足其民众的需要提供建议，而不讨论人民应该需要什么。并非所有的经济学家都赞同这一进路。有些经济学家认为他们的研究主题应该是就如何运用财富向人民提供建议。人们经常购买错误的东西，比如不合脚的鞋，也经常在事后后悔。有少数人盲目迷恋财富，例如渴求黄金耀眼的光芒。国家也会实施破坏性的政策，例如，为挖出煤炭而推平西弗吉尼亚州壮美的山峦。考虑到错误和不足的可能性，民众必须尽力作出好的选择。为了指引人们的选择，知识分子应该就如何花钱进行论辩。这是

---

〔1〕 在密尔（John Stuart Mill）的《功利主义》（Utilitarianism）一文中，他打破了功利主义者传统，认为快乐有着质量的区别，有些快乐比其他的快乐更好。参见 *Utilitarianism, Liberty and Representative Government* (New York: Dutton, 1951)。

关于"什么是真正有价值的"这一更广泛争论的一部分。经济学家们对于价值争论是否属于他们的研究主题存在分歧。一些经济学家介入了该争论，而其他人则从远处冷静地观察。

早一代的经济学家对这一价值问题的处理不同于时下的经济学家们。[2]"物质福利"（material welfare）指的是从食物、衣服、住所和健康中所得的收益。一旦物质需求被满足，大部分人就会转向更高的需求，例如教育、休闲和修养。更多的财富使得人们在价值等级上前进。按照这一早期的理解，经济学对价值的批评尤其关乎需求等级中较低的层级。经济学家对于每个人都有的物质需求知之甚多。因而，经济学家用以批评公共支出的成本—收益技术，在分析食物、住房、医疗和初级教育等基本产品中运作良好。关于价值的分歧很少能破坏经济学家在这些方面的结论。可经济学家对非物质需求知道的就少得多，这些需求提出了很多有趣，但经济学家无法回答的价值问题。因而，当成本—收益技术运用到关于高级美食、奢华公寓、整容手术、高等教育、文化或宗教的公共支出时，其催生更多的价值分歧，这削弱了他们得出结论的力量。对于有关精美食物、雅致建筑、博雅教育、资助歌剧或教堂维护的争议，成本—收益技术无法取代人文传统。

本书遵循上述智识劳动区分创造财富与运用财富的悠久传统。本书考虑的是一个国家如何能变得富有，而没有涉及它应如何充分利用其财富。然而，在一个更全面的财富衡量标准下，对提升可持续增长率的热爱并不意味着对所有财富用途的认可。对财富的很多运用都是错误、冷酷、粗俗、堕落、不负责任或富有破坏性的，但对这些财产运用的批评并不是本书的主题。

民主能造就经济增长吗？关于该问题的争论再次陷入混乱。民主对于经济增长的影响取决于一个中介变量——私法和商事法的力量。民主

---

[2] Robert Cooter and Peter Rappoport, "Were the Ordinalists Wrong about Welfare Economics?" *Journal of Economic Literature* 22 (1984): 507.

可以引发政治不稳定，这通过削弱私法和商事法破坏了经济。在这种情形下，独裁者有时能够通过提升政治稳定性提升经济增长。在 1973 年一场由皮诺切特将军发动的血腥政变推翻民选社会主义总统阿连德（Allende）之后，智利就上演了这样的情景。韩国和中国台湾同样在独裁下取得了快速的增长率。若变化的方向发生反转，当独裁向民主的转型强化了私法和商事法时，它也能促进经济增长。在 1990 年皮诺切特把权力移交给一个人们相信其会延续下去的民选政府之后，智利就经历了这样的增长。独裁下的韩国和中国台湾同样遵循了这一发展范式，在其民主转型后，发展还在延续。

那么，反向的因果关系又如何？经济增长能引发民主吗？经济创新需要发展新点子，尤其是来自受过教育的人们的新点子。经济自由和受过教育的工人创造了如瀑布涌流般的创新，其支持了经济增长。经济自由的经验与商业竞争的优势创造了政治上的要求。随着教育提升和人民享受经济自由，政府可能就需要竞争性选举来维持对其合法性的信念。这一事实部分解释了中国台湾和韩国从独裁到民主的转型。

几乎每一个人都从增长中获益，但有些人相对于其他人有受损，还有少数人绝对地受损了。输家可能处于阻碍改革的关键位置上。为了安抚他们，需要通过重新分配财富，用可置信的政治交易赎买他们。随着重新分配，每个人都能分享增长的收益（帕累托改进）。信任在政治中难以实现，因为政府可以非常随意地改变它们的想法。如果一个群体相对于其他人失去了更多财富，它也就同样失去了政治力量，这又减弱其保护自己财富的能力。输家在经济增长中的困境是一个信任问题，对此，法律能予以改善。

我们已经概述法律在战胜国家贫困中的作用。如果有些障碍看起来无法抗拒，那么克服之后的收益更是如此。为了让国家摆脱贫困，没有别的事物比可持续发展更重要。如果大多数人能理解以每年 2% 的速度增长，1 个世纪将增加 7 倍财富，而以 10% 的速度增长，一个世纪将增加近 1400 倍财富，那么他们制定增长所需法律的愿望必将不可抗拒。

第十五章 结论：将自由付诸法制

翻译术语英中文对照索引[1]

英文	中译	页码[2]
Accomplice-witness	污点证人	214
ADR	美国存托凭证	169
Administer	事务官	200
Agency problem	代理问题	155,201
Allocative efficiency	分配效率	062
Authoritarian government	威权政府	201
Back-to-back letters of credit	背靠背信用证	005
Bad faith	背信恶意	111
Bad law	劣法	086,207,210—212,240
Balance sheet bankrupt	资产负债表破产	147
Basel II	新巴塞尔协议	009,146,148
Big-bang liberalization	"爆炸式"自由化	256
Bonded labor	债务劳役	050
Bonded warehousing	保税仓库	005
Bonding	交保	103
Broker	经纪人	034,084,131,132,141,142
Budget constraint	预算制约	139—141,186,188
Bureaucracy	官僚制	203,219,268

---

[1] 该索引由译者整理。
[2] 该页码为中文版页码。

(续表)

英文	中译	页码
Business venture	（甘冒风险的）商事组织/商业活动	002,006,240
Bylaw	内部章程	034
Capital	资本	003,004,006,009,020,021,023,030,031,037,038,041—043,048,049,051,060,062,067,068,072,075,077,085,086,088,102,104,115,122,126,128—130,133,138,140,143—145,148—150,155—157,161,164,166,168—175,181,185,186,191,192,237,238,240,242,243,246,248—253,255—258,261,262,264,265,268,271,276,277
Cash-flow bankrupt	现金流破产	147
Centralized corruption	集中型腐败	202
Chit fund	筹会	121—127,131,146
Civil law	大陆法	111,112,114,134,206,239
Civil service	公务员	012,040,060,083,100,200—204,216—219,229,231,239,249,255
Codetermined corporation	共决公司	152
Commercial bank	商业银行	124,126,131—133,135—137,141,146,147,171
Common share	普通股	034
Compensatory damages	补偿性损害赔偿	040
Competitive equilibrium	竞争性均衡	034,035,051
Contempt of court	藐视法庭	114
Contingency fee	风险代理费	230,233,235

(续表)

英文	中译	页码
Contract principle for coordination	合同协调原理	098,276
Contractual workout	协商性和解	180
Control premium	控制权溢价	162,261
Cooperative corporation	合作公司	152
Coownership	共有	103
Copyright	著作权	088—093
Corporate governance	公司治理	034,152,166,167,260,269
Credit	信贷	009,010,083,088,102,118,121—124,126,128,129,131,137,144—146,148,186,189,210
Damages	损害赔偿金	114,115,226—228,236
Debt-to-equity ratio	资本负债率	009
Deficiency	不足债务	087
Deficiency judgment	不足债务判决	087
Delegated corruption	代理型腐败	201
Derivatives	衍生品	118,132,147
Dictator's dilemma	独裁者的困境	271
Dilution	稀释	139
Discount rate	贴现率	078
Dividend	股息	161,162,177
Double trust dilemma	双边信任困境	003,030,031,034,035,120,122,133,137,146,149,154,157,158,213,240,258,272,276
Dual-track development	双轨制发展	268,269
Economy of scale	规模经济	209,244
Economy of scope	范围经济	244
Efficiency wages	效率工资	103
Efficient market hypothesis	有效市场假说	257

(续表)

英文	中译	页码
Equity of redemption	衡平回赎权	087
European Court of Justice	欧洲法院	113,169
Factor of production	生产要素	049,155,159,244,251
First mortgage	第一顺位抵押权	177,179
First-mover advantage	在先优势	089
Flat rate	统一费率	234
Foreign direct investment	外商直接投资	035,168,246
Free ride	搭便车	156,247,265,267
Freeze-out	排挤	026,139
Future contract	期货合同	105
GangsterCapitalism	黑帮资本主义	021,256
GDP	国内生产总值	011,016—018,020,022—026,194,208,223,251—253,278
General court	股东全会	003
General partnership	普通合伙	153
Generalized reciprocity	广义相互性	101,102
Good faith	诚实信用	111—113,190
Grandfather clause	祖父条款	271,272
Gray market	灰色市场	196,208,209,224,225,229
Great Awakening	大觉醒运动	241
Gross national product	国民生产总值	027,162,163,205
Growth-promoting reform	推动增长型改革	267,270—272,274
Hedge fund	对冲基金	136,146
Hold up	套牢	155
Hostile takeover	敌意收购	005,180,258
House of Lords	上议院	111
Hyperinflation	恶性通货膨胀	076,261

(续表)

英文	中译	页码
Idea	点子	004—006, 030—033, 041, 051, 052, 058, 068, 085, 120, 122, 133, 142, 146, 149, 155—157, 168, 169, 171—173, 175, 240, 256—258, 276, 277, 281
Import-substitution	进口代替	249
Income elasticity	收入弹性	223
Income per capita	人均国民收入	001, 002, 014, 015, 018, 019, 021—023, 025—027, 109
Income tax	所得税	072, 152, 153
Infant industries	幼稚产业	245, 250
Informal sector	非正规部门	119, 208—210, 224, 225, 229, 232, 233, 235
Initial public offering	首次公开发行股票	034, 036, 142, 149, 162
Innovator	创新者	005, 006, 011, 030—034, 036, 051, 052, 054, 056—058, 069, 073, 085, 088—090, 096, 120, 122, 133, 149, 150, 155, 157, 170, 272, 276, 277
Investment bank	投资银行	009, 030, 053, 131, 132, 136—138, 141, 146—148, 171, 258
Investor	投资者	002—004, 006, 009, 010, 023, 030—037, 117, 120, 122, 133, 137—139, 142, 145, 147, 149, 150, 152, 154, 155, 157, 161—163, 165—168, 170, 180, 186, 187, 205, 226, 253, 255, 257, 277
Joint stock company	合股公司	003, 149—153, 163, 166, 169

(续表)

英文	中译	页码
Judgment proof	不怕判决	113,227—229,233
Judicial foreclosure	司法扣押	087
Junk bond	垃圾债券	108
Jurisdiction	法域	012,226
Know-how	专业诀窍	159
(Law of) diminishing marginal productivity	边际生产率递减（规律）	251,252
Letter of credit	信用证	005,032,106,132
Leverage	杠杆	009,146—148,255
Liability law	赔偿责任法	222,224,227—229,232—235
Liquidity	流动性	085,086,088,118,123,126,142,147,175
Licensing law	行政许可法	209
London Approach	伦敦规则	180,189
Main bank	主力银行	100,138
Management	管理层	155,160,167,172,175,180,186
Managers	管理人员	008,171—175,180,181,186,192,200
Marginal product	边际产出	048—050,246
Mariginalism	边际主义	048—051
Market capitalization	市值	139,142,144,162,163,168
Material welfare	物质福利	280
Minimum efficient scale (of production)	最小有效（生产）规模	242,243
Money lending	放债	130,131
Moral hazard	道德风险	031
Mortgage	抵押贷款	083,085—087,128,147,177,178,184,186,187

(续表)

英文	中译	页码
Mortgage-backed security	抵押担保证券	132
Multiple equilibria	多重均衡	217,218
Mutual fund	共同基金	161
Natural monopoly	自然垄断	007,053,209,242,244,258
Networks of innovators	创新者网络	005
Noncompetition clause	竞业禁止条款/不竞争条款	157
Nondisclosure agreement	保密协议	157
Nonjudicial foreclosure	非司法扣押	087
Nonprofit corporation	非营利公司	151
Nonrivalry	非冲突性	068
Odious debt	恶债	187,189—191
Oligarch	寡头	062, 064, 065, 200, 242, 261,262
Ordinary rate of return	通常投资回报率	034
Ostracism	排斥	101,103,206,240
Overtaking theorem	超越理论	057,058,065,278
Owned organization	存在所有者的组织	151
Pareto improvement/gain	帕累托改进	122, 263—268, 270, 274, 281
Patent	专利	003, 004, 013, 041, 074, 088—090, 092, 096, 115, 159,168,170,249,278
Perceived corruption	感受到的腐败	197,199,215,216
Periphery	外围	245
Petty patent	实用新型	090
Polyarchy	多头政体	264
Politician	政务官	200—202,204
Portfolio investment	财务性股权投资	253
Preferred share	优先股	034,137,171,174,177,180

(续表)

英文	中译	页码
Present value	现值	078,161
Price-earning ratio	价格—收益比	139
Principle of organizational liberty	组织自由原理	164,276
(Super) Priority	(特别)优先权	177—179,181
Prisoner's dilemma	囚徒困境	212
Private contract	私人性合同	098,099,107,108,113,115,117,120,138,189
Private equity	私募基金	136
Private finance	私人性融资	033,035,036,038,124,125,142,182
Private information	私人信息	038,155,157,168,277
Production function	生产函数	051
Public company	上市公司	034,036,050,117,142,144,145,159,160,169,210
Public contract	公众性合同	098,099,115,116
Public goods	公共用品	199
Public finance	公众性融资	034,036—038,125,142,144,182
Public information	公共信息	277
Public market	公开市场	036,098,115,118,120,138,142,145,146,161
Purchase power parity	购买力平价	025
Qui tam	告发人诉讼	214,217
Ratio of capital	资本比率	238
Ratio of output to capital	资本产出比	252

(续表)

英文	中译	页码
Regulation	监管	009, 022, 026, 040, 041, 043—047, 050, 053, 099, 115—120, 123—125, 141, 145—148, 164, 166, 168, 169, 202, 203, 205—209, 223—229, 233, 235, 237—242, 244, 248, 258, 276
Relational contract	关系性合同	098, 099, 101, 104—108, 115, 120
Relational finance	关系性融资	032, 033, 035—038, 080, 098, 124, 138
Residual poverty	剩余贫困	071—073
Risk neutral	中性风险偏好	039
Rough justice	约略正义	264
Rule of strict liability	严格责任规则	234
San Francisco Chronicle	旧金山纪事报	033, 091
SEC	美国证券交易委员会	169
Second mortgage	第二顺位抵押权	177
Securities exchange commission	证券交易委员会	034, 169
Shadow wage	影子工资	247
Sharecropping	分成制	077, 083
Simultaneous regression model	联立回归模型	255
Small claims court	小额诉讼法院	109
Soft-budget constraint	软性预算制约	140, 186, 188
Sole proprietorship	独资企业	153, 155
Specific performance	实际履行	114, 115
Spread	息差	086, 117, 135
Squatter	违法占地者	075, 081, 084, 096

(续表)

英文	中译	页码
Stakeholder	利益相关者	094, 171—175, 181, 182, 185, 191, 192
Start-up	创业公司	033—035, 171—173, 178, 180
Summary judgment	简易判决	087
Surplus	剩余	024, 048, 052, 085, 128, 161, 174, 263, 266, 270, 273, 277
Swap	对冲	132
Tangible goods	有体物	088
Tax preference	税收优惠	045, 046, 054, 080
Team production	团队生产	005, 155
Tit-for-tat	以牙还牙	101, 102
Trade secret	商业秘密	089, 133, 157, 158, 170, 277
Transaction cost	交易成本	094, 155, 156, 174, 182, 266, 270
Transparency International	透明国际	195, 196, 205, 215
Trial proof	不受审判	227, 229, 233, 235
Ultra vires	越权行为	119
Universal bank	全能银行	132
Unowned organization	没有所有者的组织	151
Veil of ignorance	无知之幕	267
Venture capital	风险投资	033, 034, 038, 132, 136, 141, 142, 147, 149
Venture capitalist	风险投资家	033, 149
Vertical integration	纵向统合	103
Washington consensus	华盛顿共识	023, 240, 252
Work-to-rule	合法怠工	118
World Trade Organization	世界贸易组织	091, 190, 243, 267

著作权合同登记号　图字:01－2013－8030
图书在版编目(CIP)数据

所罗门之结:法律能为战胜贫困做什么?/(美)库特(Cooter,R. D.),(德)谢弗(Schäfer,H. B.)著;张巍,许可译.—北京:北京大学出版社,2014.8
ISBN 978－7－301－24456－2

Ⅰ.①所…　Ⅱ.①库…　②谢…　③张…　④许…　Ⅲ.①发展中国家－经济法－研究　Ⅳ.①D912.290.4

中国版本图书馆 CIP 数据核字(2014)第 147941 号

Solomon's Knot: How Law Can End the Poverty of Nations
Copyright © 2012 by Robert D. Cooter and Hans-Bernd Schäfer
All rights reserved. No part of this book may be reproduced, stored in any retrieval system or transmitted in any form or by any means, including: over Internet, without prior permission.
Simplified Chinese translation copyright © 2014 by Peking University Press

书　　　名:	所罗门之结:法律能为战胜贫困做什么?
著作责任者:	〔美〕罗伯特·库特　〔德〕汉斯-伯恩特·谢弗　著 张　巍　许　可　译
策划编辑:	陆建华
责任编辑:	陈蔼婧
标准书号:	ISBN 978－7－301－24456－2/D·3614
出版发行:	北京大学出版社
地　　　址:	北京市海淀区成府路 205 号　100871
网　　　址:	http://www.yandayuanzhao.com
新浪微博:	@北京大学出版社　@北大出版社燕大元照法律图书
电子信箱:	yandayuanzhao@163.com
电　　　话:	邮购部 62752015　发行部 62750672　编辑部 62117788 出版部 62754962
印　刷　者:	三河市北燕印装有限公司
经　销　者:	新华书店
	965mm×1300mm　16 开本　20 印张　253 千字 2014 年 8 月第 1 版　2018 年 2 月第 3 次印刷
定　　　价:	49.00 元

未经许可,不得以任何方式复制或抄袭本书之部分或全部内容。
版权所有,侵权必究
举报电话:010－62752024　电子信箱:fd@pup.pku.edu.cn